"十二五"国家重点出版物出版规划项目
人才强国研究出版工程·人才体制机制改革丛书

深圳前海人才特区建设研究

SHENZHEN QIANHAI RENCAI TEQU JIANSHE YANJIU

中国人事科学研究院　编
吴　江　主编

党建读物出版社

课题委托单位：

中共深圳市委

深圳市人民政府

课题责任单位：

中国人事科学研究院

深圳市人才工作领导小组办公室

课题主要研究人员：

吴　江　中国人事科学研究院原院长、中国人才研究会常务副会长、研究员

赵永乐　中国人才研究会副会长、水利部人力资源研究院副院长、河海大学文天人力资源研究院院长、教授、博士生导师

杨莲湘　中国人事科学研究院办公室副主任

孙　锐　中国人事科学研究院人才队伍建设研究室副主任、副研究员

王选华　北京市委组织部人力资源研究中心主任科员、经济师

赵全军　宁波市人才资源研究所所长、研究员

徐军海　河海大学科技处副处长、副教授

方建华　九江学院讲师

潘运军　南京工业大学学生处副处长、副教授

朱义令　河海大学商学院讲师

陆静丹　苏州科技学院讲师

宋成一　南京师范大学商学院副教授

薛　琴　南京工程学院副教授

金志峰　中国人事科学研究院博士、助理研究员

陶　然　中国人事科学研究院博士、助理研究员

罗海元　中国人事科学研究院博士、助理研究员

肖鹏燕　中国人事科学研究院博士、助理研究员

鲍云霞　河海大学商学院硕士研究生

葛新艳　河海大学商学院博士研究生

目　　录

下篇　专题报告

研究成果简介

一、目的和意义

广东省深圳市是我国改革开放初期设立的经济特区，不仅在改革开放中起到了排头兵的作用，而且人才发展特色鲜明，一直走在全国前列。2010 年 8 月，国务院正式批复《前海深港现代服务业合作区总体发展规划》（以下简称《前海发展规划》），前海成为特区中的特区。前海具有独特的区位优势，经济腹地广阔，产业支持雄厚，国际交往便利，人才开拓事业的空间大、平台广、机会多，具有建设人才特区的独特优势和良好条件。2011 年 4 月《深圳市中长期人才发展规划纲要（2011—2020 年）》中明确提出深圳未来 10 年人才发展的“五大战略”，其中，在前海深港现代服务业合作区探索建立“人才特区”战略排在各项战略之首。为此，开展前海人才特区建设研究，对于深圳市实现人才工作创新发展、实现深港现代服务业合作区发展战略目标不仅是非常及时必要的，而且在理论上具有重要的创新意义，在实践上具有重大的指导作用。

《深圳前海人才特区建设研究》课题由深圳市委市政府委托、中国人事科学研究院与深圳市人才工作领导小组办公室共同承担。2011 年 5 月启动，2012 年 1 月通过验收。获得中央组织部 2011 年度重大调研课题一等奖。

课题紧紧围绕《前海发展规划》提出的发展目标，借鉴世界先进经验，结合前海深港现代服务业合作区建设的实际，在系统分析前海深港现代服务业合作区建立人才特区重要性、必要性、可行性和比较借鉴国际与国内标杆经验的基础上，坚持说理充分、数据翔实、论证逻辑严密、论证结果可信、政策建议可行的原则开展课题研究。一方面对深圳前海人才队

伍建设和深港人才合作社区进行定量与定性分析，另一方面吸取借鉴国内外现代服务业发达地区和城市的人才经验，对中国香港、上海浦东、深圳与新加坡和国际大都市（纽约、伦敦、东京）现代服务业及其就业人员的资料进行收集和统计分析，并对国内若干人才特区的人才政策、体制机制进行梳理分析，形成若干专题研究报告。在此基础上，课题组撰写研究报告和建设方案，之后又在深圳广泛征求意见，前后 16 易其稿，于 2011 年 11 月形成最后的总报告。

二、研究内容和重要观点

本课题的研究成果包括中期成果和最终成果两个部分，中期完成 15 项专题研究报告，最终形成《深圳前海人才特区建设研究报告》和《深圳前海人才特区建设方案》两份成果。

课题通过分析研究得出结论，要实现深港现代服务业合作区的战略发展目标，保证前海 2020 年围绕四大产业聚集 40 万人才，必须以政策创新为突破、以体制机制创新为保障、以大力开发前海重点发展的四大现代服务业急需人才和统筹推进“三高二公”人才队伍为核心建立前海人才特区。

课题研究的重要观点主要涵盖以下六个方面。

（一）背景与条件

前海人才特区是基于深港现代服务业合作的人才特区，其建设背景和条件的分析和研究也基于深港现代服务业合作的视角展开。在分析前海人才特区建设国际、国内背景的基础上，进一步分析前海建设人才特区的有利条件和不利因素。

1. 背景

世界现代服务业发展的经验告诉我们，随着现代服务业在经济发展中的比重和地位的提高，人力资本对现代服务业发展的重要性也更加突出。纽约、伦敦、东京和中国香港四个国际性服务业中心城市的服务业占总产值的比重都在 80% 以上，同时服务业也吸收了相应大比率的就业，服务业从业人员所占比例与其产值所占比率也具有一定的相关关系，各个服务业产业从业人员的人数变化与产业产值的变化也大致呈一致关系。

国内现代服务业发展水平相对滞后和人才特区建设热潮高涨为前海人才特区建设既带来机遇，也带来挑战。面对我国现代服务业发展水平不高、创新能力薄弱的现状，前海打造现代服务业为主的人才特区将会对国内现代服务业建设和发展产生引领和示范作用。同时，国内北京中关村、上海浦东、江苏无锡和湖北武汉市东湖等诸地提出建设“人才特区”战略目标，势必产生激烈的人才争夺战，为把前海打造成人才特区带来严峻的挑战。

前海深港现代服务业合作区为前海人才特区建设提供坚实平台。前海具有独特的区位优势和基础条件，既是深港合作实现无缝对接的交接口，又是深化深港合作以及推进国际合作的核心功能区，对促进产业结构转型升级和经济发展方式的转变具有重大意义。同时，前海管理机构具有相当于计划单列市的管理权限，将创造更加宽松的产业发展环境。前海还将享有一系列财税支持和土地支持政策，在吸引境外人才和提供社会保障服务方面将形成顺畅衔接。

2. 条件

前海人才特区建设具有八个方面的有利条件。一是 2010 年国务院批准的《前海发展规划》起点高、标准高、使命大，政策支撑力度大，后发优势大，为前海人才特区的建设提供了良好的制度保障。二是国际金融危机将为前海人才特区建设提供大量富余人才，给前海创造吸纳国际高端金融人才和金融服务的难逢机遇。三是国家在体制机制创新、产业创新发展和加大政策支持力度等方面赋予前海一系列特定的权利，这些权利在人才特区建设和政策建设方面都具有明显的优势。四是前海毗邻香港，中央确定前海建设深港现代服务业合作区为前海人才特区建设提供了良好的区位条件。五是前海是特区中的特区，立法权的优势使前海所需要形成的人才发展特别环境、人才发展的特别价值取向能够得到有效保证。六是深圳人才吸引力强，海外高层次人才众多，人才自主创新能力不断提升，为前海人才特区建设提供了可靠智力支持。七是深圳各类要素市场成熟而发达，政府定位清晰，专注宏观调控和服务，为推进前海人才特区建设营造

出优良的市场环境。八是前海通过选商选资选才并举来营造比较优势明显、国际一流的营商环境。

前海建设人才特区同时也面临着四个方面的不利因素。一是激烈的国际人才竞争，对于处于竞争一线的前海大规模引进海外高层次人才产生巨大威胁。二是国内各地人才强省战略和人才强市战略强力推进，人才特区建设高潮迭起，各种人才优惠政策纷纷出台，对前海人才资源的集聚形成竞争态势。三是作为前海母体的深圳在全国各地创业环境迅速改善和创新氛围不断提升的严峻挑战中，原本具有的体制机制和激励保障政策优势已逐渐丧失殆尽，人才吸引力持续减弱。四是目前前海还不是一个成熟的城区，基础建设刚刚起步，现代服务业人才队伍建设从零起步。另外，作为前海依托的深圳高等教育资源相对缺乏，一流高校数量不足，现代服务业相关教育资源处于空白状态，难以为前海人才发展提供支持。

（二）产业发展与人才需求

《前海发展规划》中的前海合作区将侧重区域合作，重点发展高端服务业、发展总部经济，打造区域中心，并作为深化深港合作以及推进国际合作的核心功能区。在产业发展方向上，前海地区重点发展创新金融、现代物流、信息服务、科技服务及其他专业服务四大领域。要实现《前海发展规划》的目标，需要相应的人才资源作为产业发展的支撑。课题采用标杆数据推理方式来确定前海未来的人才资源需求总量。推算的过程按照以香港为标杆、以深圳为基础、以浦东为国内参照、以新加坡为国际参照的思路进行。

经过研究发现，基于前海发展规划国内生产总值 2015 年达到 500 亿元，2020 年达到 1500 亿元的目标，测算出来前海的产业人才需求不足以支撑前海实现现代服务业合作区的目标。因而进一步确定，从深港合作这一现实基础出发，对前海人才队伍建设和产业需求以深圳国内生产总值（GDP）的动态数据为基础，以香港为标杆来进行分析。

首先，以中国香港 2005 年、2009 年现代服务业占 GDP 的比重（2005 年为 28%，2009 年为 29%）为前海的标准，按照深圳的预测值推算出前海2015年和2020年的产业增加值应当分别为1600亿元和3000亿元。

其次，将前海2015年和2020年的产业增加值按照香港对应年份的产业比例分解到四大产业，再根据香港各个产业的人才密度推算出前海各产业的从业人员数量和人才数量。

经过测算，2015年前海金融业需要人才7.02万人，现代物流业需要人才8.05万人，信息服务业需要人才3.32万人，科技服务业需要人才1.06万人，公共服务人才需要0.35万人，人才需求总量合计19.79万人。2020年前海金融业需要人才15.40万人，现代物流业需要人才15.40万人，信息服务业需要人才6.70万人，科技服务业需要人才2.05万人，公共服务人才需要0.75万人，人才需求总量合计40.30万人。

（三）人才特区总体设计

1. 人才特区建设的指导思想

深入贯彻落实科学发展观，牢固树立人才资源是第一资源的理念，坚持尊重劳动、尊重知识、尊重人才、尊重创造的重大方针，以提升国际人才竞争比较优势为核心，按照服务产业聚集、深港合作发展的特别定位，基于深港人才工作联盟、国际人才社区的特别模式，建设公正透明、开放多元的特别环境，形成特别尊重人才、特别体现价值的特别制度，创建国际知名的人才特区区域品牌，让各类人才都拥有广阔的创业平台、发展空间，争做深圳人才发展的领头羊和人才强市排头兵，为前海深港现代服务业合作区优质快速发展提供智力支撑和人才保障。

2. 人才特区建设的总体思路

以实施国家战略为依托，以体制机制创新为动力，以深港合作为重点，以现代服务业为载体，牢牢把握前海合作区的发展定位和目标要求，实施接轨国际、更加特殊的政策体系，营造良好的人才发展环境，有效推动跨境跨区域人才合作，打造现代服务业国际化人才集聚区、人才工作体制机制创新区、人才政策改革发展试验区、深港人才合作示范区、人才法制建设示范区。

前海人才特区建设的方针是：深港合作，世界标准；高端集聚，国际

社区；市场配置，多元格局。

前海人才特区建设的发展目标是：打造高品质、多元化、包容性的“国际人才社区”，建设“国际精英高度汇集，社区环境开放融合，人才制度国际接轨，世界影响持续彰显”的深港合作人才特区，实现前海人才集聚国际化，体制机制市场化，人才服务高端化，作用发挥多元化，人才进出自由化，深港合作常态化。

前海人才特区建设的定量目标是：以香港为标杆，以世界城市为参照，到 2020 年，围绕四大服务产业，聚集 40 万人才，创造 3000 亿产业增加值，建成一个具有世界影响力的深港人才特区的“4431”建设目标，形成国家层次上的现代服务业人才竞争比较优势。

前海人才特区建设的内容主要包括推进前海人才特区人才队伍建设、建立市场导向的人才工作体制机制、构建人才管理法规与政策创新体系、搭建人才载体支撑平台、建立人才市场服务体系、完善人才特区建设的保障机制等 6 项任务。

前海人才特区的建设要统筹兼顾，分步实施。到 2015 年，重点在制度建设、体制机制创新、环境优化上有较大突破。到 2020 年，全面实现各项任务目标，确立国际人才竞争比较优势，建成国际精英向往的“国际人才社区”。

（四）人才发展思路与人才队伍建设任务

1. 人才发展思路

围绕前海合作区总体发展目标和战略定位，人才发展要科学规划、重点突破、分步实施。前海的人才发展要以现代服务业人才为重点，以公共管理和公共服务业人才为补充，以国际一流现代服务业水平为标杆，到 2020 年基本建成国际一流、国内领先的人才特区，充分彰显先行先试、人才体制机制创新的示范效应。一要参照国际标杆，构建人才发展指标体系；二要围绕产业发展，提升人才资源增量；三要支撑战略定位，优化人才资源结构。

前海人才特区人才发展指标体系由规模性指标、结构性指标、动态性指标和效能指标构成。

前海人才发展总体目标是：以创新金融、现代物流、信息服务、科技服务和其他专业服务业人才为核心，以香港现代服务业人才标准为参照，到2020年将前海打造成数量充足、结构合理、素质优良、效能显著的现代服务业人才集聚示范区。

2. 人才队伍建设主要任务

一是大力开发前海重点发展的创新金融、现代物流、信息服务、科技服务四大现代服务业急需的紧缺人才。金融专业人才2015年规模达到7万人，2020年规模达到15.4万人。现代物流服务业人才2015年规模达到8万人，2020年规模达到15.4万人。信息服务业人才2015年规模达到3.3万人，2020年规模达到6.7万人。科技服务和其他专业服务人才2015年规模达到1.1万人，2020年规模达到2.1万人。

二是统筹推进“三高二公”人才队伍建设。高级经营管理人才2015年总量达到9300人左右，2020年总量达到1.91万人左右。高层次专业技术人才2015年总量达到5.23万人，2020年总量达到10.6万人。高技能人才2015年总量达到6800人，2020年总量达到1.27万人。各类公共管理和公共服务人才2015年总量达到3500人，2020年总量达到7500人。

（五）创新体制机制，构建深港合作国际人才社区

在借鉴其他国家和标杆城市管理体制和运作机制的基础上，创新前海人才特区体制机制，提出在前海建立深港合作人才联盟“一会三制”人才管理模式和打造“国际人才社区”宜聚宜居宜发展环境。

一要创新人才工作体制机制，形成“一个坚持，四个发挥，一个完善”的体制机制格局。坚持党对人才工作的总体领导，充分发挥政府宏观指导功能、市场自主运作功能、深港深度合作功能和企业主体的用人功能，完善人才法制建设，从而打造国际人才宜聚宜居宜发展的人才社区。

二要构建深港合作国际人才社区，围绕建立深港人才工作联盟、建设

前海人才发展协会（国际人才社区工作委员会）、创新人才配套法制、创新人才公共服务机制、创新人才投融资体制等方面进行建设。

三要从打造优质的生活环境、优雅的人文环境、优良的营商环境和创业环境等层面打造国际人才社区宜聚宜居宜发展环境。

（六）前海人才特区建设的政策创新

前海人才特区政策创新要遵循高定位、遵规律、合逻辑、切实际四项基本原则，围绕国际人才“引得进、发展好、留得住”等环节，着力进行政策先行先试、创新突破。根据前海的现实情况和未来发展需要，参照标杆城市香港及其他先发地区的经验和做法，按照政策突破的轻重缓急程度，前海人才特区应主要从国家、深圳市和前海 3 个层面 9 大主题创新 23 项具体政策。

1. 创新政策体系

一是实行个税优惠，重在“两个探”（探索个税跨境征收与个税降负机制）；二是创新签证居留，打造“三张卡”（试点“前海特别居民 A 卡”、试点“前海特别居民 B 卡”、试点“前海特别居民 C 卡”）；三是推动职业资格互认，明确“三个先”[优先落实《内地与香港关于建立更紧密经贸关系安排》（CEPA）已互认项目、先行先试新的互认项目、率先在国内实行国际通用的专业资格制度]；四是加大创业扶持，抓好“三个设”（设置创业“低门槛”、设立创业扶持基金、建设“风投广场”）；五是增强薪酬激励，推动“两个试”（试点股权激励、试点企业高薪引才税收激励）；六是优化医疗服务，突出“三个开”（开设特殊医疗服务、开发高端医保产品、开放医疗服务产业）；七是优化教育服务，两“开”一“提”（开放教育服务产业、开办国际学校，提升基础教育服务）；八是优化人才中介服务，一“开”一“打”（开放人力资源服务业，打造国家级人力资源服务业产业园区）；九是建设国际人才社区，即建设人才公寓。

2. 政策创新突破层面及要点

（1）国家层面政策创新突破点：个税优惠、签证居留、职业资格互认、薪酬激励、医疗服务、教育服务、人才中介服务等7大主题13项具体政策涉及国家层面政策创新。

（2）深圳市层面政策创新突破点：个税优惠、签证居留、创业扶持、薪酬激励、医疗服务、教育服务、人才中介服务和建设国际人才社区等8大主题11项具体政策涉及深圳市层面政策创新。但是国家层面的7大主题13项具体政策也需要深圳市落实实施。

（3）前海层面政策创新突破点：创业扶持和建设国际人才社区3大主题5项具体政策涉及前海层面政策创新。但是国家层面的7大主题13项具体政策和深圳市层面的8大主题11项具体政策等具体主题、政策也都需要前海来落实实施。

三、研究学术价值和应用价值

前海人才特区建设，是新时期世界多极化、经济全球化、科技革命和产业革命深入发展的背景下，加快深圳地方人才发展，以及深圳经济特区在未来国际国内竞争中赢得主动的迫切需要，是推动地方人才工作创新发展，破除制约地方人才发展与产业发展不相适宜的体制机制以及政策瓶颈的迫切需要，它从创新人才发展体制机制和人才政策体系等方面入手，以前海人才特区建设为核心，开创深圳人才工作的新局面，并以体制机制和政策体系创新性成果来推动地方人才与产业的高度集聚，进而推动地方的国际竞争实力。为此，开展前海人才特区建设的课题研究，加大地方紧缺型人才队伍建设力度，创新人才体制机制和政策体系，对于提升我国人才工作建设的科学化水平具有深远意义。

本课题研究成果的转化，对于深圳市形成先行先试、敢闯敢试的特区精神具有重要意义，对于深化深港合作和提升深圳市现代化国际化先进大都市形象起到积极作用；为推动深圳人才工作创新发展，将深圳打造成独具特色的高品质、多元化、包容性的人才工作创新城市，全面增强城市人才竞争比较优势和全面优化人才队伍结构以及提升自主创新能力意义深远；同时，也为全市经济结构转型发展起到推动作用。因此，本课题的理论选题和研究创新具有重大的学术价值，其解决思路和对策分析具有重要

的应用意义。

本课题对于人才特区建设的研究，只是一个初步性的探索；对于前海人才特区建设以及深港合作的人才社区建设，只能算是取得初始战果。要想真正破解制约前海人才特区建设的瓶颈，深入推进前海人才特区建设，还有待于进一步系统化地深入研究。

上篇　总报告

前　言

“深圳前海人才特区建设研究”是中共深圳市委、深圳市人民政府的委托研究课题，由中国人事科学研究院与深圳市人才工作领导小组办公室共同承担。该课题自2011年5月启动以来，历经调查研究、统计分析、专题研究、总课题研究等阶段，于2011年9月形成研究报告。之后又在深圳广泛征求意见，前后16易其稿。本文是该课题研究最后形成的总报告。

一、研究背景

人才资源是科学发展的原动力和决定性因素。新世纪新阶段，党中央、国务院作出了实施人才强国战略的重大决策，人才强国战略已成为我国经济社会发展顶层设计的一项基本战略。《国家中长期人才发展规划纲要（2010—2020年）》明确提出，到2020年，我国要确立国家人才竞争比较优势，进入世界人才强国行列，为在21世纪中叶基本实现社会主义现代化奠定人才基础。

深圳作为我国最早的经济特区，不仅在改革开放中起到了排头兵的作用，而且人才发展特色鲜明，一直走在全国前列。在世界多极化、经济全球化、科技革命和产业革命深入发展的背景下，加快人才发展，是深圳经济特区在国际国内竞争中赢得主动的迫切需要，是建设现代化国际化先进城市的重要保证，是实现科学发展、转型发展、创新发展、低碳发展的必然选择。实现人才工作创新发展，重点在于创新人才发展体制机制和人才政策体系，全面增强城市人才竞争比较优势，全面优化人才队伍结构和提升自主创新能力。为此，有必要进一步发挥先行先试、敢闯敢试的特区精神，以中央和广东省委、省政府新时期赋予深圳经济特区的历史使

命和特殊政策为契机，按照“试点先行、分步推开”的方式步骤，在重点区域和重点产业领域率先探索人才发展改革，促成人才资源分布高密度、与产业结构高对应、投入与产出高效能，逐步实现深圳人才构成、人才素质和人才活动空间国际化，为实现深圳市努力当好科学发展排头兵、建设现代化国际化先进城市的战略发展目标提供有力的人才保障和智力支持。

开发、开放前海是党中央、国务院作出的重大战略决策，是我国国民经济和社会发展“十二五”规划纲要强调的重点工作。2010 年 8 月，国务院正式批复《前海深港现代服务业合作区总体发展规划》（以下简称《前海发展规划》），明确将在前海开展税制、法制等体制机制创新，并在非金融类产业项目的审批管理上，赋予前海管理机构相当于计划单列市的管理权限。同时，正式启动建立由国家发展改革委牵头、国务院有关部门组成的前海国家层面协调评估督导体制机制。作为粤港合作创新示范区，前海成为特区中的特区。2011 年 4 月发布的《深圳市中长期人才发展规划纲要（2011—2020 年）》明确提出了深圳未来 10 年人才发展的“五大战略”，其中，在前海深港现代服务业合作区探索建立的“人才特区”战略，排在各项战略之首。前海“人才特区”将率先开展人才管理体制机制、人才政策法规、人才服务体系和人才综合发展环境等方面的探索创新：探索符合国际惯例，有利于吸引人才的薪酬定价机制；完善人才股权激励制度；推动出台配套政策，建设与国际接轨的技术产业交易平台；促进发展“金融 + 科技 + 服务”新业态；加快推进人才与国际资本、技术、产权等要素市场的融合与对接；积极争取国家支持，探索试行便利的外籍人才永久居留权制度等。总之，前海区位优势明显、经济腹地广阔、产业支持雄厚、国际交往便利，人才开拓事业的空间大、平台广、机会多，具有建设人才特区的独特优势和良好条件。

因此，在以上背景下，开展深圳前海人才特区建设研究对于深圳市实现人才工作创新发展、实现深港现代服务业合作区发展战略目标，不仅是非常及时必要的，而且在理论上具有重要的创新意义，在实践上具有重大的指导作用。

二、概念界定

人才特区是相对于经济特区而提出的一个概念，通过对理论界和人才工作实践界有关观点的综合分析，关于“人才特区”的观点在以下方面达到一致：①人才特区是地理范畴的一个区域；②这个区域与区域外其他地方人才工作相比，可以实行不同的人才体制，运行不同的人才机制，提供不同的人才政策；③这个区域针对人才实行的特别体制、机制、政策，都是以政府为主导，尤其是国内的一些人才特区，基本上都是由政府强势推动。

因此，本课题借鉴经济特区的概念表述方式，认为人才特区是通过实行特殊的人才管理体制和机制，在法制、金融、税收、户籍、医疗、住房、人才激励、人才管理与服务等方面实施特许政策和提供良好的人才发展平台环境，吸引全球范围内各类智力人才创新和创业，为特定产业发展提供坚强人才支撑，并对其他地区人才发展起到引领和示范作用的特定地区。

本课题研究的核心是如何将前海深港合作区建成我国一流的国际化人才特区。按照上述关于人才特区的概念，“前海人才特区”是指在前海深港现代服务业合作区区域范围内，通过创建与国际一流的现代服务业合作区相适应的特殊体制和机制，实施一系列特殊的法制、税收、金融、人才管理与服务政策和构建开放多元的国际人才社区，以吸引国际现代服务业高层次人才集聚创新和创业，为前海现代服务业发展提供坚强人才支撑，并对深圳全市乃至整个珠三角人才发展起到引领和示范作用的特定区域。

根据前海人才特区的概念，我们提炼其内涵如下：

（1）在地域上，前海人才特区与前海深港现代服务业合作区地域一致，是在前海深港现代服务业合作区建立的人才特区。

（2）在目标上，前海人才特区建设是为建设前海深港现代服务业合作区服务的。

（3）在建设路径上，其一，前海人才特区要建设成为集聚国际现代

服务业高层次人才创新创业的区域；其二，通过打造深港合作平台，吸引香港现代服务业人才、人才服务机构来前海创新创业；其三，遵循人才成长规律和人才发展规律，充分发挥市场配置人才资源的基础性作用，最大程度地实行市场化运作。

（4）在体制上，前海人才特区要建成在环境上有利于国际人才宜聚宜居宜发展、在运作机制上有利于发挥人才自我治理、自我服务功能的“社区”。

（5）在政策上，积极探索实施一系列特殊的法制、税收、金融、人才管理与服务政策，吸引现代服务业高层次人才到前海发展。

据此，前海人才特区具有以下特征：

一是国际性。根据经济全球化和现代服务业国际流动性特点，建立深港现代服务业合作区必须依托国际化的人才，所以建设前海人才特区，就是要通过建立与国际接轨的人才发展政策和体制机制，吸引具有国际一流水平、不同国籍的现代服务业人才到前海发展。

二是根植性。把前海人才特区建设成为国际人才社区，意指前海人才特区运行机理既是国际性的，又要具有根植性，即要深深地嵌入深港区域的社会、文化和政治等关系中。要在前海完全建立一个远离本土文化的人才特区，只能是“乌托邦”的想法。事实上，一个区域内各种传统、文化、历史习惯等，及在此基础上形成的价值观和人与人之间的关系，本身就是一种社会资本。这种社会资本既是联系各种人才的纽带，也是人才发展过程中降低交易费用的重要途径。

三是市场性。所谓市场性最重要的是要有市场化运作的支撑体系。深圳特区发展的实践证明，市场是配置各种资源的优选。因此，在市场化程度很高的经济特区建设人才特区，必须从根本上转变政府职能，依靠市场主体和市场需求进行调节。市场主体不仅包括各类企业，而且还包括各类行业协会、贸易协会、金融机构、培训机构、创新中心、商业服务组织和中介组织以及相关的政府部门等，互相之间形成有机的网络，融成一个利益共同体。这些主体要以强烈的集体意识去提高本区域人才的创造力，共同投入到提高区域竞争力的行动中去。

四是创新性。现代服务业集群的发展和其知识更新快的特点必然会诱发与产业集群发展相关的研究开发和人才开发的扩张冲动，从而为产业集群的进一步发展提供外部知识资源，为技术创新、提高劳动生产率提供良好的环境。打造人才特区，就是要适应现代服务业产业集群发展的需要，通过各种人才的交流合作和竞争激发创新的火花，通过产学研的广泛合作，使得科技创新步伐明显加快。

三、指导思想

课题研究坚持以邓小平理论、“三个代表”重要思想和科学发展观为指导，根据《国家中长期人才发展规划纲要（2010—2020 年）》《深圳市中长期人才发展规划纲要（2011—2020 年）》，并结合《珠江三角洲地区改革发展规划纲要（2008—2020 年）》的总体要求，按照胡锦涛在深圳经济特区建立 30 周年庆祝大会上的讲话精神和温家宝视察前海时的指示精神，围绕《前海发展规划》提出的发展目标，借鉴世界先进经验，结合前海深港现代服务业合作区建设的实际，在系统分析前海深港现代服务业合作区建立人才特区重要性、必要性、可行性和比较借鉴国际与国内标杆经验的基础上，坚持说理充分、数据翔实、论证逻辑严密、论证结果可信、政策建议可行的原则开展课题研究。

四、研究过程与方法

（一）课题研究过程

整个课题研究分为六个阶段进行。

第一阶段（2011 年 5 月中旬—6 月初）为课题启动准备阶段。课题组参与项目招标，编制项目规划书，制订项目工作计划。

第二阶段（2011 年 6 月上旬—6 月下旬）为课题调研、研究阶段。2011 年 6 月上旬，课题组成立并制订了相应的研究工作计划。6 月下旬，课题组赴深圳开展调研工作，先后与深圳市部分专家学者及行业协会代表、企业及科研机构代表、前海管理局主要工作人员、深圳市

政府有关职能部门工作人员、市委组织部负责人才工作的同志进行了座谈。在此基础上，实地考察了国家开发银行深圳分行、深圳光启高等理工研究院、东亚银行深圳分行三家具有代表性的机构。同时，课题组还向深圳市各类企事业单位发放了1000多份调查问卷。期间，课题组对中国香港、新加坡、纽约、伦敦、东京等城市和国内的深圳、浦东以及若干人才特区的有关数据进行收集和统计分析，同时还对国家及各地的体制机制创新和现行人才政策进行汇总梳理分析，最终形成了若干专题研究报告。

第三阶段（2011年6月下旬—7月下旬）为方案和研究报告撰写阶段。课题组开始编写研究报告和建设方案。期间，课题组多次召开研讨会议，讨论课题工作思路、调研情况、课题工作重点、建设方案与研究报告框架等内容。7月下旬，研究报告、建设方案初稿初步完成。

第四阶段（2011年8月初—8月下旬）为研讨阶段。课题组就建设方案和研究报告的内容向课题组委托单位进行了多次汇报。8月上中旬，课题组针对课题委托单位的反馈意见，对建设方案和调研报告等内容进行修改，并对各专题报告进行了修改充实。

第五阶段（2011年9—11月）为征求意见阶段。在深圳向有关部门和专家广泛征求意见，对研究报告进一步充实和修改。

第六阶段（2011年10—12月）为评审验收阶段。

（二）课题研究方法

在研究方法上，本课题研究采取以下两个“结合”。

一是定性分析与定量研究相结合。利用课题组在业务部门、政策研究、高等院校等工作的综合优势，在广泛收集资料的基础上，运用经济计量的方法，分析国际、国内标杆城市产业发展与人才发展的逻辑关系，为前海人才特区的目标制定和指标体系的建立提供科学依据。

二是理论与实践相结合。既探讨“人才特区”建设的理论问题，更立足于深圳、前海实际，探索和创新前海建设人才特区的政策、体制机制。

五、研究思路与主要内容

（一）研究思路与技术路线

本课题研究按照“为什么建立前海人才特区——前海人才特区是什么——如何建立前海人才特区”的基本思路开展研究。

研究过程中，通过对国内外现代服务业发展趋势分析和国际、国内标杆城市（区域）现代服务业发展与人才发展关系研究，结合深圳前海发展的有利条件和不利因素，回答了前海为什么要建立人才特区的问题。

解决了“为什么”问题后，接下来是前海人才特区“是什么”的问题，即前海人才特区的总体描述和发展目标。

最后是回答前海人才特区“如何建”的问题。研究认为，要建设好前海人才特区主要是从人才队伍建设、政策突破、体制机制创新三方面下功夫。

本课题研究的技术路线如图 0—1 所示。

（二）研究内容

课题通过对《前海发展规划》、深港合作的基础、国际和国内标杆城市（国家、区域）产业发展与人才发展现状分析研究认为，要实现深港现代服务业合作示范区的战略发展目标，保证前海 2020 年围绕四大产业聚集 40 万人才，必须以政策创新为突破、以体制机制创新为保障、以大力开发前海重点发展的四大现代服务业急需人才和统筹推进“三高二公”人才队伍为核心建立前海人才特区。

本课题属综合性的应用研究，除前言外其基本内容包括五个部分。

第一部分是建设前海人才特区的背景与条件分析。在分析前海人才特区建设国际、国内背景的基础上，进一步分析前海建设人才特区的有利条件和不利因素，并提出前海人才特区建设的战略思路。

第二部分是产业发展与人才需求分析。通过对前海的产业发展和

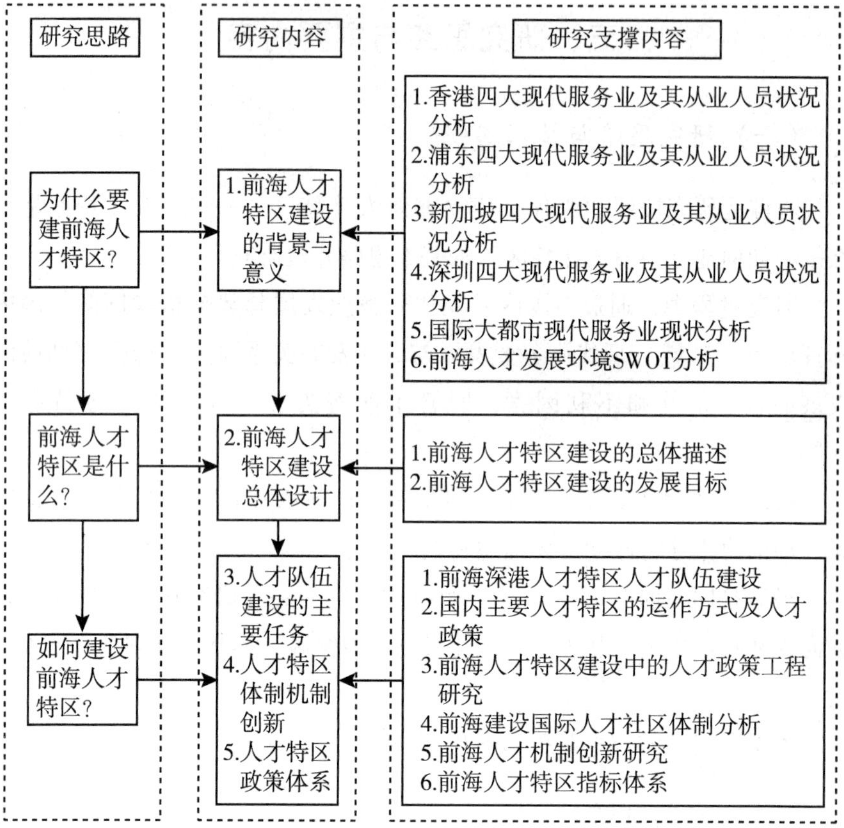

研究思路

为什么要建前海人才特区？

前海人才特区是什么？

如何建设前海人才特区？

研究内容

1.前海人才特区建设的背景与意义

2.前海人才特区建设总体设计

3.人才队伍建设的主要任务

4.人才特区体制机制创新

5.人才特区政策体系

研究支撑内容

1.香港四大现代服务业及其从业人员状况分析
2.浦东四大现代服务业及其从业人员状况分析
3.新加坡四大现代服务业及其从业人员状况分析
4.深圳四大现代服务业及其从业人员状况分析
5.国际大都市现代服务业现状分析
6.前海人才发展环境SWOT分析

1.前海人才特区建设的总体描述
2.前海人才特区建设的发展目标

1.前海深港人才特区人才队伍建设
2.国内主要人才特区的运作方式及人才政策
3.前海人才特区建设中的人才政策工程研究
4.前海建设国际人才社区体制分析
5.前海人才机制创新研究
6.前海人才特区指标体系

图 0—1　研究技术路线图

人才需求进行分析，为前海人才特区总体设计提供理论和实践依据。

第三部分是前海人才特区的总体设计。通过分析借鉴国内、国际标杆城市（区域）和国内其他“人才特（园）区”的产业发展和人才发展的经验做法，结合前海的发展实际，运用科学的方法，对前海人才特区的内涵与特点进行凝练，明确前海人才特区建设的指导思想、基本原则、主要目标、主要内容和阶段部署。提出到 2020 年围绕四大产业聚集 40 万人才，创造 3000 亿产业增加值，建成一个具有世界影响力的深港人才特区的“4431”建设目标，形成前海现代服务业人才竞争比较优势。

第四部分是前海人才特区人才发展思路与人才队伍建设的主要任务。

对前海的产业发展布局和前海人才特区的特点进行分析，提出前海人才特区人才发展的总体思路，构建人才发展的指标体系，确定大力开发前海重点发展的创新金融、现代物流、信息服务、科技服务四大现代服务业急需的紧缺人才和统筹推进“三高二公”人才队伍建设的主要任务。

第五部分是构建基于深港合作的国际人才社区。在借鉴其他国家和标杆城市管理体制和运作机制的基础上，创新前海人才特区体制机制，提出在前海建立深港合作人才联盟“一会三制”人才管理模式和打造“国际人才社区”宜聚宜居宜发展环境。

六、研究成果

本课题成果包括中期成果和最终成果两个部分。中期成果由 15 项专题研究报告组成，最终成果分为《深圳前海人才特区建设研究报告》和《深圳前海人才特区建设方案》两项内容。

（一）中期成果

课题研究中期成果共有专题研究报告 15 项。

（1）中国香港现代服务业及其从业人员状况分析报告。

（2）上海浦东现代服务业及其从业人员状况分析报告。

（3）深圳现代服务业及其从业人员状况分析报告。

（4）新加坡现代服务业及其从业人员状况分析报告。

（5）国际大都市现代服务业现状与发展分析报告。

（6）国际人才工作经验借鉴分析报告。

（7）国内主要人才特区运作方式及人才政策分析报告。

（8）前海人才特区建设基础与标杆城市人才发展分析报告。

（9）前海人才特区人才发展 SWOT 分析报告。

（10）前海人才特区建设总体框架设计研究报告。

（11）前海现代服务业人才指标测算研究报告。

（12）前海现代服务业人才队伍建设研究报告。

（13）前海人才特区政策创新研究报告。

（14）前海人才特区体制机制研究报告。

（15）前海人才特区建设问卷调研分析报告。

（二）最终成果

（1）深圳前海人才特区建设研究报告。

（2）深圳前海人才特区建设方案。

第一章
前海人才特区建设背景与条件分析

一、背景分析

（一）国际背景

1. 世界现代服务业发展形势和特点

世界现代服务业发展呈现出的一个主要趋势就是全球服务业就业人数在持续不断地增加。国际经济发展的历史经验表明，人均 GDP 在 1000 美元以上，产业结构处于快速变动期，特别是服务业将处于加速发展的转折点。由此可见，经济增长和就业结构变化之间具有很强的相关性，经济发展过程也是经济结构变革的过程，发达的经济都有很高数量的服务业就业人口。同时，国际现代服务业呈现出人力资本对服务业发展的重要性更加凸显的新的特点①：服务业内部结构升级趋势体现为服务业从劳动密集型转向知识密集型，知识、技术含量高的现代服务业逐渐占据服务业的主导地位。现代服务业从业人员所具有整体上的高学历、高职称、高薪水特征，也说明现代服务业主要受人力资本要素约束。

从上述分析可以看出，随着现代服务业在经济发展中的比重和地位的提高，人力资本对现代服务业发展的重要性也更加突出。由此可见，前海打造现代服务业高地正当其时，其中，最重要的是要建设前海现代服务业的人才特区。

---

① 李敏：《国际现代服务业发展现状与趋势》，《中国信息报》2007 年 4 月。

2. 国际现代服务业中心城市分析

前海要打造世界级的现代服务业高地，必须借鉴国际著名现代服务业城市的发展经验，其中纽约、伦敦、东京等中心城市的经验尤为宝贵。

（1）纽约。纽约市是美国最大的海港城市和重要的陆运枢纽，也是美国乃至世界的金融、服务及管理中心。2009 年纽约大都市区（包括纽约市、北新泽西、长岛）所有私有部门服务业（除政府部门外）产值达到 9173 亿美元，占大都市区 GDP 总额的 83.89%。同年产值占纽约服务业比重最大的四个产业分别是：房地产及租赁业（20.95%）、金融业（18.91%）、专业技术服务（11.61%）和信息服务（9.97%）。四大产业合计占整个服务业的 61.44%，其中金融业和专业技术服务、信息服务三个产业所占的比例为 40.49%。

2010 年各产业从业人员占私有部门服务业从业人员的比重最大的是教育和卫生服务，比重为 25.45%；比重占第二的是专业技术和商业服务业，比重为 19.5%；比重占第三的是贸易、交通运输与仓储业，比重为 18.82%；排第四位的金融业（包括房地产和租赁）所占的比例为 14.47%。[①] 四大产业从业人员合计占整个服务业的 78.24%。由于无法将现代服务业准确地剥离出来，所以只能粗略计算占第二、三、四位的产业从业人员合计所占比例。专业技术和商业服务和贸易、交通运输与仓储业以及金融业（包括房地产和租赁）三大产业从业人员合计所占比例为 52.79%。

（2）伦敦。伦敦是英国最大的城市，也是英国的政治、经济、文化、旅游中心和交通枢纽，同时也是世界金融中心。2007 年伦敦的服务业总增加值达到了 2287 亿英镑，占伦敦所有产业总增加值的 89.8%。同年产值占伦敦服务业比重最大的四大产业分别是房地产、租赁和商业活动这个产业大类（33.34%），金融业（20.33%），批发与零售贸易（9.82%），交通运输、仓储与通信业（8.89%）。四大产业合计占整个

---

① 由于纽约服务业从业人员的统计资料和服务业的统计资料来自不同的口径，因而两者并不对应，所取年份也不相同。伦敦和东京也如此。

服务业的72.38%，其中金融业和交通运输、仓储与通信业占伦敦服务业的29.22%。

2011年3月，伦敦从业人员人数占服务业总人数比重最高的是科学研究与科技服务业，比重为14.09%；第二是批发与零售贸易行业，比重为13.11%；第三是医疗与社会服务行业，占12.45%；第四是行政与支援服务，占9.89%；第五是金融业从业人数，占总人数的7.95%；第六是咨询及通信业，比重为7.44%；后面依次是教育占7.42%，住宿及餐饮业占7.24%，交通运输与仓储业占5.91%。伦敦服务业从业人员的分布呈现出多样性特征。伦敦的科学研究与科技服务业、金融业、咨询及通信业和交通运输与仓储业从业人员合计占到35.39%。

（3）东京。东京是日本的政治与经济中心，也是国际金融与服务中心。2008年东京服务业总产值为825013亿日元（由于受国际金融危机的影响，比历史最高年份2007年下降37500亿日元），占东京所有产业总产值的86.59%。同年产值占东京服务业比重最大的四大产业分别是批发和零售业（22.55%）、房地产业（14.47%）、金融和保险业（14.02%）、运输和通信业（6.86%）。四大产业合计占整个服务业的57.90%，其中金融和保险业、运输和通信业占20.88%。

2009年东京服务业从业人数占东京所有产业从业人数比重最大的是金融和保险业，所占比重为19.2%；第二是批发和零售业，比重为17.87%；第三是运输业，比重为14.13%；第四是信息和通信业，比重为13.49%。这四个产业从业人数占总从业人数的比率高达64.69%，为东京提供了主要的就业渠道，吸收了最多的从业人员。其中金融和保险业、运输业、信息和通信业就业人员合计占到46.82%。

（4）中国香港。香港作为国际金融、贸易、航运中心，是全球服务业最发达的地区之一，服务业占GDP比重达到92.3%，服务贸易出口总值位列全球城市前10名。2009年金融业全年增加价值为2290.84亿港元，占GDP的比例为14.12%；现代物流业全年增加价值为538.00亿港元，占GDP的比例为3.32%；专业技术服务业全年增加价值为519.52亿港元，占GDP的比例为3.18%；信息服务业全年增加价值为209.78亿港

元，占 GDP 的比例为 1.29%。四大产业增加价值合计占香港 GDP 的比例达到 21.91%。

截至 2009 年年底，香港金融业从业人员数量为 152154 人，人均增加价值为 150.6 万港元；现代物流从业人员数量为 132400 人，人均增加价值为 40.6 万港元；专业技术服务人才资源数量 139357 人，人均增加价值为 37.28 万港元；信息服务业从业人员数量为 16460 人，人均增加价值为 127.45 万港元。

对纽约、伦敦、东京和香港四城市服务业产值与从业人数的分析得出，服务产业的产值与从业人员之间存在一定的相关关系。四个国际性服务业中心城市的服务业占总产值的比重都在 80% 以上，同时服务业也吸收了相应大比率的就业，服务业从业人员所占比例与其产值所占比率也具有一定的相关关系。各个服务业产业从业人员的人数的变化与产业产值的变化也大致呈一致关系。

3. 标杆城市的选择：中国香港

由于前海现代服务业处于初步建设阶段，尚无发展经验，因此，前海的现代服务业发展需要选择一个符合前海实际的标杆城市。虽然纽约、伦敦、东京都是世界级的服务业大都市，但是这些城市的条件各不相同，和前海未来发展相比可能有较大的差位。而基于深港合作的区位优势、体制优势、文化优势等条件，选择香港作为前海建立现代服务业的标杆城市较为切实可行。因此，在比较纽约、伦敦、东京和香港等国际著名的现代服务业大都市之后，本报告选择香港为标杆城市。

（二）国内背景

1. 国内现代服务业发展的概况

与世界发达国家相比，我国现代服务业发展水平还严重滞后，创新能力薄弱。近年来服务业占 GDP 的比重一直在 40% 左右徘徊，吸引就业仅为 31%，而且以传统服务业为主，服务业占 GDP 的比重不仅远低于经济合作与发展组织（OECD）国家 64.1% 的平均水平，甚至还低于大多数发展中国家水平（40% 以上）。

可以看出，和发达国家相比，国内现代服务业的发展还比较落后，同时缺乏相应的人才，因此对于前海来说，在国内建立现代服务业人才特区具有良好的示范作用和引领作用。

2. 国内人才特区建设的大背景

目前，国内许多地方都提出建设“人才特区”的战略目标，积极探索人才管理创新模式。

北京中关村是国内首个国家级人才特区。中央组织部等15个中央单位与北京市委、市政府联合印发了《关于中关村国家自主创新示范区建设人才特区的若干意见》，提出“加快把中关村示范区建设成为具有全球影响力、体现中国特色的人才特区”。到2015年，中关村将基本建成具有全球影响力的知识创新中心和技术创新中心，吸纳的全球创业投资规模进入亚太地区前列，产业国际竞争力居世界前列，示范区总收入达到3万亿元，聚集包括“海归”人才在内的5万名左右高层次人才，全面建成国家级人才特区。

上海浦东提出以集聚国际人才为主要目的，以特区建设为运作模式，以浦东经济社会发展总体目标和现代化大都市对国际人才的迫切需求为导向，努力建立与浦东新区开发开放相适应的国际人才发展环境，带动和辐射长三角国际人才资源开发，不断增强浦东新区集聚国际人才的竞争力，最终建成国际人才特区。

早在2006年，无锡市就出台了吸引海外高层次人才的“530”计划，并提出建设国内一流人才特区的目标。

武汉市东湖区提出，以高新技术产业化为主题，以海外高层次人才为重点，以企业为载体，引进和培养一批具有较强创业愿望和创新能力的各类高层次人才，充分发挥高层次人才的支撑和引领作用，努力把东湖高新区建设成为“人才特区”。

在人才强国战略的背景下，人才特区的“特殊区域、特殊政策、特殊机制、特殊平台和特事特办”无疑将激发人才创新活力，释放人才创业能量，为中国经济的创新发展带来新的契机。全国范围内的人才特区建设热潮既将带来更为激烈的产业要素的聚集和竞争，也将掀起一场大范围

“抢夺”优质创新创业人才的大战，这对前海来讲，既是难得的机遇，也是严峻的挑战。

（三）前海背景

1. 前海与前海深港现代服务业合作区

2010 年 8 月 26 日，在深圳经济特区成立 30 周年之际，国务院正式批复了《前海深港现代服务业合作区总体发展规划》，这是国家在新形势下推动广东特别是深圳经济特区科学发展、先行先试的重大举措，对创新粤港合作方式、深化粤港更紧密合作，促进产业结构优化升级、加快经济发展方式转变，具有重要意义。未来前海不仅将成为深港无缝对接的大平台，还将成为深圳新的经济增长极。这意味着前海将成为特区中的特区，为中国新一轮的改革开放，探索出与国际对接的新路子。

前海是深圳西部滨海待开发的填海地区，总规划面积 1804 公顷，也是“珠三角湾区”穗—深—港发展主轴上的重要节点。前海地区位于珠江入海口的咽喉要地，伶仃洋东侧，蛇口半岛西部，依山面海，土地及自然资源条件十分优越。前海地区包括裕安路、新湖路、湖滨西路、宝安大道、月亮湾大道、妈湾大道及建设中的海堤岸线所围合的地区，总面积 1804 公顷。

前海具有独特的区位优势和基础条件，位于珠三角区域发展主轴与沿海功能拓展带的十字交汇处，紧临深港两个机场、深圳—中山跨江通道、深圳西部港区和深圳北站，广深沿江高速公路贯通其中，具备良好的海陆空交通条件和突出的综合交通优势，在粤港澳区域内具有重要战略地位。

前海管理机构具有相当于计划单列市的管理权限，将创造更加宽松的产业发展环境。其中前海管理局作为法定机构进行运作管理，主要借鉴了香港的运作模式，以减少审批环节提供一站式服务。同时，前海还享有一系列财税支持和土地支持政策，为吸引境外人才，社会保障服务方面形成衔接。

前海合作区规划期至 2020 年，分为三期完成。

（1）初创阶段：2010 年到 2012 年。全面完成合作区土地整备工作，引进部分香港和世界高端品牌的服务业，区内基础设施建设取得重大进展。

（2）提升阶段：2013 年到 2015 年。深港合作取得明显成效，初步建立具有一定国际竞争力的现代服务业体系，建立起国内一流的营商环境，2015 年预计地区生产总值达到 500 亿元左右。

（3）发展阶段：2016 年到 2020 年。基本建成现代化、国际化、生态循环和资源节约型和具有国际竞争力的现代服务业合作区，基本形成符合国际惯例和通行规则的社会公共服务体系和体制机制环境，建立起具有国际先进水准的营商环境。2020 年预计地区生产总值达到 1500 亿元左右。

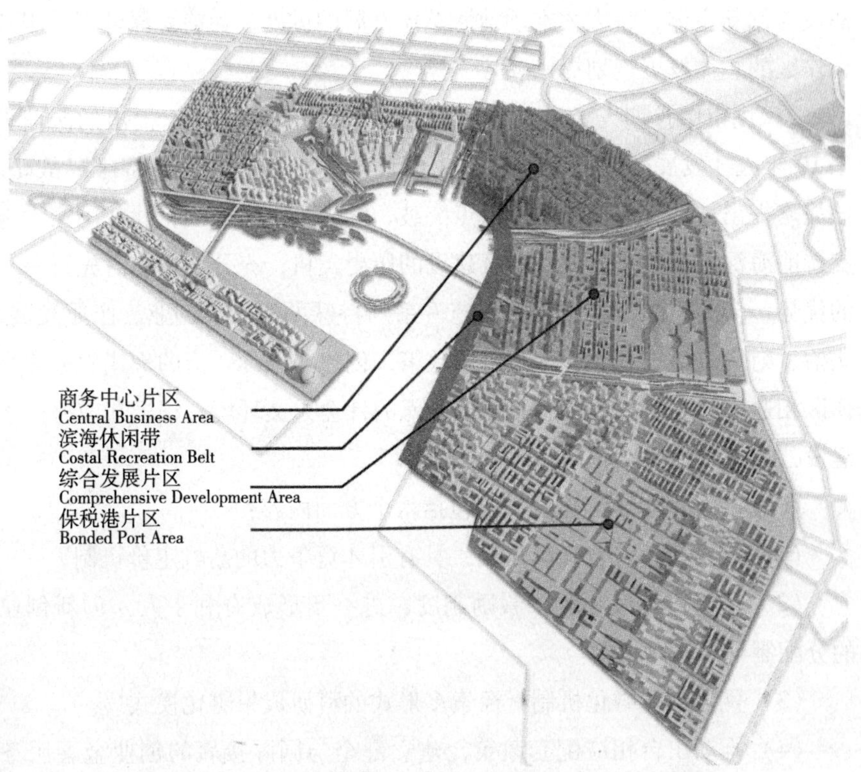

图 1—1　前海合作区产业布局示意图

规划中的前海合作区将侧重区域合作，重点发展高端服务业、发展总部经济，打造区域中心，并作为深化深港合作以及推进国际合作的核心功

能区。前海未来将被定位为四个区，即现代服务业体制机制创新区、现代服务业发展集聚区、香港与内地紧密合作的先导区、珠三角地区产业升级的引领区；从区位发展上，前海将形成“三片一带”的布局，形成商务中心片区、保税港片区、综合发展片区和滨海休闲带；从产业发展方向上，前海地区重点发展创新金融、现代物流、信息服务、科技服务及其他专业服务四大领域。

2. 深圳人才特区战略

在前海总体发展中，人才引进与人才发展成为前海深港现代服务业合作区发展的重要保障，在前海经济发展与产业发展的同时，吸引人才这一建设与创新主体，将大大推动前海总体发展的进度，为前海深港现代服务合作区的总体发展规划提供人才支撑。

《深圳市中长期人才发展规划纲要（2011—2020 年）》提出的深圳未来 10 年人才发展的“五大战略”中的首位战略就是“人才特区”战略。该战略提出：按照先行先试、重点突破、统筹推进的原则，抓住国家大力支持前海深港现代服务业合作区建设的历史契机，充分发挥前海先行一步的优势，借鉴国际先进经验，实施一系列特殊的科研、创业、产业发展、法治、财税金融、人才管理与服务政策，创建与国际一流的现代服务业合作区相适应的创新创业机制和开放多元的社会人文环境，积极在前海探索建设“人才特区”。

前海“人才特区”建设主要包括六个方面内容：

（1）鼓励探索符合国际惯例、具有引才竞争力的薪酬定价机制。

（2）积极完善人才股权激励制度，进一步形成有利于人才创新创业的分配制度和激励机制。

（3）优化创业孵化机制，探索多形式的科研成果孵化模式。

（4）推动出台相应配套政策，建立健全与国际接轨的创业金融服务体系和技术产权交易平台，促进发展“金融 + 科技 + 服务”新业态，加快推进人才与国际资本、技术、产权等要素市场的融合与对接。

（5）积极争取国家支持，探索试行便利的外籍人才口岸通行制度、永久居留权制度。

(6) 力求在人才工作体制机制政策等方面取得突破，为深圳市人才工作探索积累经验，打造人才智力高度密集、体制机制全面创新、科技创新高度活跃、新兴产业高速发展的“人才特区”。

前海人才特区建设不仅具有深刻的国内外背景，而且也是前海合作区发展和深圳、广东乃至珠三角促进产业结构优化升级、加快转变经济发展方式的必然要求。前海作为我国人才特区建设的先行试验区，其意义不言而喻。前海人才特区呼之欲出。

二、条件和战略分析

由于前海所处的环境和地位，使得前海人才特区建设既具备有利的条件，又面临不利的因素。对前海人才特区建设进行实事求是的条件分析，有利于为前海人才发展找出准确的战略定位。

(一) 有利条件

1. 发展规划获国务院批准

早在2010年8月，国务院就批准了《前海深港现代服务业合作区总体发展规划》，并建立了由发展改革委牵头，国务院有关部门、香港特别行政区、广东省、深圳市等各方参加的协调机制。前海合作区的战略定位如前所述：现代服务业体制机制创新区、现代服务业集聚发展区、香港与内地紧密合作先导区、珠三角地区产业升级引领区，同时明确金融、现代物流、信息服务、科技服务及其他专业服务为四大重点发展产业。开发开放前海是实施国家发展战略、把特区办得更好的重大举措，充分体现了国家构建对外开放格局、加快转变经济发展方式的战略构想。因此，前海合作区规划起点高、标准高、使命大，政策支持力度大，后发优势大，为前海人才特区的建设提供了良好的制度保障。

2. 国际金融危机提供大量富余人才

起始于2008年春、夏的国际金融危机余波未了，新澜又起。国际金融危机对中国经济虽有一定的负面作用，但是却提供了吸纳国际高端金融人才和金融服务的难逢机遇。面对国际金融危机，包括资本、人力等在内

的各种生产要素在世界范围内的重新洗牌在所难免，不少国际知名大公司、大集团走上了重组和收缩的道路，持续不断地裁员成了家常便饭。这对前海来说，正是吸引各类国际高端金融人才以及其他服务业人才的大好机会。

3. 创新制度政策的优势

在体制机制创新方面，国家鼓励前海对政策法规没有明确规定的领域，借鉴国际经验，先行先试，通过特区立法规范管理；对国家只作原则性规定的领域，制定相应的实施细则，探索发展；对国家已作出明确规定的领域，在非金融类产业项目的审批管理上，赋予前海管理机构相当于计划单列市的管理权限；对特殊领域如金融行业，监管部门可设立专门机构直接监管，支持创新实践；在全国人大授予的经济特区立法权限范围内，制定促进前海现代服务业规范发展的法规。

在产业创新发展方面，国家支持前海以生产性服务业为重点，积极打造现代服务业发展集聚区，重点创新发展金融、现代物流、信息服务、科技服务及其他专业服务业四大重点产业。

在加大政策支持力度方面，为支持前海合作区创新发展，国家相应明确了营造优质高效的政府服务环境、打造社会主义法治模范区、财政税收、土地政策、口岸服务、社会保障、人才支撑等七个方面的相关配套支持政策。

4. 深港合作的优势

前海毗邻香港，具有深港合作的独到优势。《珠江三角洲地区改革发展规划纲要（2008—2020年）》和《深圳市综合配套改革总体方案》明确要求深圳加强与香港的更紧密合作，加快推进前海的规划建设和体制创新。《粤港合作框架协议》进一步确定前海作为粤港重点合作区。深港两地已在基础设施、产业发展、环境保护、要素流动等方面相继签署了一系列合作文件，初步形成了前海深港合作的政策框架。深港合作的优势，有利于前海加强与香港，并进一步与澳台及海外人才资源密集区域的人才合作，推动建立流动便捷、优势互补、合作共赢的人才一体化和区域合作格局。

5. 深圳特区立法权优势

根据七届全国人大常委会第二十六次会议表决通过的《关于授权深圳市人民代表大会及其常委会和深圳市人民政府分别制定法规和规章在深圳经济特区实施的决定》，深圳特区具有国家最高权力机关授予的立法权。近 20 年的立法实践表明，深圳特区立法权使深圳特区改革创新和社会经济发展对法治的需求得到有效保证。建立前海人才特区，就是要建立人才发展特别环境，形成人才发展的特别价值取向。这种特别环境的打造，有的靠政策，有的还要靠立法。鉴于目前我国还没有一部有关人才立法的现状，可以发挥特区立法先行先试和开拓创新的功能，为前海人才特区或前海人才发展的某一方面、某一环节立法，不仅有利于前海人才特区的建设，也有利于为国家层面的人才立法发挥试验田的示范探索作用。

6. 深圳雄厚的人才基础

近 10 年来，深圳不仅人才数量快速增加，而且质量大幅提高。截至 2010 年年底，全市人才资源总量为 357 万人，其中专业技术人才 103 万人，技能人才 222 万人，企业经营管理人才 28 万人。在高层次人才队伍中，全职“两院”院士 7 人，中央“千人计划”人才 22 人，广东省领军人才 4 人，深圳市领军人才 1796 人，研发人员 29 万多人，海外留学回国人员数量近 4 万名；持外国专家证的外籍人才 15 万人次，拥有 4 个国家海外高层次人才创新创业基地。人才自主创新能力不断提升，国际专利申请量连续七年居全国第一。深圳的人才优势不仅为前海人才特区建设奠定了雄厚的人才基础，而且还以其优异的人才集聚环境和良好的人才工作口碑为前海大规模地引进人才提供了有利条件。

7. 深圳特区市场化程度高

经过多年的培育和发展，深圳经济发展的市场化程度高，市场对外开放程度也很高。不论是产品市场，还是资本、土地、劳动力等要素市场，市场发达成熟，市场主体行为均已市场化。政府定位清晰，专注宏观调控和服务。发达的市场，有利于建立发达的人才市场，有利于人才服务产业的发展，有利于人才的流动和集聚，从而为前海人才特区的建设提供肥沃的土壤。

8. 良好的营商和人才环境

前海通过选商选资选才并举，营造比较优势明显、国际一流的营商环境。启动前海“一站式”服务体系和社会公共服务体系建设，构建高效廉洁的创新型服务体系，推行“一站式”、门到门服务，优化和规范行政审批，做到统一管理、限时办理、跟踪服务，全面提升工作效率和服务效能。利用深港两地比较优势，深圳可以建立人才智力高度密集、体制机制真正创新、与国际高度接轨、最大限度激发人才活力的“人才特区”，营造优良的人才环境，促进现代服务业人才在前海的集聚发展，打造现代服务业人才高地。

（二）不利因素

1. 国际人才竞争的威胁

进入21世纪以来，智力全球化和人才全球化的趋势愈加凸显，国与国之间的人才竞争呈现炽热化状态，美国等发达国家往往因其优越的物质基础和高端的事业发展平台而成为世界人才竞争的最大受益者，发展中国家则成为最大的受害者。我国是人才外流大国，改革开放以来我国派出160多万名留学生，回归不到1/3。激烈的国际人才竞争，对于前海大规模引进海外高层次人才无疑是巨大的威胁。

2. 国内人才竞争的威胁

随着国家中长期人才发展规划纲要的实施，各地人才强省战略和人才强市战略强力推进，人才特区建设高潮迭起，各种人才优惠政策纷纷出台。这些都对前海人才资源的集聚形成竞争态势。长三角在人才总量和质量方面，在全国都处于前列，对人才的吸引力也很强；随着西部大开发、中部崛起以及东北老工业基地振兴三大战略的深入实施，三地区资源优势将进一步得到发挥，人才吸引力度将不断加强。相比之下，包括深圳在内的珠三角地区如不迎头赶上，其原有优势将会不断弱化。

3. 体制机制亟待创新

21世纪以来，作为前海母体的深圳，面对着全国各地创业环境迅速改善和创新氛围不断提升的严峻挑战，不仅在人才吸引上面临着更加激烈的竞争，而且原本具有的体制机制和激励保障政策的优势已逐渐丧失殆尽。深圳市人才工作虽然取得了显著成绩，但人才结构和布局仍不尽合理，高层次创新创业人才特别是领军型人才紧缺，人才国际化程度还需进一步提高，政府、社会、市场有效互动的体制机制尚待完善，人才住房等生活成本持续上升，吸引激励人才的服务保障体系有待健全，人才吸引力持续减弱。深圳人才发展抽样调查问卷结果也表明：对人才市场环境总体评价非常满意和满意的加到一起只有33%；对人才政策环境总体评价非常满意和满意的加到一起也只有35%。此外，当前国内劳动力市场制度分割，导致户籍、薪酬等都处于严重的分割状态，这对嫁接和对接香港制度带来严重阻碍，不仅影响了人才供给和需求，而且弱化了对人才的吸引能力。

4. 缺乏足够的现代服务业人才资源

在前海建设世界级服务业示范区，不仅要有企业商厦和街区花园，还要有产业人才，特别是要有具有世界眼光和从业经验的现代服务业从业人才。作为前海依托的深圳教育资源相对缺乏，一流高校数量不足，现代服务业相关教育资源处于空白状态，难以为前海人才发展提供支持，显得后劲乏力。

（三）战略选择

根据对前海人才特区建设的条件分析可以得出：前海人才特区建设有利条件是可发展的主流，不利因素是可改变的非主流。据此，有四种战略组合可供选择。

1. 利用优势、抓住机遇的增长型战略

利用优势、抓住机遇的增长型战略指的是，抓住经济全球化、一体化和前海开发上升为国家发展战略的大好时机，充分利用前海深港合作的体制创新优势以及先行先试的权力，打造良好的区位人才环境，吸引国际化的现代服务业人才。

2. 抓住机遇、转变劣势的扭转型战略

抓住机遇、转变劣势的扭转型战略指的是，抓住经济全球化、一体化

和前海开发上升为国家战略的大好时机，利用国际金融危机提供的大量富余人才，在人才体制和机制上寻求新突破，在人才激励保障政策上寻求新高度，吸引和留住人才。

3. 利用优势、化威胁为机遇的竞争型战略

利用优势、变威胁为机遇的竞争战略指的是，充分利用前海先行先试的权力和深港合作的区位优势，创新出比其他地区更优惠的政策，勇于参加国际国内的人才竞争，在竞争中壮大自己，在威胁中寻找机遇，吸引和保留人才。

4. 转变劣势、化威胁为机遇的变革型战略

转变劣势、化威胁为机遇的变革型战略指的是，突破人才体制和机制的障碍，创新人才激励保障政策，深化深港合作，积极参与国际国内人才竞争，在竞争中创立前海人才比较优势，建立宜居宜聚软环境，吸引国际化的现代服务业人才。

（四）结论

前海人才发展战略并不能单一地采用上述四种组合战略中的一种战略，而应当综合考虑前海人才发展环境的机遇、威胁、优势、劣势诸因素。通过对前海人才特区建设的条件进行综合分析，前海人才特区建设应该采取积极的、以变革和竞争为导向的人才发展战略。这个战略的内涵应该是：紧紧抓住经济全球化、一体化和前海开发上升为国家发展战略的大好时机，充分利用前海深港合作的体制优势以及先行先试的权力，打造良好的区位人才环境，在人才体制和机制上寻求新突破，在人才激励保障政策上寻求新高度，在国际国内人才竞争中创立比较优势，打造宜居宜聚的国际人才社区，建设国际一流现代服务业人才队伍，为前海深港现代服务业合作区的发展提供坚强的人才支撑。

第二章
前海合作区产业发展与人才需求分析

一、标杆的选择与前瞻

根据《前海发展规划》，前海国内生产总值 2015 年达到 500 亿元，2020 年达到 1500 亿元。要实现这两个阶段性目标，需要研究前海的人才资源支撑。由于前海是一张白纸，没有历史统计数据，本课题采用标杆数据推理方式来确定前海未来的人才资源需求总量。推算的过程按照以香港为标杆、以深圳为基础、以浦东为国内参照、以新加坡为国际参照的思路进行。四个城市区域（国家）的产业数据比较见表 2—1。

表 2—1　深圳、中国香港、浦东、新加坡四大服务业数据比较

指标项目		深圳（2009 年）	浦东（2009 年）	中国香港（三年均值）	新加坡（2008 年）
金融	人才资源数(人)	90983	145300	149895	98800
	占人才资源总数(%)	1. 31	7. 23	4. 29	5. 40
	增加值(百万元)	111062	70828	258878(港币)	35559(新币)
	增加值占 GDP(%)	13. 54	17. 70	15. 80	15. 30
	人均增加值(万元)	122. 07	48. 70	172. 71(港币)	35. 99(新币)
现代物流	人才资源数(人)	203542	204800	134445	110000
	占人才资源总数(%)	2. 94	10. 19	3. 84	6. 00
	增加值(百万元)	78953	13844	62262(港币)	21445(新币)
	增加值占 GDP(%)	9. 63	3. 50	3. 80	8. 00
	人均增加值(万元)	38. 79	6. 76	46. 31(港币)	19. 50(新币)

续表

指标项目		深圳（2009 年）	浦东（2009 年）	中国香港（三年均值）	新加坡（2008 年）
信息服务	人才资源数（人）	145510	42000	16021	134000
	占人才资源总数（%）	2.10	2.09	0.46	7.30
	增加值（百万元）	32045	21016	20820（港币）	1815（新币）
	增加值占 GDP（%）	3.90	5.20	1.27	4.90
	人均增加值（万元）	22.02	50.04	129.95（港币）	8.82（新币）
科技服务	人才资源数（人）	94789	49300	135746	222100
	占人才资源总数（%）	1.37	2.45	3.89	12.14
	增加值（百万元）	11859	9803	48716（港币）	48187（新币）
	增加值占 GDP（%）	1.45	2.45	2.97	21.47
	人均增加值（万元）	12.51	19.88	35.89（港币）	21.70（新币）
四大产业之和	人才资源数（人）	534824	441400	436107	564900
	占人才资源总数（%）	7.72	21.96	12.48	30.84
	增加值占 GDP（%）	28.52	28.85	23.84	49.67

注：1. 2009 年原上海浦东、南汇合并组成新浦东；2. 由于受 2008 年金融危机的影响，香港金融业发展峰值在 2007 年，其后香港经济在逐步恢复中，表中数据取中国香港 2007 年、2008 年、2009 年三年的均值。

（一）以中国香港为标杆前瞻

由于受 2008 年金融危机的影响，香港金融服务业发展的峰值是 2007 年，受全球经济的影响，2009 年以来，香港金融服务业发展逐步回升。另外，由于从 2007 年起，香港统计处开始执行新的行业分类标准（HSIC），使得 2007 年前的现代物流数据很难准确获得。考虑这两个因素，本报告以 2007 年、2008 年、2009 年香港三年的算术平均数作为研究的标杆数据。

根据所得数据求出四大现代服务业分别占四大现代服务业总增加价值的比重为：66.13%（金融业）、5.37%（信息服务业）、12.61%（专业科技服务业）、15.9%（现代物流业）。另外，由于四大服务业的发展离不开公共服务业的辅助与支持，香港公共行政及个人服务业服务的对象包括现代服务业在内的所有行业，所以，本报告采用现代服务业增加价值在

GDP中所占的比重作为公共行政及个人服务业服务于现代服务业所产生的增加价值占其总增加价值的比例。同样受到数据有限的限制，香港现代服务业的增加价值与对应的公共服务业的增加价值之间的关系以两者比值的算术平均值为标准。由此，可以得出四大现代服务业与其配套的公共服务业的比例关系系数是6.13。换而言之，6.13个单位的四大现代服务业增加值可以产生1个单位的公共服务业增加值。

通过计算得出，2015年前海四大现代服务业产业增加值合计约为430亿元，其中金融业284.36亿元、信息服务业23.09亿元、专业技术服务业54.22亿元、现代物流业68.37亿元。由于上述产业增加值与人才资源数的关系公式中都以百万港元作单位，将人民币按照现时汇率转换成港元，并作单位变换，可以算出各产业的人才资源规模。测算出来的四大产业人才资源规模为：金融业121100人、信息服务业13616人、专业服务业81245人、现代物流业17768人。四大服务业总人才资源数量233729人。具体测算数据见表2—2。

表2—2 以香港为标杆的前海2015年四大服务业人才资源测算表[①]

	金融业	信息服务业	专业技术服务业	现代物流业	合计
在四大产业中占比(%)	66.10	5.40	12.60	15.90	100.00
占区GDP比重(%)	56.87	4.62	10.84	13.67	86.00
增加值(百万元)	28436	2309	5422	6837	43004
增加值(百万港元)	34217	2779	6526	8227	51749
人才资源数量(人)	121100	13616	81245	17768	233729

同理，也可以测算出2020年各产业增加值和产业人才资源数量。经过测算，2020年前海四大产业增加值合计约为1290.13亿元，总人才资源数量为293767人。其中，金融业增加值853.08亿元，人才资源数量为126849人；信息服务业增加值83.36亿元，人才资源数量为15494人；专业技术服务业增加值162.67亿元，人才资源数量为98118人；现代物流

① 人民币兑港元的标准以当前汇率为准，1元人民币兑换1.2033元港币。

业增加值205.11亿元，人才资源数量为53306人。四大服务业具体测算数据见表2—3。

表2—3 以香港为标杆的前海2020年四大服务业人才资源测算表[1]

	金融业	信息服务业	专业技术服务业	现代物流业	合计
在四大产业中占比(%)	66.10	5.40	12.60	15.90	100.00
占区GDP比重(%)	56.87	4.62	10.84	13.67	86.00
增加值(百万元)	85308	6927	16267	20511	129013
增加值(百万港元)	102651	8336	19574	24681	155242
人才资源数量(人)	126849	15494	98118	53306	293767

（二）基于深圳现状的前瞻

数据分析过程与香港相同。由于深圳受世界金融影响不大，所以选取2009年的深圳数据作为标杆数据。在四大服务业中金融业占46.8%，现代物流业占33.27%，信息服务业占14.93%，科技服务等专业服务业占5.00%。最后，根据前海阶段发展目标，按照上述服务业增加值的占比关系进行行业分解测算。

通过计算可以得出，2015年前海四大现代服务业产业增加值合计为500亿元，其中金融业234亿元、信息服务业74.65亿元、专业技术服务业25亿元、现代物流业166.35亿元。算出来的四大服务业人才资源数量为：金融业45370人、信息服务业83566人、专业服务业48175人、现代物流业97042人。四大服务业总人才资源数量274153人。具体测算数据见表2—4。

表2—4 以深圳为基础的前海2015年四大服务业人才资源测算表

	金融业	信息服务业	专业技术服务业	现代物流业	合计
在四大服务业中占比(%)	46.80	14.93	5.00	33.27	100.00
增加值(亿元)	234	74.65	25	166.35	500
人才资源数量(人)	45370	83566	48175	97042	274153

① 人民币兑港元的标准以当前汇率为准，1元人民币兑换1.2033元港币。

同理，也可以测算出2020年前海各服务业增加值和人才资源数量。经过测算，2020年前海四大服务业增加值总计为1500亿元，其中金融业增加值702亿元，人才资源数量为69728人；信息服务业增加值223.95亿元，人才资源数量为119260人；专业技术服务业增加值75亿元，人才资源数量为72592人；现代物流业增加值499.05亿元，人才资源数量为291125人。四大服务业总人才资源数量为552705人。具体测算数据见表2—5。

表2—5　以深圳为基础的前海2020年四大服务业人才资源测算表

	金融业	信息服务业	专业技术服务业	现代物流业	合计
在四大服务业中占比(%)	46.80	14.93	5.00	33.27	100.00
增加值(亿元)	702	223.95	75	499.05	1500
人才资源数量(人)	69728	119260	72592	291125	552705

（三）以上海浦东为国内参照的前瞻

数据分析过程与香港相同。由于上海浦东受世界金融影响不大，选取2009年的浦东数据作为参考数据。在四大服务业中金融业占50.18%，现代物流业占12.91%，信息服务业占13.12%，科技服务等专业技术服务业占5.75%。最后，根据前海阶段发展目标，按照上述产业增加值的比例关系进行产业分解测算。

计算得出，2015年前海四大现代服务业产业增加值合计约为409亿元，其中金融业250.9亿元、信息服务业65.6亿元、专业技术服务业28.75亿元、现代物流业64.55亿元。测算出来相应的人才资源数量为：金融业95168人、信息服务业31374人、专业技术服务业16063人、现代物流业103833人。四大服务业人才资源总数量246438人。具体测算数据见表2—6。

同理，也可以测算出2020年各服务业增加值和人才资源数量。经过测算，2020年前海四大服务业增加值之和为1229.4亿元，四大服务业总人才资源数量为415622人。其中，金融业增加值752.7亿元，人才资源数

表 2—6　以浦东为参照的前海 2015 年四大服务业人才资源测算表

	金融业	信息服务业	专业技术服务业	现代物流业	合计
在四大服务业中占比(%)	61.20	16.00	7.00	15.80	100.00
占区 GDP 比重(%)	50.18	13.12	5.75	12.91	81.96
增加值(亿元)	250.90	65.60	28.75	64.55	409.80
人才资源数量(人)	95168	31374	16063	103833	246438

量为 155384 人；信息服务业增加值 196.8 亿元，人才资源数量为 43182 人；专业技术服务业增加值 86.25 亿元，人才资源数量为 47687 人；现代物流业增加值 193.65 亿元，人才资源数量为 169369 人，具体测算数据见表 2—7。

表 2—7　以浦东为国内参照的前海 2020 年四大服务业人才资源测算表

	金融业	信息服务业	专业技术服务业	现代物流业	合计
在四大服务业中占比(%)	61.20	16.00	7.00	15.80	100.00
占区 GDP 比重(%)	50.18	13.12	5.75	12.91	81.96
增加值(亿元)	752.70	196.80	86.25	193.65	1229.40
人才资源数量(人)	155384	43182	47687	169369	415622

（四）以新加坡为国际参照的前瞻

受统计数据的限制，本课题仅搜集到 2008 年一年的人才资源数据，因而只能简单地以新加坡 2008 年为模板，对各服务业增加价值与服务业人才资源数量的关系进行分析，并以此为参考来推断 2015 年及 2020 年前海四大服务业各自的增加价值及各自的人才资源。

根据 2005—2009 年新加坡四大服务业平均产值占四大服务业总产值的比例，可以得出科技服务业平均占到 40%，金融业平均占 29%，物流业平均占 20%，信息服务业平均占 11%。假设前海 2015 年四大服务业的劳动生产率可以达到 2008 年新加坡的水平，将新加坡币转换为人民币，则科技服务业年产值将达到 200 亿元，金融业年产值将达到 145 亿元，物流业年产值将达到 100 亿元，信息服务业年产值将达到 55 亿元。届时前海四大服务产业需拥有人才资源数，科技服务业 17478 人，金融业 7638

人，信息服务业 11828 人，物流业 9726 人。合计需要 46667 人。具体测算数据如表 2—8 所示。

表 2—8　以新加坡为国际参照的 2015 年前海四大服务业人才资源测算表

	前海预期产值(亿元)	人均增加价值(万元)	所需人才资源数量(人)
金融业	145	189. 84	7638
物流业	100	102. 82	9726
信息服务业	55	46. 50	11828
科技服务业	200	114. 43	17478
合计	500	—	46670

同理，也可以测算出 2020 年各服务业增加值和人才资源数量。经过测算，2020 年前海四大服务业年产值金融业为 435 亿元，物流业为 300 亿元，信息服务业为 165 亿元，科技服务业为 600 亿元。四大服务业人才资源数量合计需要 14 万人，其中，金融业为 22915 人，物流业为 29177 人，信息服务业为 35484 人，科技服务业为 52434 人。具体测算数据如表 2—9所示：

表 2—9　以新加坡为国际参照的 2020 年前海四大服务业人才资源测算表

	前海预期产值(亿元)	人均增加价值(万元)	所需人才资源数量(人)
金融业	435	189. 83	22915
物流业	300	102. 82	29177
信息服务业	165	46. 50	35484
科技服务业	600	114. 42	52434
合计	1500	—	140010

二、基于深圳基础和以中国香港为标杆前瞻

（一）基于《前海发展规划》的前瞻

通过以香港为标杆构建数学模型计算得出，2015 年前海四大现代服

务业产业增加值约为430亿元，四大服务业总人才资源数量为233729人；2020年前海四大产业增加值之和为1290.13亿元，四大产业总人才资源数量为293767人。

以上数据测算都是基于《前海发展规划》中对前海2015年国内生产总值达到500亿元、2020年达到1500亿元的设定。依据此前提进行测算的结果是否科学、合理，关键看这个前提假设是否科学合理。为此，以深圳市最近三个年份（2008—2010年）不变价GDP的增长率（11.32%）为标准来预测2020年前深圳市各年的GDP规模。深圳市2011—2020年各年度GDP预测数据见表2—10。

表2—10　深圳市2011—2020年GDP预测数据

单位：亿元

年份	2011年	2012年	2013年	2014年	2015年
GDP	10588	11787	13121	14606	16259
年份	2016年	2017年	2018年	2019年	2020年
GDP	18100	20149	22430	24969	27795

（二）以中国香港为标杆的前瞻

如果按照纽约2005—2009年期间现代服务业（金融、物流、信息和科技）占GDP的比重为35%来作为标准，2015年和2020年深圳的现代服务业增加值分别为5691亿元和9728亿元。如果以前海2015年和2020年产业增加值分别为500亿元和1500亿元来计算，那时占深圳现代服务业的比重分别只有8.8%和15.4%。显然，该比重偏低，不足以支撑前海合作区“珠三角地区产业升级引领区”战略定位要求的地位。如果以香港2005年、2009年现代服务业占GDP的比重（2005年为28%，2009年为29%）来作为前海的标准，则2015年和2020年前海的产业增加值则应当分别为1600亿元和3000亿元。

从深港合作这一现实基础出发，对前海人才队伍建设和产业需求应以深圳GDP的动态数据为基础，以香港为标杆来进行分析。

首先，以香港2005年、2009年现代服务业占GDP的比重（2005年为28%，2009年为29%）为前海的标准，按照深圳的预测值推算出前海2015年和2020年的产业增加值应当分别为1600亿元和3000亿元。其次，将前海2015年和2020年的产业增加值按照香港对应年份的产业比例分解到四大产业，再根据香港各个产业的人才密度推算出前海各产业的从业人员数量和人才数量。推算的结果为：到2015年期末，前海人力资源总量达到25万人，人才数量达到20万人，人才占人力资源比重为80%；到2020年期末，前海人力资源总量达到50万人，人才数量达到40万人，人才占人力资源比重为80%。

以此得出的2015年前海人才特区规模性指标如表2—11所示。从表2—11可以看出，2015年前海金融业需要人才7.03万人，现代物流业需要人才8.08万人，信息服务业需要人才3.30万人，科技服务业需要人才1.02万人，公共服务人才需要0.35万人。前海人才特区现代服务业人才总量合计19.78万人，人力资源总量合计25.24万人。

表2—11　2015年前海人才特区规模性指标（香港人才密度标准）

单位：万人

划分标准	指标	金融业	现代物流业	信息服务业	科技服务业	小计
规模总量	从业人员	9.22	10.03	4.31	1.33	24.89
	人才	7.03	8.08	3.30	1.02	19.43
身份类型	创业者	0.09	0.35	0.17	0.06	0.67
	雇员	9.13	9.68	4.14	1.27	24.22
职业类型	高级经理	0.41	0.30	0.17	0.04	0.92
	中层经理	0.65	0.60	0.22	0.07	1.54
	专业人才	0.65	0.45	0.34	0.11	1.55
	专业助理	1.71	1.81	0.82	0.25	4.59
学历层次	博士	0.11	0.05	0.06	0.03	0.25
	硕士	0.97	0.80	0.47	0.15	2.39
	学士	4.01	4.01	1.90	0.58	10.50
	大专	1.94	3.21	0.86	0.27	6.28

续表

划分标准	指标	金融业	现代物流业	信息服务业	科技服务业	小计
来源渠道	境内人才	7.38	9.03	3.66	1.13	21.20
	境外人才[①]	1.84	1.00	0.65	0.20	3.69
	海外留学	0.44	0.18	0.26	0.08	0.96
公共服务人才		0.13	0.14	0.06	0.02	0.35
从业人员合计		25.24				
人才合计		19.78				

以此得出的2020年前海人才特区规模性指标如表2—12所示。从表2—12可以看出，2020年前海金融业需要人才15.42万人，现代物流业需要人才15.38万人，信息服务业需要人才6.70万人，科技服务业需要人才2.01万人，公共服务人才需要0.75万人。前海人才特区现代服务业人才总量合计40.26万人，人力资源总量合计51.46万人。

表2—12　2020年前海人才特区规模性指标（香港人才密度标准）

单位：万人

划分标准	指标	金融业	现代物流业	信息服务业	科技服务业	小计
规模总量	从业人员	20.23	19.10	8.76	2.62	50.71
	人才	15.42	15.38	6.70	2.01	39.51
身份类型	创业者	0.30	0.76	0.39	0.14	1.59
	雇员	19.93	18.34	8.36	2.47	49.10
职业类型	高级经理	0.91	0.57	0.35	0.08	1.91
	中层经理	1.42	1.15	0.44	0.14	3.15
	专业人才	1.35	0.86	0.70	0.21	3.12
	专业助理	3.97	3.63	1.84	0.55	9.99
学历层次	博士	0.24	0.10	0.13	0.05	0.52
	硕士	2.12	1.53	0.96	0.29	4.90
	学士	8.80	7.64	3.85	1.15	21.44
	大专	4.25	6.11	1.75	0.52	12.63

① 包括港澳台和外籍人才。

续表

划分标准	指标	金融业	现代物流业	信息服务业	科技服务业	小计
来源渠道	境内人才	15.17	16.24	7.01	2.09	40.51
	境外人才[①]	5.06	2.87	1.75	0.52	10.20
	海外留学	1.59	0.65	0.77	0.23	3.24
公共服务人才		0.30	0.28	0.13	0.04	0.75
从业人员合计		51.46				
人才合计		40.26				

由此可见，基于《前海发展规划》国内生产总值2015年达到500亿元、2020年达到1500亿元的目标，测算出来前海的产业人才需求不足以支撑前海实现现代服务业合作示范区的目标，而基于深圳GDP动态发展目标测算出来的前海国内生产总值2015年达到1500亿元，2020年达到3000亿元的目标，以及基于这个目标测算出来的2015年期末前海人力资源总量达到25万人，到2020年期末前海人力资源总量达到50万人的人才需求，则是可信的。为使测算精度保证在0.90以上，以±10%为测算公差幅度，则建议前海人才特区2015年人才发展规模目标定在17.79万—21.75万人，人力资源发展规模目标定在22.72万—27.76万人。建议前海人才特区2020年人才发展规模目标定在36.23万—44.28万人，人力资源发展规模目标定在46.31万—56.60万人。

前海合作区可用地域面积只有15平方公里，能否容纳得下50万人力资源？首先，前海的经济主要是总部经济，也就是说，50万人力资源配置在四大现代服务业的产业链中，不一定都工作生活在前海合作区，主体固然在前海合作区里，但还会有相当一部分生活在前海合作区之外，甚至工作在前海合作区之外。其次，到2020年，前海合作区有可能会扩容，不仅区域面积有可能扩大，而且还会形成泛前海合作区。因此前海合作区四大产业需求50万人力资源，而不是单纯容纳50万人力资源，当然也就不存在能否容纳得下50万人力资源的问题了。

① 包括港澳台和外籍人才。

第三章
前海人才特区总体设计

在现有国际经济政治大环境下，在国内转变经济发展方式和产业升级转型的大背景下，深港现代服务业合作区要实现科学发展，首先必须解放思想，加快转变人才发展方式，以人才队伍建设为核心，以人才结构战略性调整为主攻方向。改革的目的是促发展、保发展，实现发展目标。改革的着力点体现在创新人才发展的体制与机制上，通过体制机制的创新、政策支持与配套，真正实现人才内部的和谐、人才与一般劳动力资源的和谐、人才与环境的和谐。

一、前海人才特区建设的指导思想和总体思路

（一）指导思想

深港现代服务业合作区作为国家级开发区域中面积最小、时间最短的新区，它的建设首先必须整体体现国家的战略意图，其次才是具体体现珠三角和深圳发展建设的实际诉求。因此，在分析梳理、综合《国家中长期人才发展规划纲要（2010—2020 年）》《珠江三角洲地区改革发展规划纲要（2008—2020 年）》《前海深港现代服务业合作区总体发展规划》《深圳市中长期人才发展规划纲要（2011—2020 年）》等纲领性文件的思想精神以后，对前海人才特区建设的指导思想进行如下表述。

深入贯彻落实科学发展观，牢固树立人才资源是第一资源的理念，坚持尊重劳动、尊重知识、尊重人才、尊重创造的重大方针，以提升国际人才竞争比较优势为核心，按照服务产业聚集、深港合作发展的特别定位，

基于深港人才工作联盟、国际人才社区的特别模式，建设公正透明、开放多元的特别环境，形成特别尊重人才、特别体现价值的特别制度，创建国际知名的人才特区区域品牌，让各类人才都拥有广阔的创业平台、发展空间，争做深圳人才发展的领头羊和人才强市排头兵，为前海深港现代服务业合作区优质快速发展提供智力支持和人才保障。

（二）总体思路

以实施国家战略为依托，以体制机制创新为动力，以深港合作为重点，以现代服务业为载体，牢牢把握前海合作区的发展定位和目标要求，实施接轨国际、更加特殊的政策体系，营造良好的人才发展环境，有效推动跨境跨区域人才合作，打造现代服务业国际化人才集聚区、人才工作体制机制创新区、人才政策改革发展试验区、深港人才合作示范区、人才法制建设示范区。

二、前海人才特区的建设方针

确定前海人才特区的建设方针，本研究从两个方面进行探索思考，一是它必须符合前海深港现代服务业合作区建设的原则要求，二是作为人才特区，它必须符合人才发展的表述要求。按照这样的逻辑思路，本研究将前海人才特区的建设方针确定为：

（1）深港合作，世界标准。以深港合作为抓手，以国际城市为参照，置身全球视野，打造国际化人才发展平台，融入世界级产业核心网络，建设国际化人才配置枢纽，实现人均产值密度世界领先。建成体制机制与国际接轨、人才政策符合国际惯例的全球优秀人才向往之地、国际产业人才价值实现之港。

（2）高端集聚，国际社区。突出人才集聚的国际化、高端化取向，通过产业融合发展，彰显国际文化品位，构建一流人居风貌，引育聚焦产业、开放多元、活跃互动的国际人才群落，建设多肤色、多语种、跨文化、自治性的“国际人才社区”，打造人才来源国际化、人才流动国际化、人才素质国际化的国家级人才特区新形象。尽快集聚一批高端国际化人才。

（3）市场配置，多元格局。完善市场化导向的人才评价、引育、回报、流动机制。持续增强人才市场活力，充分发挥中介机构作用，构建国际开放的、市场化、多元化的人才服务新体系。形成高端人才乐居乐群、中介服务繁荣发展、人才市场内外联通、制度保障公正完善、生活方式多元相容的人才生态发展新格局，带动深圳、珠三角人才工作新突破、发展方式新转变。

三、前海人才特区的建设目标

前海人才特区的建设目标可以分为发展目标和定量目标。

（一）发展目标

前海人才特区建设的发展目标是：

打造高品质、多元化、包容性的“国际人才社区”，建设“国际精英高度汇集，社区环境开放融合，人才制度国际接轨，世界影响持续彰显”的深港合作人才特区，实现前海人才集聚国际化，体制机制市场化，人才服务高端化，作用发挥多元化，人才进出自由化，深港合作常态化。

——国际精英高度汇集。坚持高端服务产业与国际一流专业人才的质量匹配。

——社区环境开放融合。实现世界各国产业精英的无障碍流动与社区融入。

——人才制度国际接轨。建设符合国际惯例和国际标准的人才制度。

——世界影响持续彰显。打造与现代国际产业中心相媲美的产业发展和人才发展平台。

（二）定量目标

前海人才特区建设的定量目标是：

以香港为标杆，以世界城市为参照，到2020年，围绕四大服务产业，聚集40万人才，创造3000亿产业增加值，建成一个具有世界影响力的深港人才特区的“4431”建设目标，形成国家层次上的现代服务业人才竞争比较优势。

四、前海人才特区建设的主要内容

（一）推进前海人才特区人才队伍建设

围绕深化粤港合作及前海产业发展的需求，瞄准生产性服务业、生活性服务业、公共服务业，聚焦金融服务、现代物流、信息服务和科技服务等高端产业领域，大力引育产业发展急需的紧缺人才。通过实施“高级经营管理人才发展计划”、“高层次创新创业人才引育计划”、“高技能人才成长计划”和“公共管理与公共服务人才提升计划”等工作，加快推进“三高二公”人才队伍的建设。

（二）建立市场导向的人才工作体制机制

加快推进政府职能转变，将人才资源调配职能进一步放权给市场，形成小政府、大市场的运行格局。强化政府的人才公共服务职能，变“管理人才”为“服务人才”，从人才服务供给型向需求导向型转变。利用政府采购等市场化手段，强化宏观管理职能，弱化微观管理职能。对于具体的人才引进、培养和使用工作，以社会化手段，交由市场配置，政府则以政策和法律、法规等方式间接调控，使企业等用人单位真正成为人才管理的主体。

将人才管理机制融入市场行为，充分发挥市场的基础性配置作用。通过港深合作，政府推动，建立多方参与的人才工作模式。积极发展各类行业协会、社会中介机构，推进人才服务业主体多元化发展。充分发挥行业协会和中介组织在人才调查、研究、引进、规划、培训、评价、协调交流方面的主导作用。

（三）构建人才管理法规与政策创新体系

充分利用前海合作区先行先试权，广泛借鉴发达城市（地区），尤其

是香港促进产业发展的立法经验，争取使得前海人才特区在职业资格互认、个人所得税、薪酬、签证居留、创业资助、医疗社会保障、人才中介、生活配套服务等方面的政策有所创新突破，从而推出一系列有利于现代服务业人才集聚的政策法规。争取到 2020 年左右建立健全基本覆盖国际人才培养、评价、流动、使用、激励、保障等各环节门类齐全、协调配套、结构严谨的地方性法律法规体系。

（四）搭建人才载体支撑平台

按照建设现代服务产业体系的需要，宽领域、多渠道、全方位加强构建国际化人力资源配置平台、国际化产业合作对接平台、国际化产业要素集聚平台和跨国合作人才开发平台等国际人才载体支撑体系建设，不断提高人才吸引力、承载力，实现共享式、集约式发展。

（五）建立人才市场服务体系

探索建设国际开放的人才资源经营服务机构，统筹推动人才有形市场和无形市场建设，充分发挥市场机制在人才引进、培养、使用、评价等方面的基础性作用。鼓励和支持著名国际猎头公司、国际人才中介服务机构在前海设立合资或分支机构，吸引聚集一批国内外知名的人才中介机构，健全专业化、国际化的人才市场服务体系，推动本土人才中介服务机构的产业化发展，不断提高服务水平。

（六）完善人才特区建设保障机制

完善政策激励机制，进一步形成有利于人才创新创业的分配制度和激励机制。完善平台建设机制，集中力量完善平台载体结构体系建设，不断丰富平台载体建设内涵。创新人才引进机制，推进人才准入制度，实施国内最高标准人口准入的人力资本积累水平标准。与国际标杆产业城市建立紧密的人才交流合作关系。与国内外知名人才中介服务机构和猎头公司签订战略合作协议，面向全球多渠道、大手笔招揽高层次人才。健全人才引进培养机制，与国际知名院校、专业培训机构、著名跨国集团与世界知名高校建立联盟关系，共同开展职业经理人、国际产业专才、国际通行资格证书等专项培训。创新人才发展体制机制，建立健全以品德、能力、贡献、业绩为导向的人才评价体系，完善人才评价机制。健全完善人才吸引、培养、使用、流动和激励机制，发展人才公共服务体系。

五、前海人才特区建设的阶段

前海人才特区的建设要统筹兼顾，分步实施。到 2015 年，重点在制度建设、体制机制创新、环境优化上有较大突破。到 2020 年，全面实现各项任务目标，确立国际人才竞争比较优势，建成国际精英向往的“国际人才社区”。

第一阶段（2011—2015 年），夯实基础，营造环境，建设人才制度引领区。以提质增效、转型升级为主线，以高端国际化人才为引领，大力实施国际人才集聚战略和人才资本优先投入政策，着力推进体制机制创新、国际制度接轨和重点人才队伍建设，在平台载体、发展环境和激励保障等方面取得实质性突破，建立起符合国际惯例和国际标准的人才服务体系，迅速集聚国际化高端人才，打响“国际人才社区”“金质名片”，走上依靠人才支撑的内涵式发展道路。

第二阶段（2016—2020 年），提升品质，确立优势，建成国际人才发展示范区。持续提升“国际人才社区”品牌价值，建成国际高端产业人才配置中心，打造完整的产业人才链条，形成包容性、可持续性的人才发展“生态圈”。人才满意度水平居于国际城市前列，人均产值密度居于发达国家领先水平，建立国际人才竞争比较优势，成为具有全球影响力的金融人才集聚中心、世界服务业人才战略高地。

第四章
前海人才发展思路与队伍建设主要任务

前海人才特区建设的核心是人才队伍建设。坚持围绕前海合作区战略定位和总体发展目标做好人才队伍建设，既是前海人才发展工作的依据，也是实现前海发展目标的保证。前海人才队伍建设必须按照科学规划、重点突破、分步实施的思路，坚持以市场为导向的人才开发原则，通过建立健全国际化的人才发展体制机制，实施与国际接轨的法制、税收、金融、人才管理与服务政策，创建与国际一流的现代服务业合作区相适应的创新创业机制、多元的社会人文环境，引进和集聚一批世界一流人才，打造一支具有相当规模、结构合理、素质优良、效能显著、国际化程度明显的现代服务业人才队伍。

一、人才发展思路

围绕前海合作区总体发展目标和战略定位，人才发展要科学规划、重点突破、分步实施。前海的人才发展要以现代服务业人才为重点，以公共管理和公共服务业人才为补充，以国际一流现代服务业水平为标杆，到2020年基本建成国际一流、国内领先的人才特区，充分彰显先行先试、人才体制机制创新的示范效应。

（一）参照国际标杆，构建人才发展指标体系

前海人才特区要实现四大服务产业的战略目标，必须拥有数量足、质量高的人才资本。以人才促产业发展，以产业为人才发展创造事业平台，

吸引人才集聚前海，人才与产业之间良性互动。为此，前海人才特区指标体系应以前海人才特区内涵为基础，借鉴香港四大服务业的发展标准，以前海经济发展分阶段目标为依据进行构建。

（二）围绕产业发展，提升人才资源增量

由于前海深港现代服务业合作区建设刚刚启动，15 平方公里的土地上没有一个居民，人才资源存量几乎为零。因而，前海人才特区人才队伍建设的首要任务是围绕产业发展需要引进人才，提升人才资源增量。依据前海重点发展的四大服务业，前海人才特区应大力引进开发金融、现代物流、信息服务、科技服务和其他专业服务等四大服务业的人才资源。

（三）支撑战略定位，优化人才资源结构

前海深港现代服务业合作区的战略定位表明，前海深港现代服务业合作区不是普通的开发区，其战略定位对人才结构有更高的要求，这些要求主要体现在优化高级经营管理人才、高层次创新创业人才、高技能应用人才和公共管理与公共服务人才“三高二公”人才结构比例上。

二、人才发展指标体系

（一）前海人才特区人才发展指标体系构成

根据前海 2015 年和 2020 年的 GDP 目标，在前海人才特区内涵及构建指标体系若干原则的基础上，以香港人才经济密度为标准，构建如下人才指标体系。

1. 前海人才特区规模性指标

前海人才规模性指标主要从四个维度来划分，即从业者身份、职业、学历以及来源。其中，前两个维度是参照香港的标准来确定前海人才指标；后两个维度是参照中关村的标准来确定前海人才指标，各指标具体数据详见表 4—1 和表 4—2。

表 4—1　2015 年前海人才特区规模性指标

单位：人

划分标准	指标	创新金融	现代物流	信息服务	科技服务	小计
总量人才	从业人员总量	92100	99900	43400	13800	249200
	人才数量	70200	80500	33200	10600	194400
按从业者身份划分	创业者人数	900	3500	1700	600	6700
	雇员人数	91200	96400	41600	13200	242400
按从业者职业划分	高级经理人才	4100	3000	1700	400	9200
	中层管理人才	6400	6000	2200	800	15400
	专业人才	23400	24400	14600	9000	71400
按照学历划分	博士学位人才	1100	500	700	300	2600
	硕士学位人才	9700	8000	4800	1500	24000
	学士学位人才	40100	40000	19100	6100	105300
	大专学历人才	19300	32000	8700	2800	62800
按照来源划分	境内人才	73700	90000	36900	11700	212300
	港澳台和外籍人才	18400	10000	6500	2100	37000
	国内人才留学人员	4400	1800	2600	800	9600
公共服务人才		3500				
从业人员合计		252700				
人才合计		19790				

注：由于取整数的原因，表 4—1 中相关项的运算不一定能相等。从业人员合计为五类从业人员之和；人才总量为大专以上从业人员之和。

表 4—2　2020 年前海人才特区规模性指标

单位：人

划分标准	指标	创新金融	现代物流	信息服务	科技服务	小计
总量人才	从业人员总量	202100	191300	87500	26600	507500
	人才数量	154000	154000	67000	20500	395500
按从业者身份划分	创业者人数	3000	7700	3900	1500	16100
	雇员人数	199100	183600	83600	25100	491400

续表

划分标准	指标	创新金融	现代物流	信息服务	科技服务	小计
按从业者职业划分	高级经理人才	9100	5700	3500	800	19100
	中层管理人才	14100	11500	4400	1500	31500
	专业人才	46000	42700	24800	12000	125500
按照学历划分	博士学位人才	2400	1000	1300	500	5200
	硕士学位人才	21200	15300	9600	2900	49000
	学士学位人才	87900	76500	38500	11700	214600
	大专学历人才	42400	61200	17500	5300	126400
按照来源划分	境内人才	151600	162600	70000	21300	405500
	港澳台和外籍人才	50500	28700	17500	5300	102000
	国内人才留学人员	15900	6500	7700	2300	32400
公共服务人才		7500				
从业人员合计		515000				
人才合计		403000				

注：由于取整数的原因，表4—2中相关项的运算不一定能相等。

将表4—1、表4—2中的数据进行汇总，得到前海四大服务产业人才和公共服务人才指标（见表4—3）。

表4—3　前海人才特区总量指标

单位：人

产业类别	2015年		2020年	
	从业人员	人才数量	从业人员	人才数量
创新金融	92100	70200	202100	154000
现代物流	99900	80500	191300	154000
信息服务	43400	33200	87500	67000
科技服务	13800	10600	26600	20500
公共服务	3500	3500	7500	7500
合计	252700	197900	515000	403000

注：表4—3中的公共服务人才是按照香港的标准来设定的，主要包括公共行政、行政及支援服务人员；由于取整数的原因，表4—3与表4—1、表4—2对应项不一定完全相等。

2. 前海人才特区结构性指标

2015 年、2020 年人才结构性指标主要反映前海人才特区人才资源动态配置状况。我们使用五项指标来予以反映，分别是中高级管理人才占比、接受过本科及其以上人才占比、人才国际化程度、产业人才结构以及产业人才比率。前海人才结构性指标具体数据见表 4—4。

表 4—4　前海人才结构性指标

单位：%

指标	2015 年				2020 年			
	创新金融	现代物流	信息服务	科技服务	创新金融	现代物流	信息服务	科技服务
中高级管理人才占比	14.96	11.18	11.75	11.32	15.06	11.17	11.79	11.22
本科及以上教育人才比率	72.51	60.25	74.10	74.53	72.40	60.26	73.73	73.66
人才国际化程度	32.48	14.66	27.41	27.36	43.12	22.86	37.61	37.07
人才队伍结构	36∶41∶17∶6				39∶39∶17∶5			
产业人才比率	78				78			

注：人才结构，即指金融、物流、信息、科技及其他专业服务产业人才比例。

3. 前海人才特区动态性指标

动态性指标主要反映未来时期前海人才的流动状况。人才流动一般分为流进和流出。在 2012—2010 年期间，前海主要处于人才流入阶段，而每一年人才流出历史数据没有，在此暂时不予考虑人才的退出状况。我们主要从四个方面来考虑前海的人才流入：从业人员、人才数量、境外人才流入量、境内人才流入量等。各年份的监测指标表 4—5 所示。

4. 人才效能指标

人才效能指标主要反映人才在经济发展过程中产生成果能力的高低。从国际标准来看，反映一个地区人才效能的指标主要有四类，即劳动者的生产效率、经济效能、专利申请量和专利授予量。由于同经济发展和科技进步直接相关的人才主要集中在产业领域，因此，这里所探讨的人才产出成果主要是指四大服务业人才的经济成果和科技成果，不讨论提供公共服务人才的效能问题。前海人才特区的人才效能状况测算如表 4—6 所示。

表 4—5 前海人才动态性指标

单位：人

指标	2012—2015 年				2016—2020 年			
	创新金融	现代物流	信息服务	科技服务	创新金融	现代物流	信息服务	科技服务
年从业人员流入量	16700	18000	7900	2500	43000	40000	18000	5600
年流入人才量	12700	14600	6000	1900	33000	32500	14000	4300
年境外人才流入量	4100	2100	1600	530	14000	7400	5300	1600
年境内人才流入量	12600	12500	4400	1370	19000	25100	8700	2700

注：由于取整数的原因，该表的计算结果同表 4—1、表 4—2 不一定能对应。

表 4—6 前海人才效能性指标

指标	2015 年				2020 年			
	创新金融	现代物流	信息服务	科技服务	创新金融	现代物流	信息服务	科技服务
生产率（万港元/人）	96	36	55	40	118	28	58	39
年专利申请量（件）	330	230	176	54	688	440	358	108
年专利授权量（件）	182	128	99	32	326	208	170	52

（二）前海人才发展总体目标

以创新金融、现代物流、信息服务、科技服务和其他专业服务业人才为核心，以香港现代服务业人才标准为参照，到 2020 年将前海打造成数量充足、结构合理、素质优良、效能显著的现代服务业人才集聚示范区。

1. 人才规模

到 2015 年期末，前海人力资源总量达到 25 万人，人才数量达到 20 万人，人才占人力资源比重为 80%，人才规模效应基本形成。到 2020 年期末，前海人力资源总量达到 50 万人，人才数量达到 40 万人，人才占人

力资源比重仍然维持在80%左右，人才集聚效应基本彰显。

2. 人才结构

人才结构主要从两大类进行分类讨论。①产业人才结构。到2015年，前海创新金融、现代物流、信息服务和科技服务业人才结构为36∶41∶17∶6，以创新金融和现代物流业人才为主体的服务产业格局基本形成。到2020年，前海四大产业的人才结构比例为39∶39∶17∶5，产业人才结构进一步优化，前海创新金融人才领先格局基本形成。②职业人才结构。以高级经理人才、中级管理人才、专业技术人才为主体的前海的基本职业结构形成。2015年三类职业人才结构为12∶20∶68，2020年职业人才结构基本保持稳定。

3. 人才素质

到2015年，前海从业人员中，受过本科及以上教育的人才比重接近67.7%，人才国际化程度达到24%；到2020年，受过本科及以上教育的从业人员比重将提升到68%，人才国际化程度进一步提高，达到34%。高智型人才、高国际化人才格局基本形成。

4. 人才效能

到2015年，前海从业人员人均增加值达到63万港元，年专利申请量、授权量分别达到800件和440件；到2020年，人均增加值为58万港元，年专利申请量、授权量分别提高到1600件和750件。

三、大力开发现代服务业急需的紧缺人才

根据前海的基础条件和产业发展要求，必须坚持正确的人才培养方向，制定科学的人才队伍发展目标，为充分实现前海现代服务产业规划目标提供有效的智力支持。

（一）金融服务人才

——培养方向。以培养高级金融管理人才为核心，重点培养熟悉跨境人民币经营业务、懂资本市场运作业务、具有保险业务创新意识的金融专业人才。

——发展目标。到 2015 年，前海金融服务业人力资源总量达到 9.2 万人，金融业人才规模达到 7 万人。到 2020 年，人力资源总量达到 20 万人，人才规模达到 15.4 万人，受过本科及其以上教育的人才比重达到 73% 以上。从事金融行业创新创业型人才占 2%，高级金融管理人才占 6%，金融中级管理人才占 9%，金融服务专业型人才占 30%。

（二）现代物流服务业人才

——培养方向。优先培养熟悉融资咨询、融资担保、结算、通关、信息管理及相关增值服务的供应链管理人才，重点培养为电子商务交易提供物流及相关增值业务的综合服务、汽车滚装物流服务、外包服务、国际采购、国际配送和全球集拼分拨管理、港口航运配套服务人才。

——发展目标。到 2015 年，前海现代物流服务业人力资源总量达到 10 万人，人才规模达到 8 万人。到 2020 年，人力资源总量达到 19.1 万人，人才规模达到 15.4 万人，受过本科及其以上教育的人才比重达到 60% 以上。从事现代物流创业活动的人才占 5%，现代物流高级经营管理人才占 3.7%，从事中级管理活动的物流业人才占 7.5%，从事物流专业服务的人才占 28%。

（三）信息服务人才

——培养方向。大力培养下一代电信网、广播电视网和互联网等新一代信息传输服务业人才，打造数字化人才城区。着力培养软件和信息技术服务、信息内容服务业人才，努力培养物联网关键软件技术研发和产业化人才。

——发展目标。到 2015 年，前海信息服务业人力资源总量达到 4.4 万人，人才规模达到 3.3 万人。到 2020 年，人力资源总量达到 8.75 万人，人才规模达到 6.7 万人，受过本科及其以上教育的人才比重达到 74% 以上。从事信息服务创业型人才占 6%，从事信息服务业高级经营管理活动的人才占 5.2%，从事信息服务业中级管理活动的人才占 6.6%，从事信息专业服务活动的人才占 37%。

（四）科技服务及其他专业服务业人才

——培养方向。优先培养科技创新服务人才，重点引进和培养科技专项、检验检测服务、高技术服务人才，大力培养创意设计服务、专业服务人才。

——发展目标。到2015年，前海科技服务和其他专业服务人力资源总量达到1.4万人，人才规模达到1.1万人。到2020年，人力资源总量达到2.7万人，人才规模达到2.1万人，受过本科及其以上教育的人才比重达到74%以上。从事科技服务、专业服务创业活动的人才占7.3%，科技服务、专业服务高级经营管理人才占4%，中级经营管理人才占7.3%，专业人才占59%。

四、统筹推进“三高二公”人才队伍建设

到2020年，要在前海集聚一批具有世界影响力的现代服务业高级经营管理人才、高层次专业人才和高技术应用型人才，坚持高端引领、统筹推进方针，将前海打造成亚太地区重要的生产性服务业高级人才集聚中心。

（一）高级经营管理人才队伍

——培养方向。以提高前海现代经营管理水平和企业国际竞争力为核心，以战略企业家和职业经理人为重点，加快推进前海企业经营管理人才职业化、市场化、专业化和国际化，培养造就一大批具有全球战略眼光、市场开拓精神、管理创新能力和社会责任感的优秀企业家和一支高水平的企业经营管理人才队伍。

——发展目标。到2015年，高级经营管理人才总量达到9300人左右。到2020年，高级经营管理人才总量达到1.91万人左右。其中，金融服务领域高级经营管理人才占到一半左右，达到9100人，物流、信息和科技服务业高级经营管理人才总量分别达到5700人、3500人和800人。培养造就10名左右既熟悉国内金融运作又懂国际金融规范运作、在一定区域具有特别影响力的金融家或银行家；在现代物流、信息服务和

科技服务领域培养造就3—6名能够引领前海企业跻身中国500强的战略企业家。

（二）高层次专业人才队伍

——培养方向。以提高前海专业化水平和创新能力为核心，以中央"千人计划"为指引，制定吸纳海内外高层次专业人才的政策措施。加大创新金融、现代物流、信息传输、信息技术、电子商务、数据分析与咨询、创意设计、法律、咨询、会计、工业设计、知识产权等现代服务业人才培养开发力度。优先引进和培养一批拥有国际发明专利、掌握核心技术、国际一流的领军人才和学科带头人。

——发展目标。到2015年，高层次专业技术人才总量达到5.23万人。到2020年，高层次专业技术人才总量达到10.6万人，其中从事金融服务的专业人才达到4.6万人，占金融业从业人员比重为23%；物流、信息和科技服务专业人才分别为4.3万人、2.5万人和1.2万人。

（三）高技术应用型人才队伍

——培养方向。围绕创新金融、现代物流、信息服务和科技服务四大重点发展产业的需要，以提升从业人员职业素质和职业技能为核心，以高级技能人才为重点，建成一批国家级、省级和市级高技术应用型人才培训基地，大力提高高技术应用型人才的专业技术水平和创造性运用新技术、新设备、新工艺的能力，形成一支数量充足、层次合理、技艺精湛的高技术应用型人才队伍。

——发展目标。到2020年，在各类现代服务产业人才中，金融、物流、信息和科技服务高技能人才分别达到3000人、2500人、1000人和300人左右。

（四）公共管理与公共服务人才队伍

营造规范高效的公共管理与公共服务环境，以提高公共管理水平与公共服务能力为核心，以加强高级公共服务人员队伍建设为重点，建设一支

理念清晰、高效廉洁、激情有为、勇于创新、具有国际视野、善于推动前海包容发展的高素质公共管理与公共服务人才队伍。

——培养方向。着力培养前海高级公共管理与公共服务人才队伍，重点配置监管、安全公共管理人才，综合开发基础教育、职业教育、高等教育人才资源，大力引进和培养公共卫生、医疗卫生等专业人才。

——发展目标。到 2015 年，各类公共管理和公共服务人才总量达到 3500 人。到 2020 年，公共管理与公共服务人才总量达到 7500 人。

第五章
创新体制机制
构建深港合作国际人才社区

前海人才特区建设服务于前海深港现代服务业合作区建设，而前海深港现代服务业合作区建设则承载着建成现代服务业体制机制创新区、现代服务业集聚区、香港与内地紧密合作先导区、珠三角地区产业升级引领区的重要任务，集中体现了高起点、国际化、深港合作、市场化等重要特点。因此，从体制机制方面，前海人才特区建设必须充分考虑这些特点，要以深港合作为核心，推动跨区域合作，推动人才国际化发展，推动人才市场化服务体系建设，从而最终建成人才智力高度密集、体制机制全面创新、科技创新高度活跃、新兴产业高速发展的“国际人才社区”。

一、体制机制创新总体设计

借鉴国际国内人才特区发展市场主导型人才机制的经验，利用前海管理机构新成立的契机和计划单列市的权限，创新人才工作体制机制，形成“一个坚持，四个发挥，一个完善”的体制机制格局，即坚持党对人才工作的总体领导，充分发挥政府宏观指导功能、市场自主运作功能、深港深度合作功能和企业主体的用人功能，完善人才法治建设，从而打造国际人才宜聚宜居宜发展的人才社区。

（一）坚持党对人才工作的总体领导

坚持党管人才原则，创新党管人才方式方法，提高党管人才工作水平。前海管理局作为深圳市委、市政府派出的工作机构，兼具党委、政府

职能，对前海人才工作具有总体领导职责。建立管理局党组统一领导，管理局组织部门牵头抓总，有关部门各司其职、密切配合，社会力量广泛参与的人才工作新格局。统筹前海经济社会和人才发展，制定具有前海特点的党管人才工作格局的规范性文件，建立科学的决策机制、协调机制和监督落实机制，建立前海管理局主要领导定期听取人才工作专项报告制度，形成统分结合、上下联动、协调高效、整体推进的人才工作运行机制。

（二）发挥政府人才工作指导服务职能

前海管理局同时具有通过政策制定、信息发布、打造平台等措施，发挥对人才工作宏观指导和服务的职能。具体职能部门人力资源部负责组织编制前海深港现代服务业合作区人才发展战略规划，研究拟订合作区培养、吸引、使用人才等方面的有关政策，建立合作区人才引进、培养、培训平台，明确引进、培养、培训人才的种类、时间、质量标准、薪酬，吸引国内外著名猎头公司、人才代理中介、高等院校以及职业学校积极参与竞标，活跃前海人才特区市场，提升人才引进、培养、培训质量。建立前海深港现代服务业合作区人才需求信息发布平台，及时公布产业和企业人才需求状况、前海人才市场人才流动状况。联合其他部门建立前海人才特区人才综合服务平台，为各种人才提供落户、签证、档案结转代理、保险、子女入学等服务。联合其他部门建立前海人才特区人才创业服务平台，为创业人才提供创业前期辅导、创业手续代理、创业融资联系等服务。前海人才特区人才综合服务平台和人才创业服务平台可以外包给专业的人力资源公司承担。建设、营造和国际文化接轨、符合国际人才集聚特点的合作区人才发展环境。

（三）发挥深港合作平台作用

前海是深港合作区，香港不仅在前海现代服务业的产业发展中发挥重要作用，而且在前海人才特区建设中也将发挥重要作用。在前海搭建深圳和香港进行人才合作的平台，充分发挥深港深度合作的功能，大力吸引香港乃至全球现代服务业、公共服务业人才到前海发展、创业，在人才培养、培训、人才培养培训标准、人才中介组织市场准入、人才社会保险、医疗保险接驳、人才通关、子女教育等领域起主导作用。

（四）发挥市场自主配置功能

通过建立统一规范、更加开放的人才市场和发展专业性、行业性人才市场，发挥市场的人才价格机制、供需调整机制、人才培养开发机制、人才评价发现机制、人才流动配置机制、人才竞争激励机制，发挥市场人才交换功能、平衡功能、协调功能、价值实现功能、信息功能和全程综合服务功能，建立功能齐全、市场繁荣、符合深港现代服务业合作区发展的前海人才特区的国际化人才市场。在前海大力发展人才服务产业，建设人才猎头、人事代理、人才培训、人才规划、人才评估、人才绩效、薪酬体系、人才创业指导和服务等人才服务产业，健全市场主体，完善市场功能。积极培育专业化人才服务机构，注重发挥人才服务行业协会作用。

（五）发挥企业主体的用人功能

借鉴香港经验和国际惯例，尊重进驻前海的香港企业和其他外资企业的用人自主权和行之有效的先进管理方法与模式，鼓励香港企业和其他外资企业在香港和全球范围内吸引人才到前海工作和发展。对于国内进驻前海的企业或新创立企业，引导企业根据产权性质、特点建立与现代企业制度相符、与国际接轨的企业用人制度，自主确定用人需求，提高管理效率和水平，制定技术、知识、管理、技能等生产要素按贡献参与分配的办法和薪酬制度，建立科学的包括组织规划、工作分析、能力评估、优化配置、绩效考评、培训开发、生涯发展等在内的现代人力资源管理体系。鼓励企业外包人力资源管理职能。通过企业调动人才的积极性，发挥人才的作用，实现人才的价值，使企业和人才得到同步发展。

（六）完善人才法制建设

围绕促进人才发展、繁荣人才市场、服务特区发展的目标，建立健全前海人才特区人才培训、人才代理、人才中介组织准入及执业、人才使

用、人才保障、外籍人才管理与服务等规范人才市场主体、人才市场建设、人才权益保护等方面的制度，为前海人才特区建设提供制度保障。

二、构建基于深港合作的国际人才社区

根据前海人才特区体制机制的总体设计，创新党管人才的具体实现方式，以深港合作为平台，将人才管理体制纳入市场范畴，融入社区治理之中。在充分发挥市场的基础性作用，形成以企业为主体、以市场为导向、以人才服务业为依托的人才运行格局的基础上，借鉴社区建设理念，建立国际人才社区治理组织，发挥社区的自我治理功能，形成政府推动、多方参与的人才工作局面。因此，创新前海人才特区体制机制，就是要构建基于深港合作的“国际人才社区”。打造国际人才社区的具体举措就是要形成以“一盟一会三制”为核心的人才管理模式，即通过建立深港人才工作联盟，建设前海人才发展协会，建立健全人才配套法制、人才公共服务机制、人才投融资体制。

（一）建立深港人才工作联盟

以《粤港合作框架协议》为基础，以前海为基地，签署、建立“前海深港人才工作联盟”（以下简称深港联盟），健全推动两地人才发展民间沟通机制。深港联盟一方以深圳市委、市政府及相关职能部门和前海管理局组成（体现党对人才工作的领导），另一方则由香港特区政府、人力资源管理协会、香港职业训练局等组成，在前海人才特区形成深圳市委领导、深港联盟共商，深圳市委组织部牵头抓总，前海管理局和深圳市有关职能部门共同落实的人才工作领导体制。在深港联盟框架下，围绕现代服务业人才培养、培训、人才中介组织市场准入、人才社会保险、医疗保险接驳、人才通关、子女教育等方面进行磋商、合作。

通过深港联盟，积极发展各类行业协会、社会中介，推进人才服务业主体多元化发展。充分发挥行业协会和中介组织在人才引进、培训、评价、协调交流方面的主导作用。努力吸引一批国际知名人才机构落户前海，培育分行业、专业化的人才中介机构，扩大提高人才服务业的能级、

水平和规模。以人才服务业发展为基础，通过深港联盟建设，加强与香港商界、学界及社会机构等的互动合作，深化香港人才对前海的了解认知，推动双方职业资格互认。充分借用香港国际化优势，引进香港高素质专业人才，提升本土人才国际化水平，带动深圳及珠三角产业人才素质的整体提升和人才结构的战略性调整。引进香港职业训练局人才培训体系，以前海管理局、香港职业训练局、人力资源公司共同参股建立人力资源培训公司。待“深港联盟”取得成功经验后，再向两岸四地逐步扩展推开。

（二）建设前海人才发展协会（国际人才社区工作委员会）

坚持市场化、社会化、合作化的人才工作理念，建立前海人才发展议事及管理机构“前海人才发展协会（国际人才社区工作委员会）”（以下简称人才协会）。人才协会具有社区自治性质的独立法人资格，是国际人才社区的治理单位，由前海管理局进行业务指导，在政府监管和法律保障框架下，以市场为主导，以企业为主体，对前海人才发展进行议事和管理。建设初期，由前海管理局负责“协会”（委员会）的发起工作，吸纳区内企业、机构作为理事单位广泛参与。待运转成熟后，逐步转变为民间发起运作的社会机构。

人才协会既是前海政府组织、商业机构及社会各界协调政策、整合资源、优化环境、反映诉求的人才问题议事平台（可称国际人才社区工作委员会），同时也是深港联盟框架下深圳一方与香港人力资源管理协会和各种行业协会沟通联系、互通需求、合作互助的人才发展问题会商平台（可称人才发展协会）。

以“一会”为主导，形成前海以“一会”带动“多会”的工作格局，即前海各类商会、协会人力资源分会大发展的局面。“一会”对前海人才发展规划、政策调整、监督评估、体系优化等进行相关决策，负责前海人才服务业及各行业协会人力资源分会（“多会”）组织间的统筹协调、行业规范和监管自律，同时为社会各机构提供具体的人力资源管理指导。通过“一会”带“多会”的形式，积极拓展前海人才联系网络，宣传政

策优势，推介“国际社区”品牌，争取发展资源，提高前海人才特区国际影响力。

（三）创新人才配套法制

以打造社会主义法治建设示范区为引领，在全国人大授予的经济特区立法权限范围内，制定促进前海现代服务业规范发展的相关人才法规，支撑以企业为主体、以协会自治为核心的深港联盟、人才协会运行体制。根据国家相关法律规定和前海产业发展实际需要，充分利用全国人大授予的经济特区立法权，广泛借鉴发达国家和地区尤其是香港民事、商事的立法经验和运作惯例，设置相应的法治机构，引进民间商事调解机构，加强深港司法合作，分步推出一系列有利于现代服务业人才集聚发展的政策法规，为前海现代服务业的发展创造优良的法律环境。加紧制定推出前海外国专家管理办法、前海国际人才工作办法、前海就业机会均等法、职业安定法、中外合作办学条例等一系列有利于现代服务业人才集聚的政策法规，为前海现代服务业的发展创造优良的法律环境。凡是可以立法的或地方有权立法的，应该做到不留死角全覆盖；凡是地方无权立法而又急迫需要解决的，要及早提出来，争取国家层面特例审批解决。到 2020 年，建立健全基本覆盖国际人才引进、居留、培养、评价、流动、使用、激励等各环节和相关医疗、教育、社会保障、中介、生活配套等各服务领域以及调解、仲裁、诉讼等方面门类齐全、协调配套、结构严谨的地方性人才法律法规体系。

（四）创新人才公共服务机制

充分利用政府采购等市场化手段，强化宏观调控职能，弱化微观管理职能，变“管理人才”为“服务人才”，从人才服务供给型向需求导向型转变。推动“国际人才社区”国际化人力资源配置平台、国际化产业合作对接平台、国际化产业要素集聚平台、跨国合作人才开发平台四大战略平台建设。在四大战略平台建设过程中，要注意走市场化和社区化的道路。也就是说，凡是市场能解决的，就坚决通过市场加以解决；凡是社区能解决的，就坚决通过社区加以解决。为此，一方面，抓紧国际化的人才市场建设，发展人才服务产业，引进品牌的猎头、中介、培训、咨询、资格认证等专业人才服务机构，建立行业协会，培育市场主体；另一方面，抓紧国际化的人才社区建设，发展社区服务产业，引进优秀的教育、卫生、公交、保安、家政、信息网络、餐饮宾馆、休闲娱乐等服务资源，集聚大批社会工作人才和服务人才，强化社区管理和服务；同时抓紧人才公共服务平台建设，发展人才的公共服务体系，成立专门的服务机构，提供便利的公共配套服务设施。

另外，正确认识国际性非政府组织在集聚国际人才方面的重要作用，既把它作为联系国际国内的桥梁，又把它作为引进国际人才的重要平台。通过有选择地引进和发展国际性非政府组织，充分发挥国际性非政府组织在信息服务、人才交流、档案管理、信用服务、资质认证、评价服务等人才工作中的服务职能。

（五）创新人才投融资体制

创新国家、地方、社会企业共同参与的人才发展投融资体制。积极争取中央财政人才资金投入和国家支持政策体系，健全完善地方政府配套扶持和全面对接机制。优先将前海四大行业所需现代服务业人才列入人才支持计划并给予重点投入。同时，通过探索金融财政、税收优惠等政策创新，建立健全人才奖励运作体系，完善地方政府配套扶持和全面对接措施，从而推动政府直接投融资和政策性投融资双轨并行。努力营造全社会投入人才发展的浓厚氛围，建立人才投融资的相关市场机构，鼓励、引导社会力量参与人才投融资。逐步确立起企业及其他社会组织在人才投融资领域内的主体地位，最终使人才发展投入都通过市场机制进行。凝聚社会资金整合的强大合力，加强市场投融资，使前海人才投融资的主角由政府转为社会和企业，确立企业及其他社会组织在投融资领域的主体地位，最终使投资和融资都通过市场进行。设立人才风险投资基金，建立国际化的创业投资服务体系，引进和聚集各类风投机构，吸引境内外各种风险投资，开发利用各类国际资本。

三、打造国际人才社区宜聚宜居宜发展环境

打造人才宜聚宜居宜发展的环境，是前海建设“国际人才社区”的重要内容。没有宜聚宜居宜发展的环境，国际人才就不会聚集在前海，即使到了前海也不能居住下来，更不能在前海得到发展。而有了宜聚宜居宜发展的环境，前海就有可能成为吸引国际人才的事业和生活中心。前海国际人才特区“三宜”环境是一个人才生态环境，应从生活环境、人文环境和营商创业环境三个方面着手打造“三优”。

（一）打造优质的生活环境

前海应通过国际招标的方式开展综合规划，有序合理部署城市发展、城市布局和城市运行，充分融入滨海和水系自然因素，遵循可持续原则，营造良好的城市生态环境，促进人与环境高度和谐。同时，注重城市优质化公共服务建设，建立符合国际标准、拥有比较优势的公共管理和公共服务体系，构建安居乐业、低碳环保的“生活品质之城”。

1. 街区景观

利用前海滨海的优势，开辟海滨长堤，增设文娱广场、花木种植区、露天茶座及休憩地点；建设滨海主题公园，为市民提供休闲娱乐的好去处。推行一系列地区改善及绿化计划，美化区内环境，提升街景品质，改善景观状况。

2. 公共设施与公共交通

建设国际化、高标准的公共设施，包括托儿所、幼儿园、小学、中学、大学等教育机构；医院、诊所、卫生站等医疗机构；商场、菜场、集贸市场等商业服务场所；影剧院、俱乐部、书店、图书馆、游泳池、体育场、青少年活动站、老年人活动室、会所等文化体育场所；银行、储蓄所、邮电局、邮政所、证券交易所等金融邮电机构；商业管理、街道办事处、居民委员会、派出所、物业管理等行政管理机构；公共厕所、变电所、消防站、垃圾站、水泵房、煤气调压站等市政公用场所。加快公共汽车、轨道交通等快速便捷的公共交通建设。

3. 社会保障

健全社会保障制度。对国内外人才参与社会保险进行分类管理，准许国内外人才配偶子女参与社会保险。

建设人才安居工程，提供一批人才公寓。

（二）塑造优雅的人文环境

前海人文环境的塑造，需要尊重不同国家、民族、种族的生活方式及文化习俗，在增强本土文化发展活力的同时，引进国际文化以及国际文化机构，建设国际化语言环境、媒体环境和宗教环境。营造前海丰富多彩的文化生活和百花齐放的文化氛围，逐步建立起多元化、环境友好型和具有国际风格、国际水准与国际影响力的国际人才社区，使前海成为中国文化和国际文化的交融中心。

1. 价值观多元化

由于前海要打造的是“国际人才社区”，因此要在倡导社会主义核心价值观的同时，允许多元价值观存在。众多不同国籍、民族、文化的人才汇集在前海，他们拥有不同的价值观念和文化信仰，不能用统一的标准来要求他们。前海在重视人才的基本道德素养培养的基础上，思想道德建设的内容可以多元化。

2. 文明教育与科学普及

人才素质的提高有助于国际化人才社区的建设。前海要通过广播、电影、电视、报纸、杂志、海报等各种宣传媒介，宣传文明礼貌和科学知识，提升人才的素养，改善人才的行为，使前海成为思想开放、举止文明、具有创新活力的现代化社区。同时还要认识到，优雅的人文环境需要科学的知识作为支撑。前海国际人才社区是一个科学的、民主的社区，这就要求建设现代化的图书馆、科学会堂、科技博览中心等科学场馆，加大科学知识的宣传、普及，通过耳濡目染来提高社区人才的科学素养和创新精神。

3. 文化设施建设与群众文体活动

文化设施是城市文化软环境的现实载体。前海要建设高水准的音乐

厅、剧院、电影院及各种展览馆、博物馆等文化设施来开展形式多样的文化活动，为社区人才提供高水准的文化享受。同时要加强和香港以及其他国家和地区的文体交流活动，定期举办群众性的文体活动。定期邀请国际高水平的文体团队来前海演出，为社区人才提供高水平的文化体育大餐。

4. 城市信息化

城市的信息化建设有助于提升城市的人文环境。前海建设国际人才社区，需要通过提高互联网的入户程度、加大物联网的建设力度来提高城市的信息化建设水平。

5. 社会公益事业

建立健全社会公益事业机构，加强社会公益事业建设。倡导人人关心社会公益事业、参与社会公益事业、得益于社会公益事业的良好风尚。

（三）营造优良的营商环境和创业环境

国际人才社区必须拥有优良的营商环境和创业环境，为人才发挥作用提供良好平台。这要求前海在企业开设、经营、贸易活动、纳税、关闭及执行合约等方面遵循国家法律规定和国际惯例，为人才提供宽松的营商和创业环境。

1. 营商环境

给予国企、民企、外企公平公正的营商待遇。完善劳动法规，在依法保护劳动者合法权益的同时，根据国际惯例为企业妥善解决解雇困难和解雇成本高的问题。保护投资者利益，依法解决企业交易不透明和企业代理问题。创新企业融资环境，积极开展企业借贷信息交流，切实解决企业贷款困难问题。优化企业税收环境，简化税务手续，减低税赋水平。简化企业开办手续，降低开办成本。简化执照申领程序，降低执照工本费。优化工商环境，加强商业合约执行检查，提高商业合约履行速度。

2. 创业环境

倡导创新，鼓励创业。在前海内建设“无障碍创业”环境，设立“创业快速通道”，为人才创业从企业注册、场地租赁到人事关系办理等提供全程服务。建立创业服务中心，为人才创业提供包括技术服务、政务服务、中介服务、金融服务、关联和特色服务等创业服务。以知识产权、科技成果等无形资产创业的，实行“零资本注册”。对高层次人才以人力资本出资开办的高新技术企业、现代服务业企业给予按比例出资、延期出资、资本认缴等待遇。设立专项资金，对优质创业项目给予一定额度的创业启动资金扶持。

第六章
前海人才特区建设的政策创新

前海要建设国际领先、国内一流的人才特区，形成“北有中关村、南有深圳前海”的发展格局，就必须突出抓好政策创新，构建起与国际充分接轨、与产业充分结合、让市场作用充分发挥的人才政策网络体系。

前海人才特区政策创新要遵循高定位、遵规律、合逻辑、切实际四个原则，围绕国际人才“引得进、发展好、留得住”等环节，着力进行政策先行先试、创新突破。根据前海的现实情况和未来发展需要，参照标杆城市香港及其他先发地区的经验和做法，按照政策突破的轻重缓急程度，前海人才特区应主要从国家、深圳市和前海 3 个层面 9 大主题创新 23 项具体政策。

一、创新政策体系

前海合作区需要创新实施包括个税优惠、签证居留、职业资格互认、创业扶持、薪酬激励、医疗服务、教育服务、人才中介服务和建设国际人才社区等 9 个方面主题的特殊政策（简称“前海九条”）。

（一）实行个税优惠（重在“两个探”）

1. 探索个税跨境征收

前海合作区内的港籍高层次人才和港资企业的外籍高层次人才可以在前海工作、在港纳税，深港两地协商分配个税收入（台、澳人才参照执行）。

2. 探索个税降负机制

对任职于前海企业的国（境）外高端人才，由深圳市政府按照内地与国（境）外个人所得税负差额给予补贴，纳税人取得上述补贴免征个人所得税；此外，可享受增加税前列支、股权激励（技术转让收入）缓免税等优惠政策，确保个税税负与香港基本持平。

（二）创新签证居留（打造“三张卡”）

1. 试点“前海特别居民A卡”

针对海外华裔人才（原籍中国的海外华人或海外华人的第二代、第三代）试点发放“前海特别居民A卡”（以下简称“A卡”），赋予持卡者15年免签证的长期便利，并在社会保险、医疗服务、子女教育、住房购置、求职就业、贷款融资、政府项目申报、知识产权申报等方面享有国民待遇，但不享有选举权和被选举权。

“前海特别居民A卡”主要针对华裔外籍人才，适用标准相对更低，除高层次华裔人才外，其他普通海外华裔也可申请，但华裔外籍人才只能在“A卡”和“B卡”中二选一。

2. 试点“前海特别居民B卡”

赋权前海试点“前海特别居民B卡准入”（以下简称“B卡”）新办法。前海引进的符合深圳市“孔雀计划”认定或评审标准的海外高层次人才，其本人、配偶及其未满18周岁的未婚子女“B卡”办理不受任职单位性质、投资额度、居住和婚姻存续时间等条件限制，可根据意愿直接为其办理“B卡”；授予前海外国人就业资格证办理权限，允许世界知名大学（具体参见“孔雀计划”标准）的外籍应届毕业生在前海重点发展的四大产业领域就业创业，其本人“B卡”办理不受任职单位性质、职位职称、投资额度、居住时间等条件限制，可根据意愿直接为其办理“B卡”。赋权前海探索推动“B卡”待遇国民化的新办法，“前海特别居民B卡”持有者享有社保、税收、就业、职业资格认定、贷款、住房购置、子女教育等方面的基本国民待遇，但不享有选举权和被选举权。赋权前海试点探索优化“B卡”管理新办法，在前海试点成立“移民事务办公室”，内设专门的“前海特别居民B卡”服务窗口。对于“B卡”管理实行前海受理——深圳市审核、审批——广东省、公安部备案的体制机制。

“前海特别居民B卡”主要针对其他族裔的外籍高层次人才，准入要

求相对较高，但一旦取得后应与“A 卡”一样享受国民待遇。

3. 试点“前海特别居民 C 卡”

借鉴港澳同胞“回乡卡”制度运作模式，面向需要经常出入港澳地区的前海合作区内从业人员，试点发放有效期 5 年的“前海特别居民 C 卡”，凭此卡可以快速、便捷出入港澳地区。

“前海特别居民 C 卡”，主要针对需要经常出入港澳地区的前海合作区内从业人员。由于前海深港合作示范区有较多的人、车、物等需要经常出入港澳地区，因此试点此卡给予相关人员以车牌等出入便捷服务。

4. 方便子女落户

对于在海外生育了多胎子女的高层次留学人才，经过前海管理局审核推荐后，允许多胎子女落户。

（三）推动职业资格互认（明确“三个先”）

1. 优先落实《内地与香港关于建立更紧密经贸关系安排》（简称 CEPA）已互认项目

需初审推荐或前置报批的，前海合作区可以自行组织审核推荐、直接上报；有人数限制的，同等条件下互认推荐名额优先向前海合作区倾斜。

2. 先行先试新的互认项目

深港两地围绕前海合作区重点发展的四大产业试点探索职业资格互认项目；支持前海合作区引进国际知名职业资质项目协会分支机构和培训项目，并组织开展具有国家标准性质的资格认证考试。

3. 率先在国内实行国际通用的专业资格制度

率先承认在国际发达国家取得的国际通用职业资格，并允许取得资格者在前海执业。允许在前海合作区内工作的国（境）外专业人员参照海外归国高层次人才参加专业技术资格破格评审。

（四）加大创业扶持（抓好“三个设”）

1. 设置创业“低门槛”

经认定的高层次人才可以知识产权、科技成果、研发技能等人力资本作价出资、入股，最高可达企业注册资本的80%。改革以营业执照为中心的商事登记制度，试行商事主体资格和经营资格相分离、注册资本认缴登记、自然人经营豁免登记等制度。

2. 设立创业扶持基金

以深圳市财政出资2亿元为引导，募集设立“前海创业扶持基金”（规模10亿元左右），以创业资助、直接投资、出资入股等方式，定向支持国（境）外高层次人才在前海合作区创新创业。由深圳市和前海合作区财政共同出资设立“前海创业融资风险补偿基金”，对创投机构投资、担保机构融资担保、金融机构贷款、保险机构保险，给予奖励性补贴和损失性补偿，奖励和补偿额度国内领先。

3. 建设“风投广场”

通过给予场地租金优惠、税收减免、投资奖励等措施，大力引进和聚集天使投资者、股权投资机构和股权投资管理公司等各类投资机构，构建形成“前海风投广场”，着力加强对各类社会资本、国际资本的开发利用。

（五）增强薪酬激励（推动“两个试”）

1. 试点股权激励

前海合作区内的国有及国有控股金融机构、高新技术企业、技术先进型服务企业可以开展股权与分红权激励改革试点。

2. 试点企业高薪引才税收激励

授权前海进行企业税制改革，支持企业采取薪酬激励措施。允许企业将高层次管理人员、专业技术人员、技能人才等的高福利配套（如商业性的医疗保险、人寿保险、企业年金等）列入成本。

（六）优化医疗服务（突出“三个开”）

1. 开设特殊医疗服务

在深圳市公立医院设立国际医疗部，营造适宜外籍人士就医的医疗服务环境。给予经认定的国（境）外高层次人才市二级医疗保健待遇，入

选者及配偶、子女在指定医院就医享受“绿色通道”服务。

2. 开发高端医保产品

组建深圳市医疗行业与保险行业理事会，开发适宜国（境）外人才需求的高端医保产品，为国际人才提供国内投保、全球就医服务。推动深圳市医疗机构与国外知名保险公司合作，为国际人才提供国（境）外投保、深圳直接就医服务。

3. 开放医疗服务产业

引入国（境）外高水平医疗服务提供者，允许其在前海合作区设置独资医疗机构，取消在前海合作区注册的合资医疗机构的股权比例限制，在前海合作区开展粤港澳医疗机构相互转诊试点。支持国内高水平医护人员到前海合作区内医疗机构兼职从业，授权前海管理机构直接管理境外医护人员在前海合作区从业事宜。允许前海合作区内的外资、民营医疗机构从业人员参加专业技术职称评审。

（七）优化教育服务（两“开”一“提”）

1. 开放教育服务产业

引入国（境）外知名教育服务提供者，允许其在前海合作区设置独资教育培训机构，取消在前海合作区注册的教育培训机构的股权比例限制。

2. 开办国际学校

在深圳市南山区、宝安区等地有条件的公立中小学开设国际班，积极引进社会资本，在前海合作区建立覆盖学前教育到高中教育的“一站式”国际学校。

3. 提升基础教育服务

接受学前教育的，在公办幼儿园就近优先安排。接受义务教育，就读国际学校或国际班的，按公办教育生均经费标准给予补贴；就读公办学校的，免试免费就近安排公办学校（确需跨学区的，由教育主管部门妥善安排）。接受高中教育的，由市教育主管部门妥善安排。

（八）优化人才中介服务（一“开”一“打”）

1. 开放人力资源服务业

引入国（境）外知名人力资源服务提供者，允许其在前海合作区设置独资人力资源服务机构，取消在前海合作区注册的人力资源服务机构的股权比例限制。前海合作区内独资、合资的人才服务机构准入要求（注册资本、专业人员），比照广东省的内地企业执行。

2. 打造国家级人力资源服务业产业园区

筹建金融、物流、信息、科技服务四类专业人才市场，打造国家级金融人才专业市场。引进一批高级职业技能培训机构、高端人才中介机构、国际考试服务机构，对前海重点发展的四大产业给予政策优惠，打造人力资源服务业产业高地。

（九）建设国际人才社区（建公寓）

按照产业社区模式规划建设前海合作区功能区块，打造一批集产业、居住、休闲等功能于一体的城市综合体，布局建设一批人才公寓。

二、政策创新突破层面及要点

前海人才政策创新体系突破点主要涉及国家、深圳市和前海合作区自身三个层面。其中，涉及国家层面政策创新的有 7 大主题，涉及深圳市层面政策创新的有 8 大主题，涉及前海自身政策创新的有 3 大项。

（一）国家层面政策创新突破点

个税优惠、签证居留、职业资格互认、薪酬激励、医疗服务、教育服务、人才中介服务等 7 大主题 13 项具体政策涉及国家层面政策创新。国家层面政策创新突破的具体主题、政策内容和政策突破点如表6—1所示。

表 6—1　国家层面政策创新突破要点

政策主题	政策内容	政策突破点
（一）实行个税优惠	1. 跨境征收	跨境征收
	2. 个税降负	税前列支、股权激励（技术转让收入）缓免税
（二）创新签证居留	1. 前海特别居民 A 卡	长期免签证便利
	2. 前海特别居民 B 卡	设置 B 卡服务窗口、降低 B 卡标准、扩大 B 卡范围
	3. 前海特别居民 C 卡	在深圳口岸快速通关
（三）推动职业资格互认	1. 优先落实 CEPA 已互认项目	自行审核推荐、直接上报授权，互认推荐名额倾斜
	2. 先行先试新的互认项目	深港试点探索职业资格互认项目；引进国际知名职业资质项目；开展具有国家标准性质的资格认证考试
	3. 率先在国内实行国际通用的专业资格制度	承认国际通用职业资格，允许在前海执业。允许国（境）外专业人员参加专业技术资格破格评审
（五）增强薪酬激励	1. 试点股权激励	国有金融、高新技术、先进服务型企业股权激励
（六）优化医疗服务	3. 开放医疗服务产业	允许外资医疗机构在前海独资发展；医护人员多点执业、允许非公医院医护人员参加职称评审；授权前海直接管理境外医护人员从业
（七）优化教育服务	1. 开放教育服务产业	允许外资在前海独资办学，降低合作办学门槛
（八）优化人才中介服务	1. 开放人力资源服务业	允许外资人才服务机构在前海独资发展；降低准入要求
	2. 打造国家级人力资源服务业产业园区	创建国家级的人力资源服务业产业园区、国家级金融人才专业市场

（二）深圳市层面政策创新突破点

个税优惠、签证居留、创业扶持、薪酬激励、医疗服务、教育服务、人才中介服务和建设国际人才社区等 8 大主题 11 项具体政策涉及深圳市层面政策创新。但是国家层面的 7 大主题 13 项具体政策也需要深圳市落实实施。深圳市层面政策创新突破的具体主题、政策内容和政策突破点如表 6—2 所示。

表 6—2 深圳市层面政策创新突破要点

政策主题	政策内容	政策突破点
(一)实行个税优惠	2. 个税降负	个人所得税负差额给予补贴,纳税人免征个人所得税;税前列支、股权激励(技术转让收入)缓免税等
(二)创新签证居留	1. 前海特别居民 A 卡	落实国民待遇
	2. 前海特别居民 B 卡	落实持卡人才国民待遇
(四)加大创业扶持	1. 设置创业"低门槛"	知识产权入股、商事登记制度改革
	2. 设立创业扶持基金	"前海创业扶持基金""前海创业融资风险补偿基金"
(五)增强薪酬激励	2. 试点企业高薪引才税收激励	支持企业采取薪酬激励措施,允许人才高福利列入企业成本
(六)优化医疗服务	1. 开设特殊医疗服务	设立国际医疗部、给予绿色通道待遇
	2. 开发高端医保产品	组建深圳市医疗行业与保险行业理事会,推动深圳市医院与国际知名保险公司合作
(七)优化教育服务	3. 提升基础教育服务	统筹安排适龄子女基础教育
(八)优化人才中介服务	1. 开放人力资源服务业	对外资背景的人才服务机构,在授予相关资质上一视同仁
(九)建设国际人才社区	1. 建设人才公寓	有别于普通商品住宅的人才公寓建设管理办法

(三)前海层面政策创新突破点

创业扶持和建设国际人才社区 3 大主题 5 项具体政策涉及前海层面政策创新。但是国家层面的 7 大主题 13 项具体政策和深圳市层面的 8 大主

题11项具体政策也都需要前海来落实实施。前海层面政策创新的具体主题、政策内容和政策突破点如表6—3所示。

表6—3 前海层面政策创新突破要点

政策主题	政策内容	政策突破点
(二)创新签证居留	4. 方便子女落户	允许多胎子女落户
(四)加大创业扶持	1. 设置创业"低门槛"	人力资本作价,改革商事登记制度
	2. 设立创业扶持基金	"前海创业扶持基金""前海创业融资风险补偿基金"
	3. 建设"风投广场"	引进各类投资机构
(九)建设国际人才社区	1. 建设人才公寓	有别于普通商品住宅的人才公寓建设管理办法

下篇　专题报告

专题报告一

中国香港现代服务业及其从业人员状况分析报告

本报告包括香港现代服务业（金融业、现代物流业、信息服务业、科技服务业及其他专业服务业）各产业增加价值①与产业就业人员数量的关系分析，现代服务业与配套公共服务业的关系分析，各产业分别与现代服务业总增加价值的关系分析。各产业增加价值与产业就业人员数量的关系分析主要通过分析近10年的数据，建立线性回归模型来实现；现代服务业与配套公共服务业的关系分析以及各产业与现代服务业总增加价值的关系分析，由于数据样本有限，均采用近3年的平均值来实现。三大关系分析结果作为前海2020年现代服务业增加价值及就业人员数量的分布标杆。

一、收集数据

香港2000—2009年现代服务业的增加价值及就业人员数量如表专1—1所示。

香港金融业的数据来源于对银行业、金融市场及资产管理以及保险业相关数据的求和。香港统计处从2007年才开始专门提供有关物流业业务表现及营运特色的统计数据。2007年之前的统计对象是运输及有关服务，货运和客运界线模糊，仓库、速递之类的统计也未明确给出，所以很难按照HSIC分类准确获得2000—2006年香港物流业的相关数据。

① 一个国家或者地区的产值定义为国家（地区）GDP，一个行业的产值定义为增加价值。

表专 1—1 中国香港现代服务业增加价值及就业人员数量状况表

从业人数单位：人 价值单位：百万港元

年份	香港GDP	公共服务业增加价值	金融业		信息服务业		专业技术业		现代物流业		现代服务业增加价值
			就业人数	增加价值	就业人数	增加价值	就业人数	增加价值	就业人数	增加价值	
2000 年	1317650	238807	132027	143760	38164	56576	77811	29196	—	—	—
2001 年	1299218	250355	133180	140171	39150	60156	80312	31708	—	—	—
2002 年	1277314	249808	129585	135311	34977	59106	80890	30595	—	—	—
2003 年	1234761	245556	124050	142337	30019	58992	83960	31660	—	—	—
2004 年	1291923	247073	125639	148201	30719	61050	88495	34977	—	—	—
2005 年	1382590	243792	132038	163223	29977	66024	94315	36624	—	—	—
2006 年	1475357	245295	134448	216415	15712	20021	123051	38803	—	—	—
2007 年	1615574	254391	144725	296791	15396	20557	130951	45664	134942	71109	434121
2008 年	1677011	269601	152806	250760	16206	20925	136930	48532	135994	61878	382095
2009 年	1622203	279453	152154	229084	16460	20978	139357	51952	132400	53800	355814

二、数据分析

（一）香港 GDP

从图专 1—1 可以看出，2000—2003 年香港经济处于下滑状态。当时香港通货紧缩，失业率上升，财政赤字扩大，总体经济形势受到严重影响。2003—2008 年，香港经济开始复苏并不断发展，恢复到金融危机前的顶峰，整体发展呈直线增长趋势，GDP 年均增长率为 7.2%。由于再次受到金融危机的影响，2009 年香港的经济又开始出现负增长，增长率为 -3.3%。近 10 年的香港 GDP 年均增长率为 2.6%，增长比较平缓。

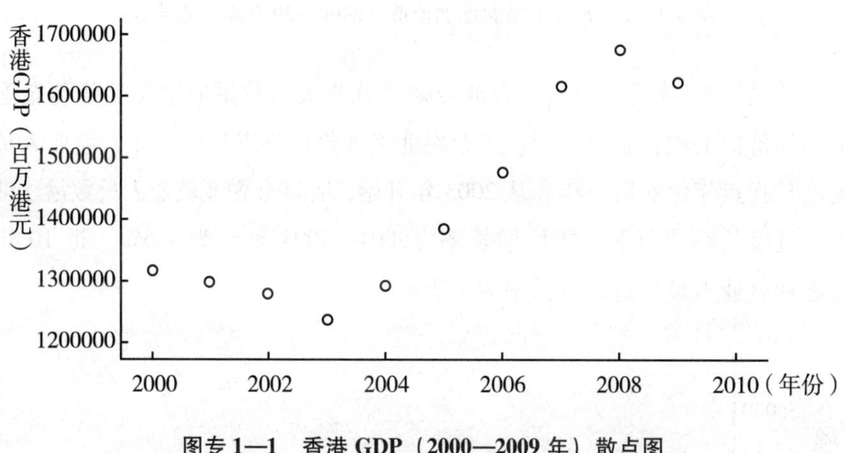

图专 1—1　香港 GDP（2000—2009 年）散点图

（二）现代服务业

1. 金融业

从图专 1—2 可以看出，香港金融业增加价值的发展情况与香港 GDP 的发展情况相似。2000—2002 年香港金融业增加价值呈现微弱的负增长。2002—2007 年，香港金融业增加价值大幅增长，年均增长率（2003—2007 年）达到了 23.9%。由于受到金融危机的影响，2008 年香港金融业

开始呈现负增长，近两年的年均增长率为 -11.4%。近 10 年香港金融业增加价值的增长率为 6.6%。

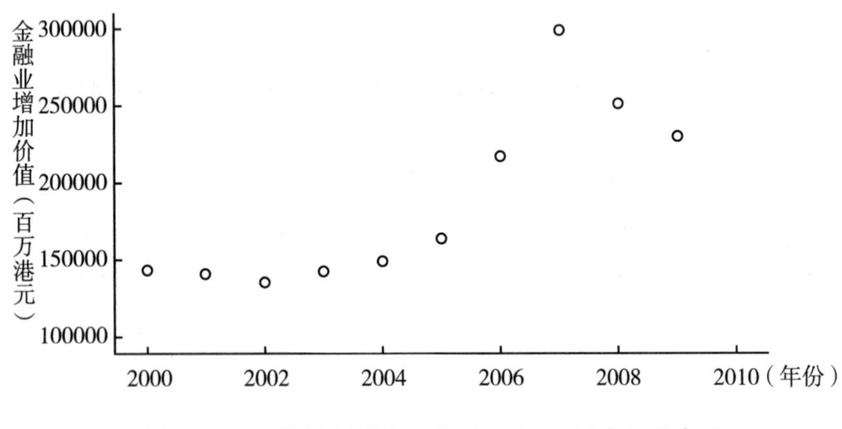

图专 1—2　香港金融业增加价值（2000—2009 年）散点图

从图专 1—3 可以看出，香港金融业就业人员数量的增长趋势与金融业增加价值的增长趋势类似。与金融业增加价值拐点年份相比，就业人员的增长拐点年份滞后一年。从 2003 年开始，香港金融业就业人员数量逐渐增加且增长趋势显著，年均增长率（2004—2008 年）为 4.6%。近 10 年金融业就业人员数量的增长率为 1.7%。

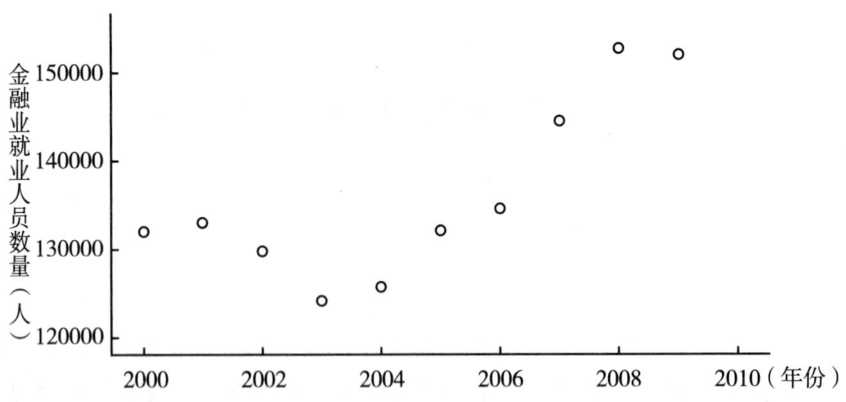

图专 1—3　香港金融业就业人员数量（2000—2009 年）散点图

2. 信息服务业

从图专1—4和图专1—5可以看出，近10年来，香港信息服务业增加价值和就业人员数量的发展情况可以分为两个阶段。第一阶段为2000—2005年，这一阶段香港的信息服务业处于繁荣时期，增加价值维持在一条直线上，就业人员数量则呈现微弱的负增长趋势。第二阶段为2006—2009年，这一阶段香港的信息服务业出现了衰退，就业人员数量急剧下降。

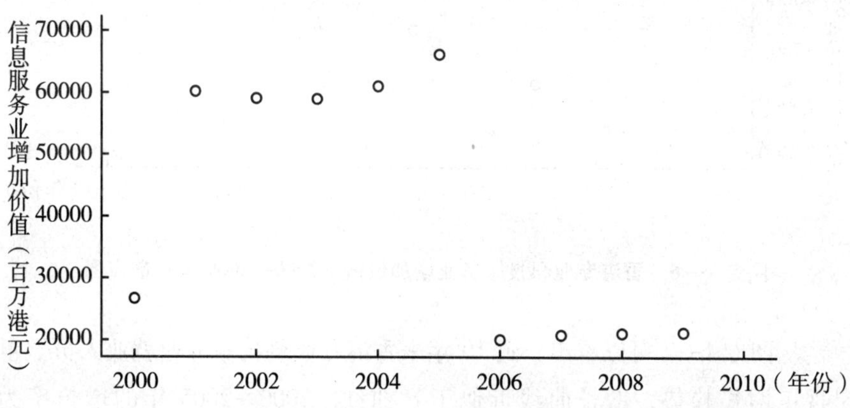

图专1—4　香港信息服务业增加价值（2000—2009年）散点图

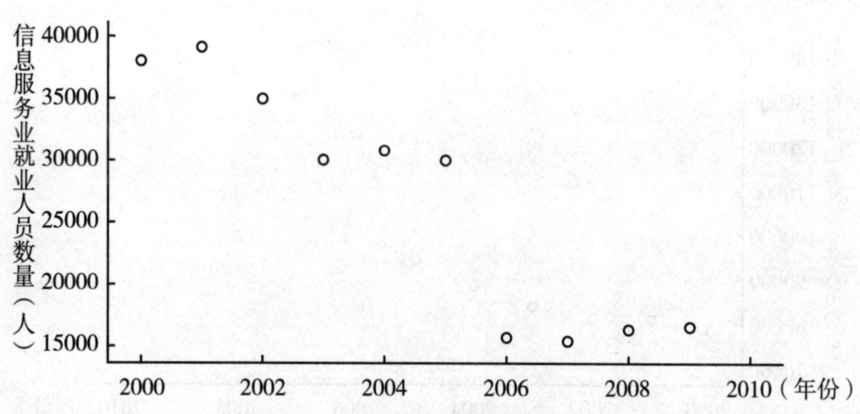

图专1—5　香港信息服务业就业人员数量（2000—2009年）散点图

3. 专业科技服务业

从图专1—6可以看出，香港专业科技服务业的增加价值基本呈直线增长趋势。近10年的年均增长率为8.66%。

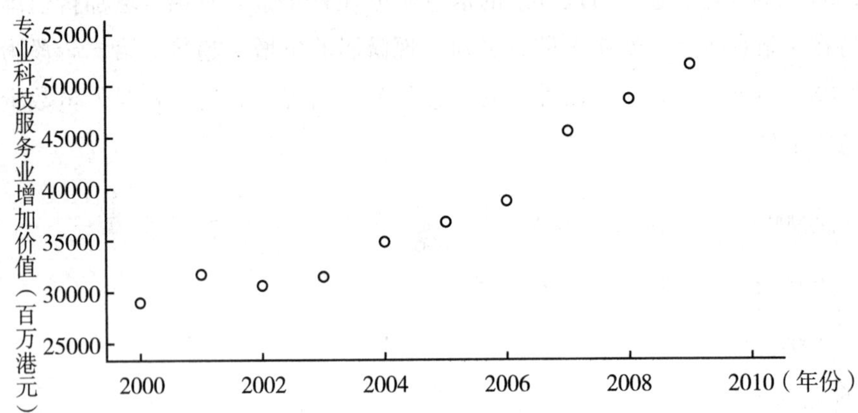

图专1—6　香港专业科技服务业增加价值（2000—2009年）散点图

从图专1—7可以看出，近10年来香港专业科技服务业就业人员数量呈现正增长趋势，增长曲线近似于S曲线。2000—2005年的增长率为4.24%，2006—2009年的增长率为4.42%。近10年香港专业科技服务业就业人员数量的增长率为1.47%。

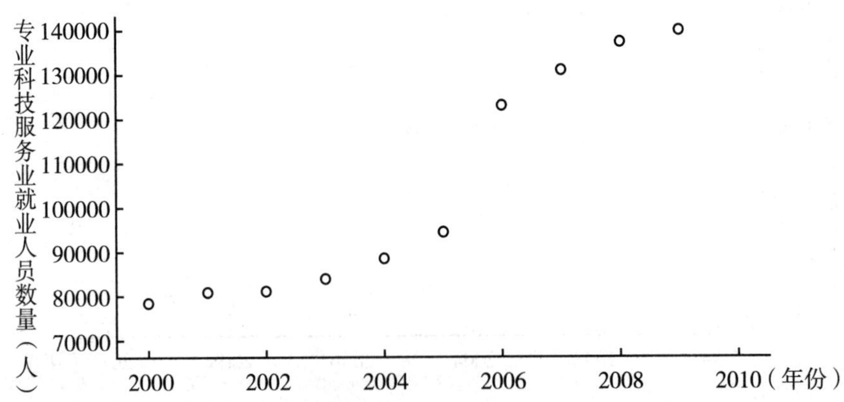

图专1—7　香港专业科技服务业就业人员数量（2000—2009年）散点图

4. 现代物流业

从图专1—8可以看出，香港现代物流业的增加价值受金融危机影响明显。从2008年开始，现代物流的增加价值呈直线负增长趋势。近两年的年均负增长率为12.2%。

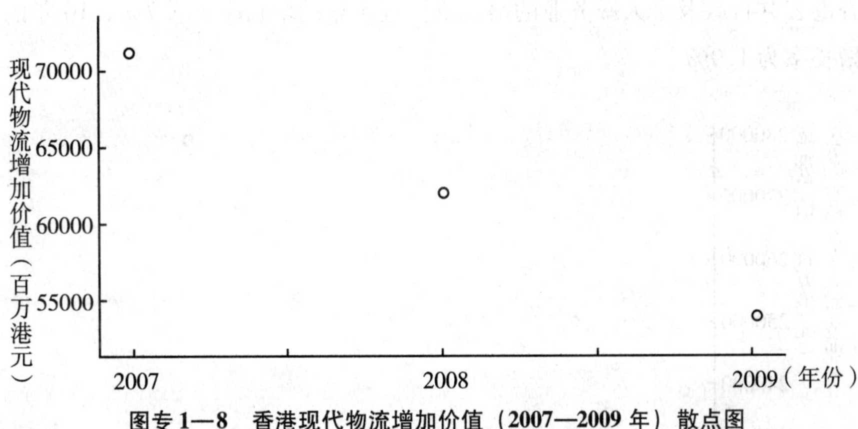

图专1—8 香港现代物流增加价值（2007—2009年）散点图

从图专1—9可以看出，由于受金融危机的影响，物流行业增加价值缩水严重，就业人员数量也随之锐减。由于就业人员数量的变化始终滞后于经济的变化，因此现代物流业就业人员数量从2009年才开始出现负增长。相较2008年，2009年增长率为-2.6%，2007—2009年年均增长率为-0.94%。

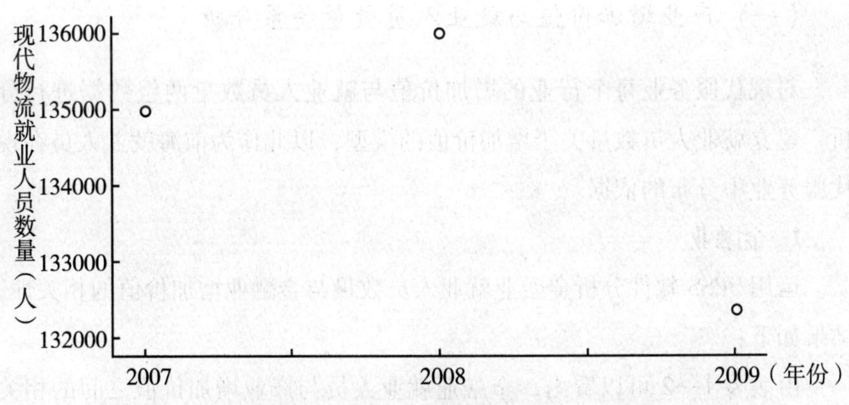

图专1—9 香港现代物流就业人员数量（2007—2009年）散点图

（三）公共行政及个人服务业

从图专 1—10 可以看出，香港的公共行政及个人服务业的增加价值在前5 年中呈现微弱的负增长趋势，而近 5 年发展迅速，呈直线增长趋势。香港公共行政及个人服务业的增加价值近 5 年的增长率为 3.7%，10 年的增长率为 1.9%。

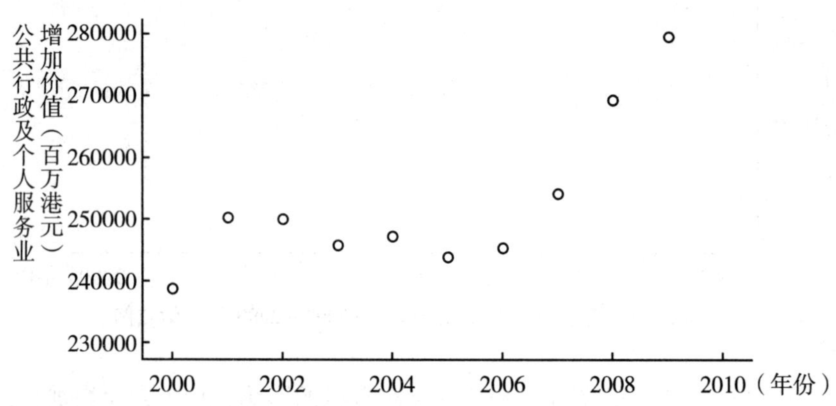

图专 1—10 香港公共行政及个人服务业增加价值（2000—2009 年）散点图

三、关系分析

（一）产业增加价值与就业人员数量关系分析

对现代服务业每个行业的增加价值与就业人员数量两组数据进行分析，建立就业人员数量关于增加价值的模型，以此作为前海就业人员在现代服务业中分布的依据。

1. 金融业

运用 SPSS 软件分析金融业就业人员数量与金融业增加价值的相关性，结果如下：

由表专 1—2 可以看出，金融业就业人员与产业增加价值之间的相关系数为 0.802，在置信区间为 0.99 的双边检验中呈现高度线性相关性。

表专 1—2　金融业就业人员与产业增加价值相关系数表

		金融业增加价值	金融业就业人员数量
金融业增加价值	皮尔森相关系数(Pearson 相关性)	1	0.802 **
	双侧显著性检测概率		0.005
	数据组数	10	10
金融业就业人员数量	皮尔森相关系数	0.802 **	1
	双侧显著性检测概率	0.005	
	数据组数(N)	10	10

** 按双侧检验，检验水准 0.01，该相关系数具有统计学意义。

因此，可以建立金融业就业人员数量关于金融业增加价值的一元线性回归模型如下：

金融业就业人员数量 = B1 + A1 × 金融业增加价值　　（专 1.1）

运用 SPSS 进行参数估计，结果如下。

表专 1—3　金融业参数估计表

模型	非标准化系数		标准化系数	t 检验值	t 值的显著性水平(Sig.)
	回归系数和截距	标准差	β 系数		
(常数)	118225.9	3754.915		31.486	0.000
金融业增加价值	0.084	0.022	0.802	3.804	0.005

因变量：金融业就业人员数量。

由表专 1—3 可以看出，常数项和自变量系数检验对应的置信水平均低于 0.05，因此可以认为常数项与自变量系数均是显著的。由此可得，金融业就业人员数量关于金融业增加价值的一元线性回归模型如下。

金融业就业人员数量 = 118225.9 + 0.084 × 金融业增加价值　　（专 1.2）

2. 信息服务业

运用 SPSS 软件分析信息服务业就业人员数量与信息服务业增加价值的相关性，结果如下。

由表专 1—4 可以看出，信息服务业就业人员数量与产业增加价值之间的相关系数为 0.722，在置信区间为 0.99 的双边检验中呈现比较显著的线性相关性。因此，可以建立信息服务业就业人员数量关于信息服务业

增加价值的一元线性回归模型如下。

信息服务业就业人员数量 = $B_2 + A_2 \times$ 信息服务业增加价值　　（专 1.3）

表专 1—4　信息服务业就业人员与产业增加价值相关系数表

		信息服务业增加价值	信息服务业就业人员数量
信息服务业增加价值	皮尔森相关系数	1	0.722*
	双侧显著性检测概率		0.018
	数据组数	10	10
信息服务业就业人员数量	皮尔森相关系数	0.722*	1
	双侧显著性检测概率	0.018	
	数据组数	10	10

* 按双侧检验，检验水准 0.05，该相关系数具有统计学意义。

运用 SPSS 进行参数估计，结果如下。

表专 1—5　信息服务业参数估计表

模型	非标准化系数		标准化系数	t 检验值	t 值的显著水平
	回归系数和截距	标准差	β 系数		
（常数）	12676.985	5250.407		2.414	0.042
信息服务业增加价值	0.338	0.114	0.722	2.955	0.018

因变量：信息服务业就业人员数量。

由表专 1—5 可以看出，常数项和自变量系数检验对应的置信水平均低于 0.05，因此可以认为常数项与自变量系数均是显著的。由此可得，信息服务业就业人员数量关于信息服务业增加价值的一元线性回归模型如下：

信息服务业就业人员数量 = 12677 + 0.338 × 信息服务业增加价值

（专 1.4）

3. 专业技术服务业

运用 SPSS 软件分析专业技术服务业就业人员数量与增加价值的相关性，结果如下。

表专1—6　专业技术服务业就业人员与产业增加价值相关系数表

		专业技术服务业增加价值	专业技术服务业就业人员数量
专业技术服务业增加价值	皮尔森相关系数	1	0.963**
	双侧显著性检测概率		0.000
	数据组数	10	10
专业技术服务业就业人员数量	皮尔森相关系数	0.963**	1
	双侧显著性检测概率	0.000	
	数据组数	10	10

** 按双侧检验，检验水准0.01，该相关系数具有统计学意义。

由表专1—6可以看出，专业技术服务业就业人员数量与产业增加价值之间的相关系数为0.963，在置信区间为0.99的双边检验中呈现高度线性相关性。因此，可以建立专业技术服务业就业人员数量关于专业技术服务业增加价值的一元线性回归模型如下。

技术服务业就业人员数量 = B3 + A3 × 技术服务业增加价值　（专1.5）

运用SPSS进行参数估计，结果如下。

表专1—7　专业技术服务业参数估计表

模型	非标准化系数		标准化系数	t检验值	t值的显著水平
	回归系数和截距	标准差	β系数		
（常数）	72809.013	3651.583		19.939	0.000
专业技术增加价值	1.293	0.075	0.995	17.252	0.000

因变量：专业技术从业人员数量。

由表专1—7可以看出，常数项和自变量系数检验对应的置信水平均低于0.05，因此可以认为常数项与自变量系数均是显著的。由此可得，技术服务业就业人员数量关于技术服务业增加价值的一元线性回归模型

如下。

专业技术服务业就业人员数量 = 72809 + 1.293 × 专业技术服务业增加价值　　（专 1.6）

4. 现代物流业

由于香港现代物流业仅有 3 年的数据，因此采用以上的数据分析方法不适合。香港现代物流业就业人员数量与现代物流业增加价值之间的关系用三年人均产值的算术平均值来表示。

现代物流业增加价值/现代物流业就业人员数量 = ∑人均产值/3　　（专 1.7）

通过计算可得：

现代物流业增加价值（百万元）/现代物流业就业人员数量（人）=0.463。

（二）现代服务业与配套公共服务业的关系分析

在前海规划中，规划的重点服务业为包括金融业、现代物流业、信息服务业以及专业科技服务业在内的现代服务业。四大服务业的发展离不开公共服务业的辅助与支持。因此，在分析前海四大服务业的同时，还要分析与其相配套的公共行政及个人服务业。对前海的现代服务业与公共服务业之间的关系分析可以借鉴香港。

香港公共行政及个人服务业服务的对象包括现代服务业在内的所有行业。所以，本报告采用现代服务业增加价值在 GDP 中所占的比重作为公共行政及个人服务业服务于现代服务业所产生的增加价值占其总增加价值的比例。由此，可计算得出对应于现代服务业的公共行政及个人服务业的增加价值。

即：$增加价值_{公共服务业\rightarrow现代服务业} = 增加价值_{公共服务业} \times (增加价值_{现代服务业/GDP})$　　（专 1.8）

由于数据有限，因此香港现代服务业的增加价值与对应的公共服务业的增加价值之间的关系用两者比值的算术平均值来表示。

即：$增加价值_{现代服务业}/增加价值_{公共服务业\rightarrow现代服务业}$

$= \sum 增加价值_{现代服务业}/增加价值_{公共服务业\rightarrow现代服务业}/3$　　（专 1.9）

通过计算可得：

增加价值$_{现代服务业}$/增加价值$_{公共服务业\rightarrow 现代服务业}$ =6.13。

（三）四大现代服务业间的比例分析

从现有数据可以看出，香港四大现代服务业各自相对于四大服务业总增加价值的比重均稳定在一定的区间内，未出现较大的波动。前海四大现代服务业的增加价值可以借鉴香港的相关数据。同样由于数据有限，香港四大现代服务业的增加价值比重用算术平均值来表示。

即：增加价值比重 = ∑增加价值比重/3　　　　（专1.10）

根据所得数据，可以求出四大现代服务业分别占四大产业总增加价值的比重为：66.13%（金融业）、5.37%（信息服务业）、12.61%（专业科技服务业）、15.9%（现代物流业）。

四、前海2020年产业增加价值及就业人员数量规划

根据前海规划内容，前海地区生产总值预计2020年将达到1500亿元（人民币，下同）。根据公式（专1.9）推算出的现代服务业与公共服务业的比例可知，前海2020年四大高端服务业的总产值预计将达到1290亿元，占区GDP的86%左右。根据公式（专1.10）推算出的各产业增加价值在现代服务业总产业增加价值中的比重可知，前海2020年四大现代服务业各自的增加价值预计为：853亿元（金融业）、69亿元（信息服务业）、163亿元（专业科技服务业）、205亿元（现代物流业）。根据公式（专1.2）、（专1.4）、（专1.6）、（专1.7）可以推算出四大高端服务业在2020年的从业人员数量分别为[①]：126848人（金融业）、15484人（信息服务业）、98170人（专业科技服务业）、53278人（现代物流业）。前海2020年产业产值及从业人员分布情况如表专1—8所示。

① 人民币兑港元的标准以当前汇率为准，1元人民币兑换1.2033元港币。

表专1—8　前海2020年四大高端服务业分布情况表

	金融业	信息服务业	专业科技服务业	现代物流业
增加价值(亿元)	853	69	163	205
占区GDP比重(%)	56.87	4.62	10.84	13.67
从业人员数量(人)	126848	15484	98170	53278
从业人员比重(%)	43.18	5.27	33.42	18.14

专题报告二
上海浦东现代服务业及其从业人员状况分析报告

本报告包括上海浦东新区现代服务业（包括金融业、现代物流业、信息服务业、科技服务业）各产业增加值概况及其占浦东 GDP 的比重分析、各产业增加值从业人数概况、各产业增加值与该产业从业人员关系分析，以及以上海浦东新区现代服务业增加值与从业人员的数量关系为标杆和依据，对前海 2015 年和 2020 年现代服务业各产业增加值和各产业从业人员数量所作的预测。本报告选取上海浦东新区 2005 年至 2009 年的数据，数据主要来源于上海浦东新区各年度统计年鉴。

需要说明的是，2009 年浦东新区行政体制发生重大变化。2009 年 4 月 24 日，国务院批准南汇区行政区域划入浦东新区。2009 年 5 月 6 日，两区正式合并。由于合并前两区的统计方法、统计口径、统计范围存在差异，年度数据无法简单相加，追溯存在一定难度。因此，自 2009 年起的统计数据为新浦东数据（即含南汇地区），以前年度的统计数据仍为原浦东数据。

一、上海浦东新区现代服务业增加值概况

2005—2009 年上海浦东新区现代服务业增加值情况如表专 2—1 所示。

（一）上海浦东新区地区生产总值及其变化趋势

上海浦东新区 2005 年到 2009 年间地区生产总值的增长速度一直保持 12% 以上，2009 年南汇区划入浦东新区，该年地区生产总值的增长速度达到了近 27%。

表专 2—1　2005—2009 年上海浦东新区现代服务业增加值统计表

单位：亿元

年份	浦东新区GDP	第三产业增加值	第三产业占GDP比重(%)	金融业			现代物流业			信息服务业			科技服务业		
				增加值	环比增长(%)	占地区GDP比重(%)	增加值	环比增长(%)	占地区GDP比重(%)	增加值	环比增长(%)	占地区GDP比重(%)	增加值	环比增长(%)	占地区GDP比重(%)
2005	2108. 79	1031. 74	48. 9	249. 69	—	11. 8	88. 88	—	4. 2	73. 34	—	3. 5	79. 29	—	3. 76
2006	2365. 33	1164. 98	49. 25	313. 98	25. 75	13. 3	105. 09	18. 24	4. 4	87. 43	19. 21	3. 7	11. 59	-85. 38	0. 49
2007	2793. 39	1480. 84	53	474. 83	51. 23	17. 0	121. 19	15. 32	4. 4	104. 42	19. 43	3. 8	15. 64	34. 95	0. 56
2008	3150. 99	1714. 86	54. 4	553. 46	16. 56	17. 6	138. 16	14. 00	4. 4	125. 85	20. 52	4. 0	58. 92	276. 73	1. 87
2009	4001. 39	2264. 49	56. 6	708. 28	28	17. 7	138. 44	0. 20	3. 5	210. 16	66. 99	5. 2	98. 03	66. 38	2. 45

资料来源：2006 年、2007 年、2008 年、2009 年和 2010 年上海浦东新区统计年鉴统计数据整理。

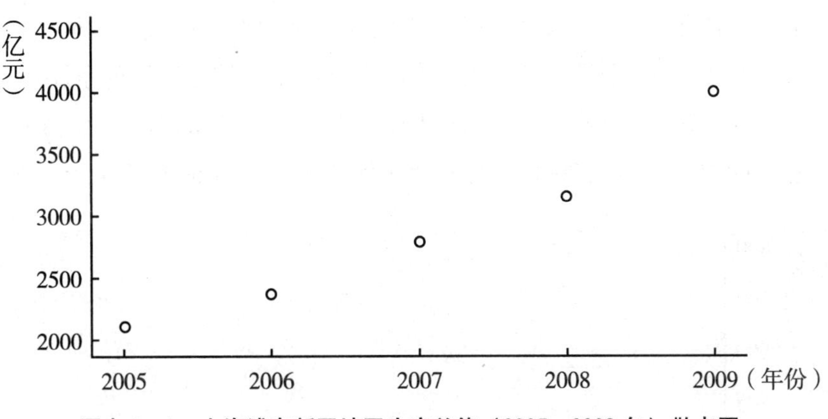

图专 2—1　上海浦东新区地区生产总值（2005—2009 年）散点图

（二）上海浦东新区第三产业增加值及其变化趋势

上海浦东新区第三产业发展迅速，第三产业增加值从 2005 年的 1031.74 亿元增加到 2009 年的 2264.49 亿元。第三产业占 GDP 的比重也逐年上升，2005 年为 48.9%，到 2009 年达到了 56.6%。

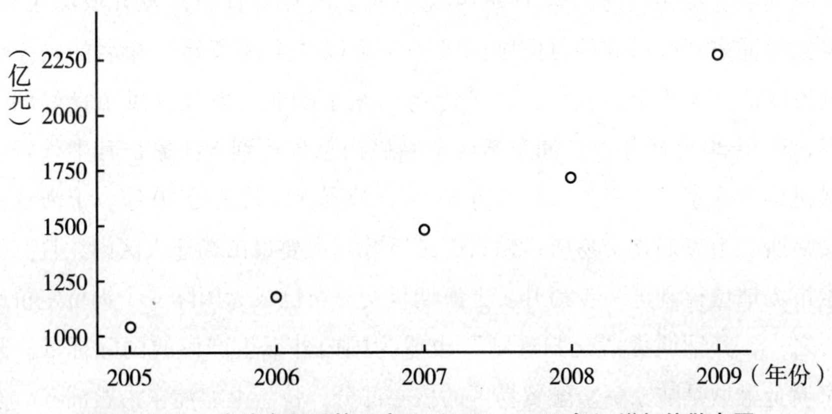

图专 2—2　上海浦东新区第三产业（2005—2009 年）增加值散点图

（三）上海浦东新区现代服务业增加值及其变化趋势

1. 金融业

2007 年浦东新区金融业增加值较 2006 年增幅高达 51.23%，是第三

产业增长的第一动力。浦东新区提出实施“金融聚焦”战略，推动了以陆家嘴为核心的金融业高速发展。金融业作为上海浦东新区的重要产业，其增加值从 2005 年的 249.69 亿元增加到 2009 年的 708.28 亿元，金融业占地区 GDP 的比重从 2005 年的 11.8% 增加到 2009 年的 17.7%。

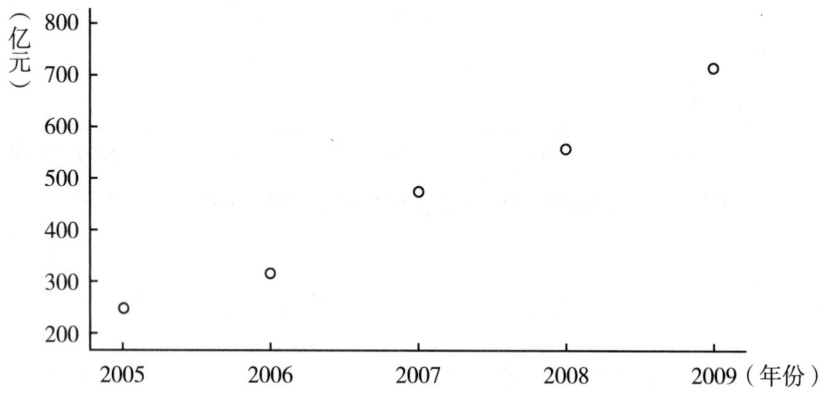

图专 2—3　上海浦东新区金融业（2005—2009 年）增加值散点图

陆家嘴金融贸易区是 1990 年党中央、国务院宣布开发开放浦东后，在上海浦东新区设立的目前中国唯一一个以“金融贸易”命名的国家级开发区。陆家嘴金融贸易区的建立为浦东金融业的发展提供了良好的平台，截至 2009 年年底，浦东新区金融机构总数达到 603 家，其中外资金融机构 266 家，外资银行法人行 17 家，外资保险代表处 40 家。上海证券交易所、上海期货交易所、钻石交易所等六大要素市场迁入区内，且其要素市场地位得到进一步提升。上海期货交易所已成为国际三个铜价定价中心之一，其铜期货“交割规则”也成为国内外铜生产商的国际标准。陆家嘴金融城是陆家嘴金融贸易区的核心部分，位于上海浦东沿黄浦江、东至浦东南路南至东昌路的一块 1.7 平方公里的三角形区域。在这 1.7 平方公里的范围内，一个特征鲜明的金融地理布局已初步形成：以浦东新区主要的景观道路世纪大道为界，世纪大道以北，入驻金融机构的特征是“中资 + 传统”，集聚的主要是中资银行、保险类金融机构；世纪大道以南，入驻金融机构的特征是“外资 + 新兴”，集聚的主要是外资金融机构和新兴资产管理机构。包括金茂大厦、上海环球金融中心在内的鳞次栉比的高档商务办公楼宇，已成为陆家嘴金融城的标志。浦东新区正采取积极措施推动外资银行、私募股权机构、资产管理机构和金融人才等集聚浦东，争取在国际贸易人民币结算、设立全国信托登记机构、新台币兑换等改革事项上取得新突破，而陆家嘴金融城将是这一系列改革创新之举的落脚点。

2. 现代物流业

按照行业分类，现代物流业即交通运输、仓储、邮政业。随着电子商务的发展，现代物流业也有较大的发展，其增加值占浦东新区 GDP 比重一直保持在 4% 的水平，增加值由 2005 年的 88. 88 亿元增加到 2009 年的 138. 44 亿元，2005—2008 年其增长速度一直保持在 15% 左右。2009 年因受金融危机的影响，涨幅大幅回落。

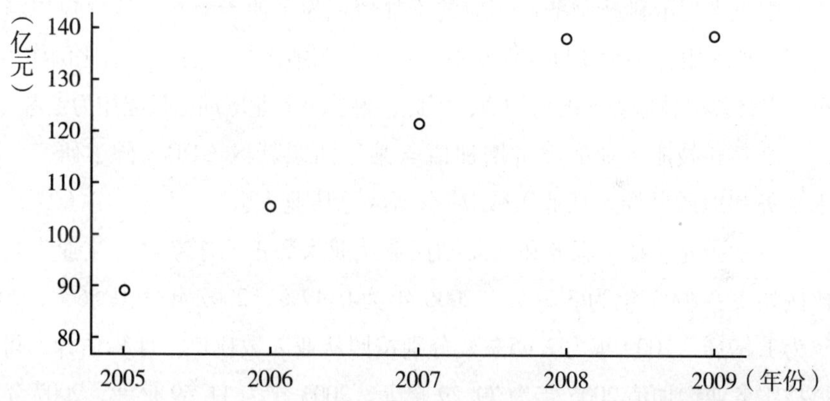

图专 2—4　上海浦东新区现代物流业（2005—2009 年）增加值散点图

3. 信息服务业

按照行业分类，信息服务业即信息传输、计算机服务和软件业。信息服务业增加值 2005 年为 73. 34 亿元，2009 年达到 210. 16 亿元，五年间增加值翻了近三倍。占浦东新区地区 GDP 的比重也从 2005 年的 3. 5% 增加到 2009 年的 5. 2% 。近五年，信息产业发展迅速，信息服务业增长势头强劲，是崛起的新兴服务业。

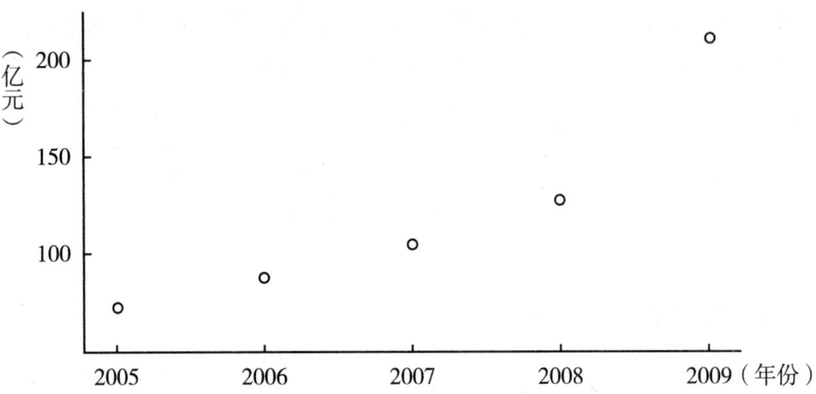

图专 2—5　上海浦东新区信息服务业（2005—2009 年）增加值散点图

4. 科技服务业

在上海浦东新区的统计年鉴中无法找到科技服务业相应的数据，统计年鉴中也未列示科技服务业相应的增加值。为了便于分析，这里仅以科学研究、技术服务和地质勘探业从业人员占浦东地区总从业人员的比例作为权重，来计算科技服务业的增加值，因此，科技服务业增加值只能作为参考。

某年科技服务业的经济增加值 = 某年浦东新区 GDP × 科学研究、技术服务和地质勘探业从业人数/浦东新区总从业人数　　（专 2.1）

科学研究、技术服务和地质勘探业从业人数占浦东新区总从业人数的比例如下：2005 年为 3.76%，2006 年为 0.49%，2007 年为 0.56%，2008 年为 1.87%，2009 年为 2.45%。分别按照从业人数比例，计算估计，得出科技服务业增加值 2005 年为 79.29 亿元，2006 年为 11.59 亿元，2007 年为 15.64 亿元，2008 年为 58.92 亿元，2009 年为 98.03 亿元（见图专 2—6）。

5. 综合服务业

综合服务业是金融业、现代物流业、信息服务业和科技服务业发展必不可少的配套服务业，综合服务业指的是为四大现代服务业服务的产业，主要包括教育业；卫生、社会保障和社会福利业；文化、体育和娱乐业以及公共管理和社会组织。受到数据收集的限制，虽然无法直接获取这些配套综合服务业的增加值，但教育、卫生、文化及公共管理这四大领域的从业人数及其占新区总从业人数的比例可以获得，因此可以用从业人员的比

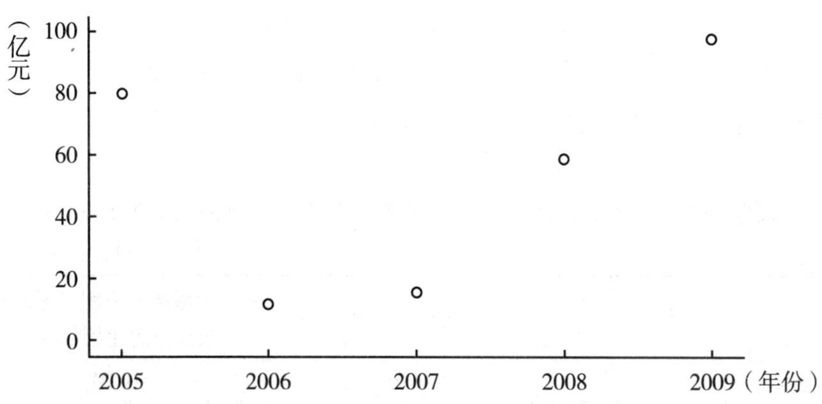

图专 2—6　上海浦东新区科技服务业（2005—2009 年）增加值散点图

例作为参照，按照此比例大致估算出综合服务业的经济增加值。应该说，此种计算方法并不可靠。

某年综合服务业的经济增加值 = 某年浦东新区 GDP × Σ（教育从业人数 + 卫生、社会保障和社会福利业从业人数 + 文化、体育和娱乐业从业人数 + 公共管理和社会组织从业人数）/浦东新区总从业人数　　（专 2.2）

按照上述方法估算，得出综合服务业增加值 2005 年为 94.26 亿元，2006 年为 95.32 亿元，2007 年为 133.52 亿元，2008 年为 139.90 亿元，2009 年为 172.06 亿元。

6. 现代服务业增加值总额及分布情况

根据上海浦东新区现代服务业增加值的总体情况，取 2005—2009 年增加值的算术平均值作为对象，可以得出金融业、现代物流业、信息服务业、科技服务业以及配套的综合服务业的增加值的分布。由于这里仅研究针对四大现代服务业的配套综合服务，而不是所有综合服务，因此按照四大现代服务业占浦东新区 GDP 的比例可以大致计算出与四大服务业配套的综合服务业的增加值。

与四大服务业配套的综合服务业增加值 = 综合服务业增加值 × Σ（金融业增加值 + 现代物流业增加值 + 信息服务业增加值 + 科技服务业增加值）$_{(2005—2009年)}$ ÷5/浦东新区 GDP$_{(2005—2009年)}$ ÷5　　（专 2.3）

经过计算，2005—2009 年四大服务业增加值算术平均值的总和为

751.33 亿元，浦东新区 GDP 算术平均值为 2883.98 亿元，所占比例为 26.05%，按照该比例计算与四大服务业配套的综合服务业的增加值，得出配套综合服务业增加值为 165.45 亿元。

表专 2—2　上海浦东新区四大现代服务业及配套综合服务业增加值统计表

单位：亿元

产　业	增加值 5 年均值	占四大服务业及配套服务业增加值的比例(%)
金融业	460.05	50.20
现代物流业	118.35	12.90
信息服务业	120.24	13.10
科技服务业	52.69	5.80
配套综合服务业	165.45	18.00
四大服务业与配套综合服务业增加值总和	916.78	100.00

根据四大服务业及配套综合服务业占总值的比例（如图专 2—7），可以看出，金融业是浦东新区现代服务业的主体，其比例超过了 50%，信息服务业是四大服务业的第二大产业。

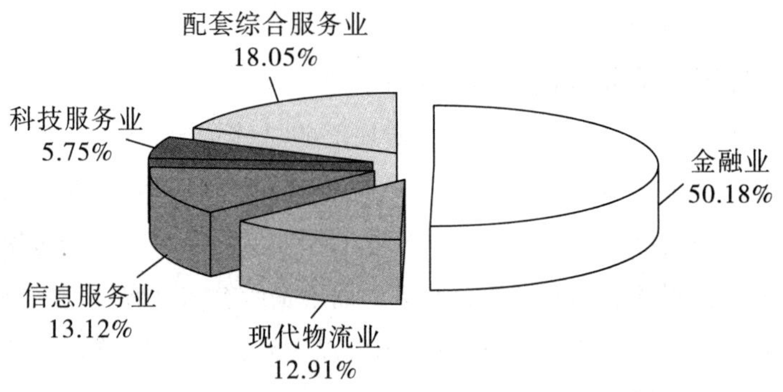

图专 2—7　四大服务业及配套综合服务业所占比例图

二、上海浦东新区现代服务业从业人员概况

2005—2009 年上海浦东新区现代服务业从业人员情况如表专 2—3 所示。

表专 2—3 2005—2009 年上海浦东新区现代服务业从业人员情况统计表

单位：万人

年份	浦东新区从业人数	第三产业从业人数	金融业			现代物流业			信息服务业			科技服务业			综合服务
			从业人数	增长率（%）	占新区从业人数比重（%）	从业人数	增长率（%）	占新区从业人数比重（%）	从业人数	增长率（%）	占新区从业人数比重（%）	从业人数	增长率（%）	占新区从业人数比重（%）	从业人数
2005 年	144. 08	85. 02	9. 32	—	6. 47	11. 28	—	7. 83	2. 90	—	2. 01	5. 42	—	3. 76	6. 44
2006 年	146. 71	84. 53	10. 13	8. 69	6. 90	10. 14	-10. 11	6. 91	3. 26	12. 41	2. 22	0. 72	-86. 72	0. 49	5. 91
2007 年	149. 08	87. 75	12. 37	22. 11	8. 30	11. 85	16. 86	7. 95	3. 50	7. 36	2. 35	0. 83	15. 28	0. 56	7. 12
2008 年	150. 76	93. 00	13. 69	10. 67	9. 08	11. 80	-0. 42	7. 83	4. 18	19. 43	2. 77	2. 82	239. 76	1. 87	6. 69
2009 年	200. 95	88. 57	14. 53	6. 14	7. 23	20. 48	73. 56	10. 19	4. 2	0. 48	2. 09	4. 93	75. 82	2. 45	8. 66

资料来源：2006 年、2007 年、2008 年、2009 年和 2010 年上海浦东新区统计年鉴统计数据整理。

（一）上海浦东新区总从业人数变化趋势

上海浦东新区2005年到2008年间从业人数变化不大，但2009年从业人数比2008年增长了33%，这是因为2009年南汇区划入了浦东新区。

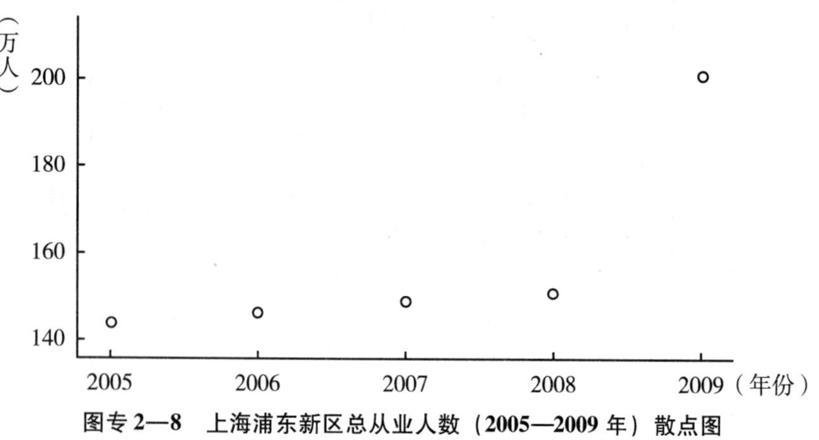

图专2—8　上海浦东新区总从业人数（2005—2009年）散点图

（二）上海浦东新区第三产业从业人数变化趋势

上海浦东新区第三产业从业人数变化不大，2005年第三产业从业人数为85.02万人，2006年略有下降，2008年最高达到93万人，占浦东新区总从业人数的61.69%。2009年第三产业从业人数又出现回降，下降到88.57万人，占总从业人数的44.08%。

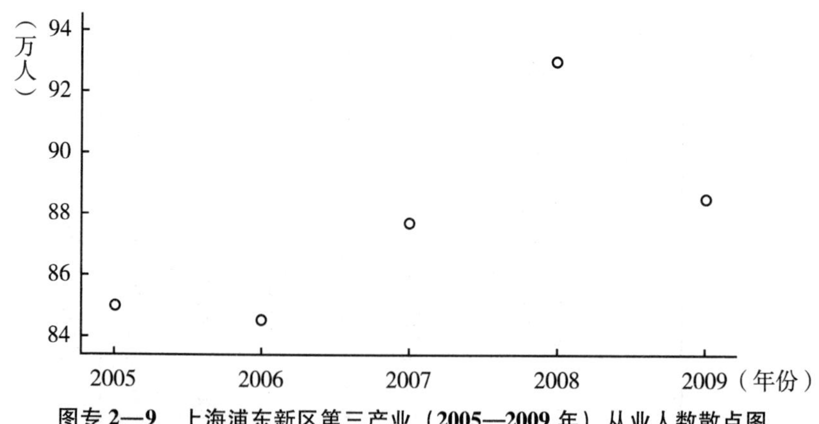

图专2—9　上海浦东新区第三产业（2005—2009年）从业人数散点图

（三）上海浦东新区现代服务业从业人数及其变化趋势

1. 金融业

金融业作为上海浦东新区的重要产业，其从业人数也一直处于较强的增长态势，2005 年金融业从业人数为 9.32 万人，到 2007 年达到 12.37 万人，较 2006 年有 22.11% 的涨幅，2009 年达到 14.53 万人。金融业从业人数占浦东新区总从业人数的比重 2008 年达到了 9.08%（见图专 2—10）。

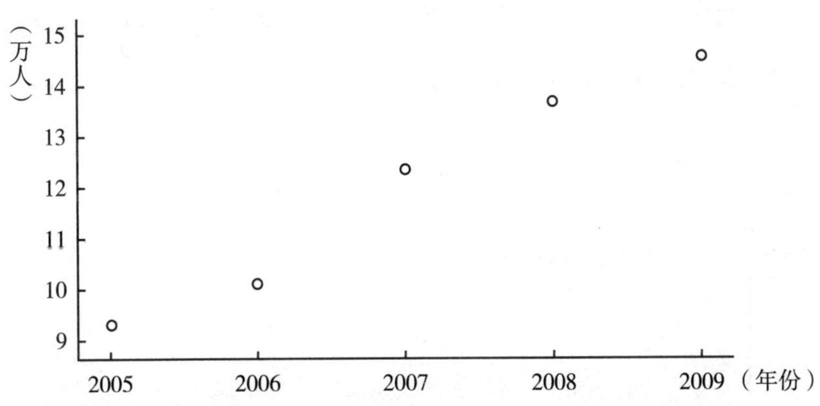

图专 2—10　上海浦东新区金融业（2005—2009 年）从业人数散点图

2. 现代物流业

尽管 2006 年和 2008 年上海浦东新区物流业从业人数出现了负增长，但 2005—2008 年其人数基本维持在 11 万人左右。2009 年物流业从业人数激增，增长幅度达到了 73.56%，从业人数也跃至 20.48 万人（见图专 2—11）。

3. 信息服务业

信息服务业作为现代服务业的重要产业之一，近几年发展迅速，其从业人数一直保持稳定增长，从 2005 年的 2.9 万人，增加到 2009 年的 4.2 万人，2008 年从业人数大幅增加，增长率高达 19.43%（见图专 2—12）。

4. 科技服务业

在传统的行业分类中，没有专门的科技服务业，因此这里只能将科学研究、技术服务和地质勘探业从业人数权作为科技服务业从业人数分析。

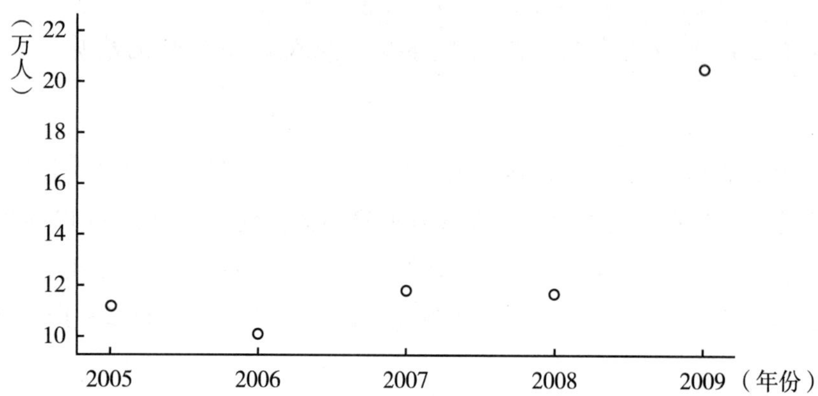

图专 2—11　上海浦东新区现代物流业（2005—2009 年）从业人数散点图

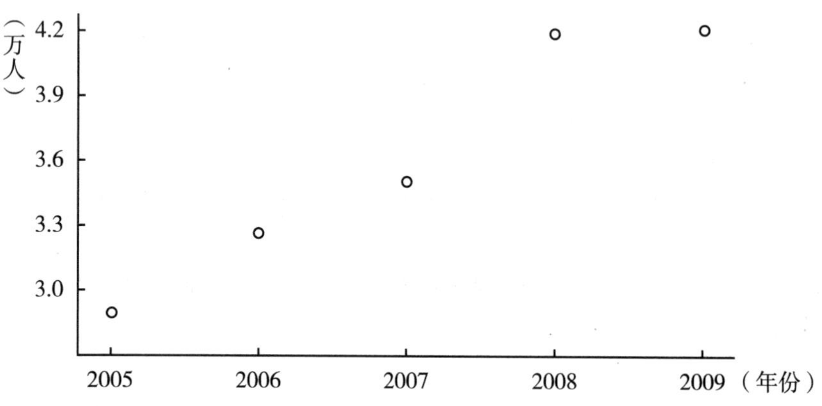

图专 2—12　上海浦东新区信息服务业（2005—2009 年）从业人数散点图

科技服务业从业人数 2005 年为 5.42 万人，2006 年陡然下降到 0.72 万人，这主要是由于统计口径不一致所形成。2006 年到 2009 年，科技服务业从业人数保持稳步增长，从 2007 年的 0.83 万人增长到 2008 年的 2.82 万人，2008 年涨幅达 239.76%（见图专 2—13）。随着科技的发展和科技创新意识的强化，科技服务业从业人数将不断增长。

5. 综合服务业

综合服务业从业人数主要包括教育、卫生、社会保障和社会福利业从业人数；文化、体育和娱乐业从业人数；公共管理和社会组织从业人数。

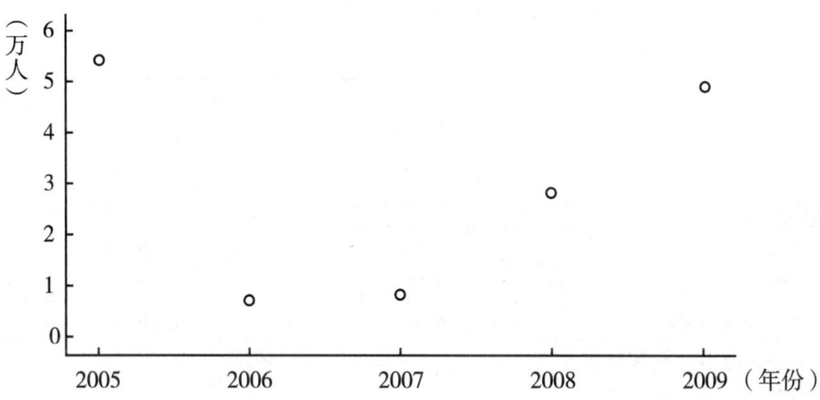

图专 2—13　上海浦东新区科技服务业（2005—2009 年）从业人数散点图

2005 年综合服务业从业人数为 6.44 万人，2006 年和 2008 年均出现小幅下降，2009 年又增至 8.66 万人。

6. 现代服务业从业人数及分布情况

根据上海浦东新区现代服务业从业人数的总体情况，取 2005—2009 年从业人数的算术平均值作为对象来分析金融业、现代物流业、信息服务业、科技服务业以及配套的综合服务业从业人数的分布。由于要研究的是针对四大现代服务业的配套综合服务，而不是所有综合服务，所以只要按照四大现代服务业从业人数占浦东新区从业人数的比例，就可以计算出四大服务业配套的综合服务的从业人数。

四大服务业配套的综合服务业从业人数 = 综合服务业从业人数 × Σ（金融业从业人数 + 现代物流业从业人数 + 信息服务业从业人数 + 科技服务业从业人数）$_{(2005—2009年)}$ ÷5/浦东新区总从业人数$_{(2005—2009年)}$ ÷5

（专 2.4）

经计算，四大服务业从业人数 5 年的算术平均值的总和为 31.67 万人，浦东新区总从业人数 5 年的算术平均值为 158.316 万人，所占比例约为 20%，按照该比例计算与四大服务业配套的综合服务业的从业人数，得出配套综合服务业从业人数为 6.96 万人（见表专 2—4）。

表专 2—4　上海浦东新区四大现代服务业及配套综合服务业从业人数统计表

单位：万人

产　业	从业人数 5 年均值	占四大服务业及配套服务业从业人数的比例(%)
金融业	12.01	31.09
现代物流业	13.11	33.94
信息服务业	3.61	9.34
科技服务业	2.94	7.61
配套综合服务业	6.96	18.02
四大现代服务业与配套综合服务业从业人数总和	38.63	100.00

根据四大现代服务业及配套综合服务业占从业人数总和的比例可以看出，现代物流业从业人数最多，超过了金融业，从业人数比例高达 33.94%，金融业从业人数所占比例也超过 30%。科技服务业从业人数最少，并不是说科技创新不重要，而是因为很多科技人员都被划为专业技术人员，实际上专门从事科技服务的从业人数并不少。

三、上海浦东新区现代服务业从业人数与增加值关系分析

上海浦东新区 2005—2009 年现代服务业增加值与从业人数情况如表专2—5 所示。

表专 2—5　上海浦东新区 2005—2009 年现代服务业增加值与从业人数对照表

年份	金融业		现代物流业		信息服务业		科技服务业		配套综合服务业	
	增加值(亿元)	从业人数(万人)	增加值(亿元)	从业人数(万人)	增加值(亿元)	从业人数(万人)	增加值(亿元)	从业人数(万人)	增加值(亿元)	从业人数(万人)
2005	249.69	9.32	88.88	11.28	73.34	2.9	79.29	5.42	21.96	1.29
2006	313.98	10.13	105.09	10.14	87.43	3.26	11.59	0.72	20.88	0.98
2007	474.83	12.37	121.19	11.85	104.42	3.5	15.64	0.83	34.23	1.36
2008	553.46	13.69	138.16	11.8	125.85	4.18	58.92	2.82	38.91	1.44
2009	708.28	14.53	138.44	20.48	210.16	4.2	98.03	4.93	49.66	1.90

1. 金融业从业人数与增加值关系

运用 SPSS 软件分析金融业增加值与从业人数的相关性，结果如下。

表专 2—6　金融业从业人数与增加值相关性分析表

		金融业从业人数
金融业增加值	Pearson 相关性	0.985**
	显著性(双侧)	0.002
	N	5

由表专 2—6 可以看出，金融业从业人数与其增加值之间的相关系数为 0.985，在置信区间为 0.01 的双边检验中呈现高度线性相关性。因此，可以建立金融业从业人数关于金融业增加值的一元线性回归模型如下。

金融业从业人数 $= B_1 + A_1 \times$ 金融业增加值　　（专 2.5）

运用 SPSS 进行参数估计，结果如下。

表专 2—7　金融业回归系数表

模型		非标准化系数		标准系数	t	Sig.
		B	标准误差	试用版		
1	（常量）	6.506	0.592		10.985	0.002
	金融业增加值	0.012	0.001	0.985	9.869	0.002

因变量：金融业从业人数。

由表专 2—7 可以看出，常数项和自变量系数检验对应的置信水平均为 0.002，达到显著性检验水平。由此可得，金融业从业人数关于金融业增加值的一元线性回归模型如下。

金融业从业人数（万人）$= 6.506 + 0.012 \times$ 金融业增加值（亿元）　　（专 2.6）

2. 现代物流业从业人数与增加值关系

运用 SPSS 软件分析现代物流业增加值与从业人数的相关性，结果如下。

表专 2—8　现代物流业从业人数与增加值相关性分析表

		现代物流业从业人数
现代物流业增加值	Pearson 相关性	0.590
	显著性(双侧)	0.295
	N	5

由表专 2—8 可以看出，物流业从业人数与增加值之间相关性不显著，无法建立一元线性回归模型。根据上海浦东新区现代物流业从业人数与现代服务业从业人数的结构来看，现代物流业从业人数与金融业从业人数比例为 1∶1.09，由于金融业从业人数可以预测，所以可以根据金融业从业人数来估计现代物流业从业人数。

现代物流业从业人数 = 1.09 × 金融业从业人数　　　　（专 2.7）

3. 信息服务业从业人数与增加值关系

运用 SPSS 软件对信息服务业从业人数与增加值进行线性回归，得出模型汇总如表专 2—9 所示。

表专 2—9　模型汇总

模型	R	R^2	调整 R^2	标准估计的误差	更改统计量				
					R^2 更改	F 更改	df1	df2	Sig. F 更改
1	0.832[a]	0.692	0.589	0.36721	0.692	6.727	1	3	0.081

预测变量：（常量），信息服务业增加值。

根据表专 2—9，调整 R^2 为 0.589，用信息服务业增加值能够表达其从业人数的 0.589，认为该模型拟合度较好，能够用作预测分析。

表专 2—10　信息服务业回归系数表

模型		非标准化系数		标准系数	t	Sig.
		B	标准误差	试用版		
1	（常量）	2.547	0.441		5.776	0.010
	信息服务业增加值	0.009	0.003	0.832	2.594	0.081

因变量：信息服务业从业人数。

由表专2—10可以看出，常数项和自变量系数检验通过0.1水平的检验，认为通过了显著性检验。由此可得，信息服务业从业人数关于信息服务业增加值的一元线性回归模型如下。

信息服务业从业人数（万人）=2.547+0.009×信息服务业增加值（亿元）　（专2.8）

4. 科技服务业从业人数与增加值关系

运用SPSS软件对科技服务业从业人数与增加值进行相关性分析，结果如下。

表专2—11　科技服务业从业人数与增加值相关关系表

		科技服务业从业人数
科技服务业增加值	Pearson 相关性	0.961**
	显著性（双侧）	0.009
	N	5

由表专2—11可以看出，科技服务业从业人数与其增加值之间的相关系数为0.961，在置信区间为0.01的双边检验中呈现高度线性相关性。因此，可以建立科技服务业从业人数关于其增加值的一元线性回归模型，运用SPSS进行参数估计，结果如表专2—12所示。

表专2—12　科技服务业回归系数表

模型		非标准化系数		标准系数	t	Sig.
		B	标准误差	试用版		
1	（常量）	0.025	0.582		0.043	0.969
	科技服务业增加值	0.055	0.009	0.961	5.984	0.009

因变量：科技服务业从业人数。

由表专2—12可以看出，常数项未通过显著性检验，自变量通过0.01水平的检验，通过了显著性检验。由此可得，科技服务业从业人数关于科技服务业增加值的一元线性回归模型如下。

科技服务业从业人数（万人）=0.025+0.055×科技服务业增加值（亿元）　（专2.9）

5. 配套综合服务业从业人数与增加值关系

运用 SPSS 软件对配套综合服务业从业人数与增加值进行相关性分析，结果如下。

表专 2—13　配套综合服务业从业人数与增加值相关关系表

		配套综合服务业从业人数
配套综合服务业增加值	Pearson 相关性	0.924*
	显著性（双侧）	0.025
	N	5

由表专 2—13 可以看出，配套综合服务业从业人数与其增加值之间的相关系数为 0.924，在 0.01 的置信水平上通过了显著性检验，因此，可以建立配套综合服务业从业人数关于其增加值的一元线性回归模型。运用 SPSS 进行参数估计，结果如表专 2—14 所示。

表专 2—14　配套综合服务业回归系数表

模型		非标准化系数		标准系数	t	Sig.
		B	标准误差	试用版		
1	（常量）	0.551	0.211		2.608	0.080
	配套综合服务业增加值	0.025	0.006	0.924	4.195	0.025

因变量：配套综合服务业从业人数

由表专 2—14 可以看出，常数项和自变量通过 0.1 水平的检验，认为通过了显著性检验。由此可得，配套综合服务业从业人数关于其产业增加值的一元线性回归模型如下。

配套综合服务业从业人数（万人）=0.551+0.025×配套综合服务增加值（亿元）　（专 2.10）

四、前海 2020 年现代服务业增加价值及从业人员数量规划

根据上海浦东新区 2005—2009 年四大现代服务业及其配套综合服务业从业人数的水准，推算前海 2015 年和 2020 年四大现代服务业及其配套

综合服务业从业人数。

按照前海发展的战略步骤，前海地区生产总值 2015 年预计达到 500 亿元。根据上海浦东新区金融业、现代物流业、信息服务业、科技服务业以及配套综合服务业各增加值占现代服务业总增加值的比例（具体数据见表专 2—2），可推算出前海 2015 年四大现代服务业的总产值预计将达到 409.80 亿元，将占前海区地区 GDP 的 82% 左右。其中金融业增加值为 250.90 亿元，现代物流业增加值为 64.55 亿元，信息服务业增加值为 65.60 亿元，科技服务业增加值为 28.75 亿元，与四大现代服务业配套的综合服务业增加值为 90.20 亿元。

以上海浦东新区为国内参照对象，根据公式（专 2.6）、（专 2.7）、（专 2.8）、（专 2.9）和（专 2.10），分别推算出前海 2015 年四大现代服务业以及与其配套的综合服务业从业人员数量，得出金融业从业人数为 9.52 万人，现代物流业从业人数为 10.37 万人，信息服务业从业人数为 3.14 万人，科技服务业从业人数为 1.61 万人，与四大现代服务业配套的综合服务业从业人数为 2.81 万人，从业人数总额将达到 27.45 万人，如表专 2—15 所示。

表专 2—15　前海 2015 年现代服务业增加值及从业人数分布情况表

	占现代服务业总增加值比例（%）	产业增加值（亿元）	从业人数（万人）	各产业从业人数比例（%）
金融业	50.20	250.90	9.52	34.68
现代物流业	12.90	64.55	10.37	37.78
信息服务业	13.10	65.60	3.14	11.44
科技服务业	5.80	28.75	1.61	5.87
配套综合服务业	18.00	90.20	2.81	10.23
合计	100.00	500.00	27.45	100.00

前海地区生产总值预计 2020 年将达到 1500 亿元。根据前海规划内容和上海浦东新区金融业、现代物流业、信息服务业、科技服务业以及配套综合服务业各增加值占现代服务业增加值的比例（具体数据见表专 2—2），可推算出前海 2020 年四大现代服务业的总产值预计将达到 1229.40 亿元，

将占前海区地区 GDP 的 81. 96% 左右。其中金融业增加值为 752. 70 亿元，现代物流业增加值为 193. 65 亿元，信息服务业增加值为 196. 8 亿元，科技服务业增加值为 86. 25 亿元，与四大现代服务业配套的综合服务业增加值为 270. 60 亿元，如表专 2—16 所示。

表专 2—16　前海 2020 年现代服务业增加值及从业人数分布情况表

	占现代服务业总增加值比例(%)	产业增加值(亿元)	从业人数(万人)	各产业从业人数比例(%)
金融业	50. 20	752. 70	15. 54	31. 78
现代物流业	12. 90	193. 65	16. 94	34. 65
信息服务业	13. 10	196. 80	4. 32	8. 84
科技服务业	5. 80	86. 25	4. 77	9. 76
配套综合服务业	18. 00	270. 60	7. 32	14. 97
合计	100. 00	1500. 00	48. 89	100. 00

根据公式（专 2. 6）、（专 2. 7）、（专 2. 8）、（专 2. 9）和（专 2. 10），可推算出 2020 年四大现代服务业以及与其配套的综合服务业从业人员数量分别为：金融业从业人数 15. 54 万人，现代物流业从业人数 16. 94 万人，信息服务业从业人数 4. 32 万人，科技服务业从业人数 4. 77 万人，与四大现代服务业配套的综合服务业从业人数为 7. 32 万人，从业人数总额将达到 48. 89 万人。

专题报告三

深圳现代服务业及其从业人员状况分析报告

本报告包括深圳四大服务业（金融业、物流业、信息服务业、科技服务业）各产业增加值和各产业从业人员数量的分析；深圳四大服务业与香港四大服务业从业人员数量、各产业增加值、人均产值的比较分析，深圳四大服务业总体发展状况与香港四大服务业总体发展状况比较分析。其中深圳各产业增加价值与产业就业人员数量的分析主要分析2004年至2009年6年的数据，深圳与香港的比较分析则主要分析2007年至2009年3年的数据。

一、收集数据

深圳2004—2009年四大服务业增加值及从业人员数量见表专3—1。

表专3—1　深圳2004—2009年四大服务业增加值及从业人员数量

从业人数单位：人　价值单位：亿元人民币

年份	深圳GDP	金融业		物流业		信息服务业		科技服务业		四大服务业增加值
		从业人数	增加值	从业人数	增加值	从业人数	增加值	从业人数	增加值	
2004	4282.14	44976	273.08	105476	184.87	94537	155.87	53074	51.68	665.50
2005	4950.91	53044	305.68	127159	215.69	95122	166.86	58348	57.40	745.63
2006	5813.56	56784	462.66	141792	250.73	123623	187.55	67703	69.20	970.14
2007	6801.57	69697	765.70	162889	290.94	134078	233.24	86561	64.69	1354.57
2008	7786.79	85974	969.36	166070	298.50	140521	320.45	85846	110.50	1698.81
2009	8201.31	90983	1110.62	203542	309.18	145510	354.30	94789	118.58	1892.68

本数据来源于深圳2005年至2010年的统计年鉴。年鉴中对现代物流业没有专门的划分统计，表中对物流业的统计数据，均来源于统计年鉴中对交通运输、仓储和邮政业的统计数据。信息服务业数据为深圳统计年鉴中对信息传输、计算机服务和软件业的统计数据。科技服务业数据为深圳统计年鉴中对科学研究、技术服务和地质勘查业的统计数据。

二、数据分析

（一）深圳 GDP

从图专3—1可以看出，从2006年开始深圳的GDP增长在逐年下降，尤其在2008年和2009年两年下降明显。深圳作为经济国际化程度高、出口依存度大的开放城市，受全球金融危机的影响和冲击比较大。但从总体来看，深圳经济发展的基本面和长期趋势并没有改变。深圳GDP在不断增长，2008、2009年两年尽管受到全球金融危机的影响和冲击，但深圳GDP同比增长率仍在10%以上。

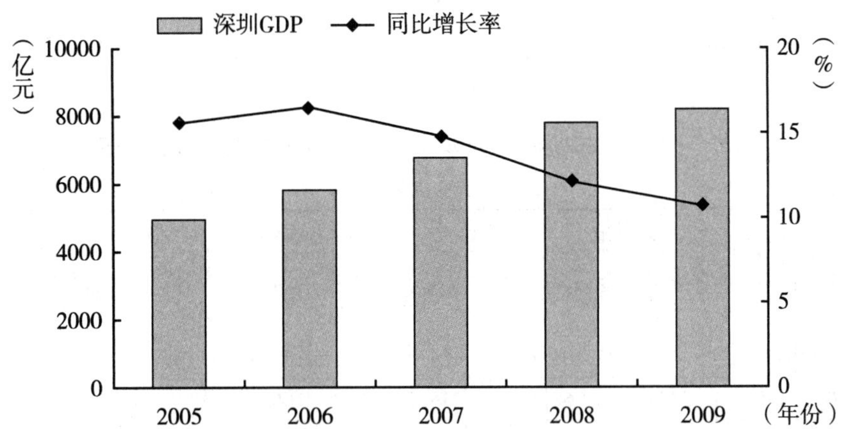

图专3—1　2005—2009年深圳GDP及同比增长率

（二）现代服务业

1. 金融业

从图专 3—2 可以看出，2005 年至 2007 年深圳金融业大幅增长，2008 年由于开始受到全球金融危机的影响和冲击，深圳金融业的同比增长率明显下降，但总体来看，深圳金融业增加值还是逐年增长，并且增长率在 10% 以上。

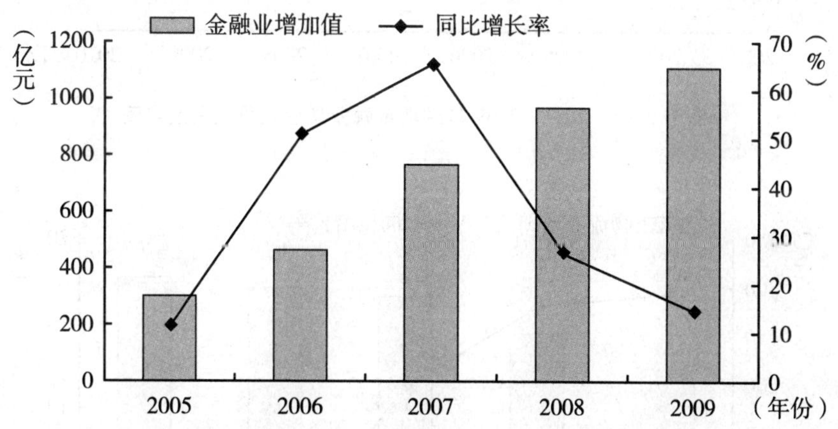

图专 3—2　2005—2009 年深圳金融业增加价值及同比增长率

从图专 3—3 可以看出，深圳金融业从业人员数量的增长趋势与金融业增加值的增长趋势类似。从 2004 年开始，金融业从业人员数量逐年增加，增长趋势显著，尤其在 2006 年至 2008 年三年间增长幅度最大，2009 年增长趋势明显下降，拐点年份滞后于金融业增加值同比增长率拐点年份一年。

2. 现代物流业

从图专 3—4 可以看出，深圳物流业增加值受全球金融危机影响和冲击明显，2007 年至 2009 年同比增长率明显低于深圳 GDP 和深圳金融业的同比增长率，尤其是 2008 年受全球金融危机的影响，深圳物流业同比增长率最低。

从图专 3—5 可以看出，由于物流业受金融危机影响和冲击显著，行

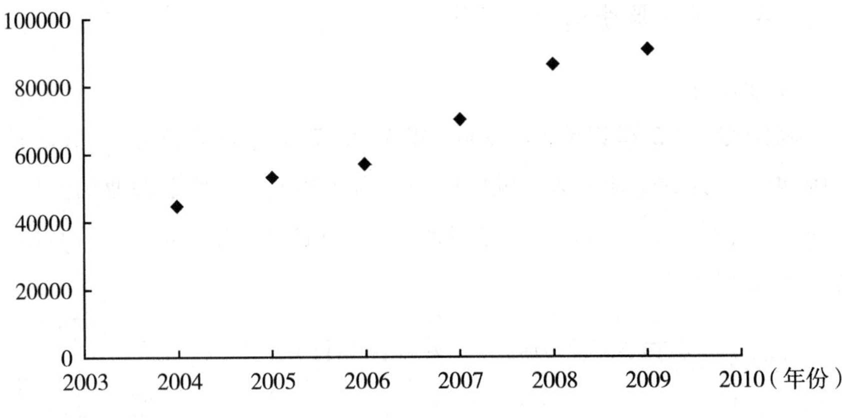

图专 3—3　2004—2009 年深圳金融业从业人员数量散点图

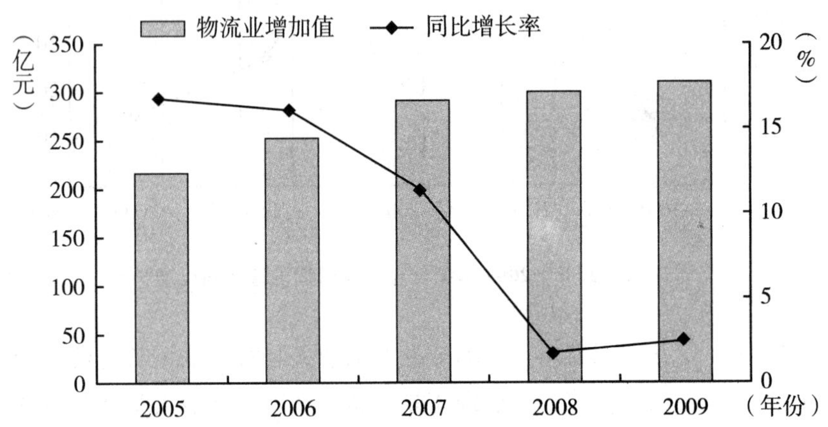

图专 3—4　2005—2009 年深圳物流业增加价值及同比增长率

业增加值和从业人员数量同比增长率都明显下降，尤其是物流业的从业人员数量几乎没有太多增长。而随着经济的回暖，2009 年深圳物流业从业人数则出现明显增加的趋势。

3. 信息服务业

从图专 3—6 和图专 3—7 可以看出，2004 年至 2009 年，深圳信息服务业增加值和从业人数都在逐年增长，而 2009 年深圳信息服务业增加值的同比增长率明显下降，且滞后于深圳 GDP 拐点年份一年。

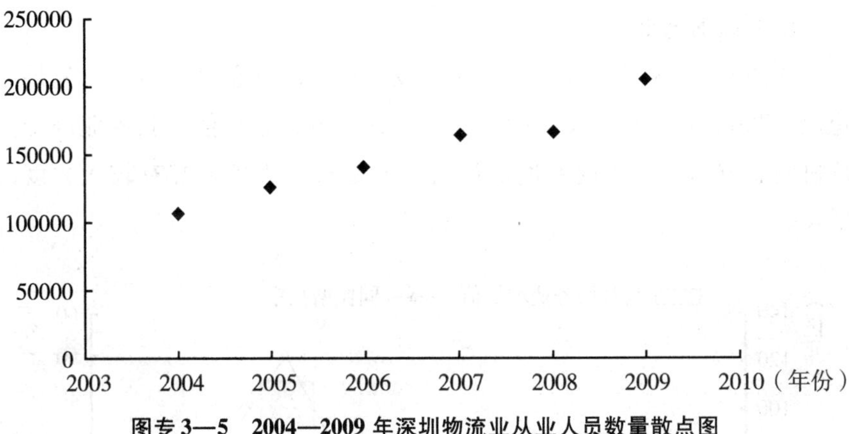

图专3—5　2004—2009年深圳物流业从业人员数量散点图

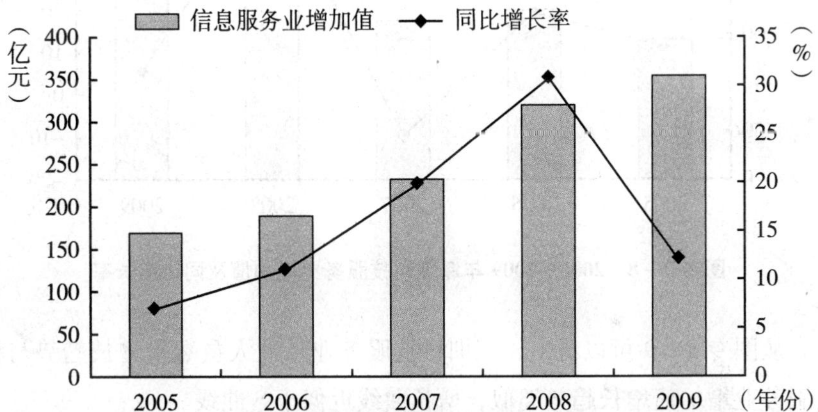

图专3—6　2005—2009年深圳信息服务业增加值及同比增长率

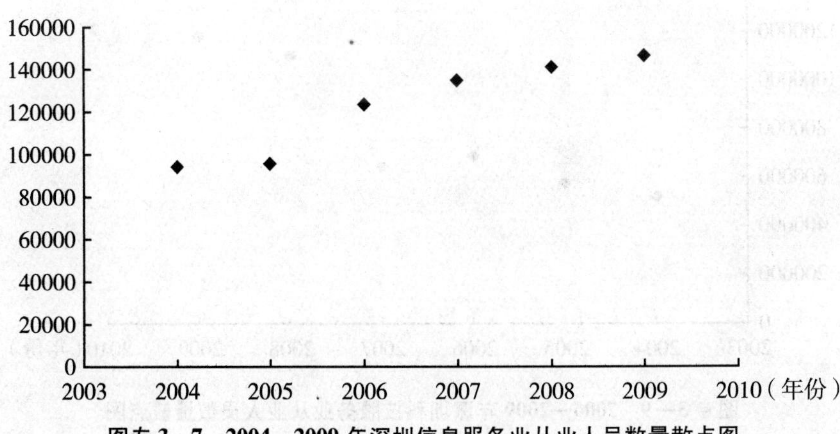

图专3—7　2004—2009年深圳信息服务业从业人员数量散点图

4. 科技服务业

从图专 3—8 可以看出，深圳科技服务业增加值波动较大，发展不稳定。2008 年，虽然深圳 GDP、金融业、物流业和信息服务业因金融危机的影响而受到不同程度的冲击，但是科技服务业却有较大幅度的增长。

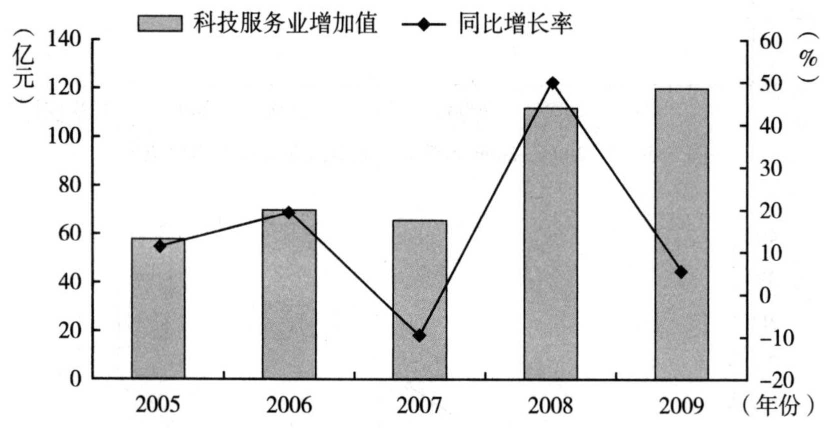

图专 3—8　2005—2009 年深圳科技服务业增加值及同比增长率

从图专 3—9 可以看出，深圳科技服务业从业人员数量增长趋势与科技服务业增加值增长趋势类似，增长曲线近似于 S 曲线。

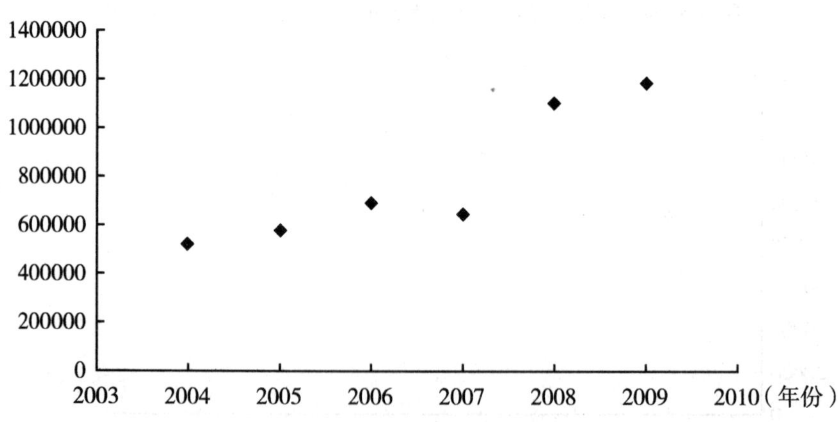

图专 3—9　2004—2009 年深圳科技服务业从业人员数量散点图

三、深圳四大服务业与香港的比较分析①

（一）金融业

从表专3—2可以看出，2007年至2009年深圳金融增加值和从业人数逐年增加，香港增加值呈负增长，从业人员数量变化不大。从人均产值来看，深圳呈逐年增长趋势，而香港却逐年下降。2009年深圳金融业人均产值超过了香港，可见金融危机对香港金融业的影响和冲击远远大于深圳。

表专3—2　深圳与香港金融业比较

年份	从业人数(人)		增加值(亿元)		人均产值(元)	
	深圳	香港	深圳	香港	深圳	香港
2007年	69697	158206	765.7	2465.44	1098610	1558370
2008年	85974	165448	969.36	2081.56	1127500	1258140
2009年	90983	167550	1110.62	1901.63	1220690	1134960

（二）物流业

从表专3—3可以看出，2007年至2009年深圳物流业增加值呈微弱增长，香港物流业增加值呈现负增长。与表专3—2中金融业相比，深圳物流业受金融危机影响较大，香港物流业与金融业趋势近似。

表专3—3　深圳与香港物流业比较

年份	从业人数(人)		增加值(亿元)		人均产值(元)	
	深圳	香港	深圳	香港	深圳	香港
2007年	162889	134942	290.94	590.28	178610	437430
2008年	166070	135994	298.50	513.65	179740	377700
2009年	203542	132400	309.18	446.59	151900	337300

① 表中价值的币种均为人民币，港币与人民币的换算比例按当前汇率：一港币为0.8301人民币。

（三）信息服务业

从表专 3—4 可以看出，2007 年至 2009 年深圳和香港的信息服务业增加值变化均较小，但从人均产值来看，香港远远高于深圳。可见深圳和香港的信息服务业受金融危机的影响均较小。与表专 3—2、表专 3—3 相比，香港信息服务业抵御金融危机的能力要大于金融业和物流业。

表专 3—4　深圳与香港信息服务业比较

年份	从业人数(人)		增加值(亿元)		人均产值(元)	
	深圳	香港	深圳	香港	深圳	香港
2007 年	134078	15396	233. 24	170. 64	173958	1108339
2008 年	140521	16206	320. 45	173. 70	228051	1071825
2009 年	145510	16460	354. 30	174. 14	243488	1057959

（四）科技服务业

从表专 3—5 可以看出，不论是深圳还是香港，科技服务业变化的均势与信息服务业近似，受金融危机的影响较小，但从人均产值来看香港远高于深圳。

表专 3—5　深圳与香港科技服务业比较

年份	从业人数(人)		增加值(亿元)		人均产值(元)	
	深圳	香港	深圳	香港	深圳	香港
2007 年	86561	130951	64. 69	379. 06	74733	289467
2008 年	85846	136930	110. 50	402. 86	128719	294209
2009 年	94789	139357	118. 58	431. 25	125099	309457

（五）总体情况

从表专 3—6 可以看出，表中的数据都在逐年增长，从四大服务业从业人数占从业总人数比重和四大服务业增加值占本地 GDP 比重可以看出，四大服务业以较小的从业人数比重，创造了较大的增加值。人均创造价值远远高于其他行业。

表专 3—6　深圳四大服务业与从业人数关系

年份	从业人数（人）	从业人数同比增长率（%）	增加值（亿元）	增加值同比增长率（%）	从业人数占从业总人数（%）	增加值占本地 GDP 比重（%）	从业人员人均产值（元）
2005 年	333673	11.95	745.62	12.04	5.8	15.1	223458
2006 年	389902	16.85	970.14	30.11	6	16.7	248816
2007 年	453225	16.24	1354.57	39.63	7	19.9	298874
2008 年	478411	5.56	1698.81	25.41	7.1	21.8	355094
2009 年	534824	11.79	1892.68	11.41	7.8	23.1	353888

从表专 3—7 可以看出，2007 年至 2009 年由于受全球金融危机的影响，深圳和香港的四大服务业增加值的增长率都呈下降趋势，尤其是香港，呈现了负增长。而香港从业人员人均产值，服务业的增加值均远远高于深圳。

表专 3—7　深圳四大服务业与香港比较

年份	从业人数（人）		增加值（亿元）		从业人数占总从业人数比重（%）		增加值占本地 GDP 比重（%）		从业人员人均产值（元）	
	深圳	香港	深圳	香港	深圳	香港	深圳	香港	深圳	香港
2007 年	453225	439495	1354.57	3603.64	7.0	12.6	19.9	26.9	298874	819950
2008 年	478411	454578	1698.81	3171.77	7.1	12.9	21.8	22.8	355094	697739
2009 年	534824	455767	1892.68	2953.61	7.8	13.1	23.1	21.9	353888	648053

综上分析可以得出，深圳四大服务业受金融危机的冲击要小于香港。香港四大服务业的增加值从 2007 年是深圳的 2.6 倍降到 2009 年的 1.6 倍，从业人员人均产值从 2007 年的 6.0 倍降到 2009 年的 4.1 倍。从表专 3—2 和表专 3—3 中可知，深圳与香港在金融业和物流业方面的

差距不大，2009 年深圳金融业的人均产值甚至超过香港。从表专 3—4 和表专 3—5 中可知，深圳与香港在信息服务业和科技服务业方面的差距较大。由此可见，香港较深圳的优势主要在人才和信息科技方面，因此前海合作区在发展四大服务业时要重点做好人才和信息科技方面的研究工作。

专题报告四

新加坡现代服务业及其从业人员状况分析报告

本报告对新加坡现代服务业（金融业、科技服务业、信息服务业、现代物流业）各产业增加价值情况和各产业增加价值与产业就业人员数量的关系进行分析，并以此为参考对2015年及2020年前海四大服务业各产业增加价值及各自的就业人数进行推断。由于新加坡现代服务业从业人员的数据仅来源于2008年一年，并且2008年各产业的劳动生产率与2015年或者2020年前海的口径可能不完全一致，故本报告得出的结论仅作参考之用。

一、数据收集

新加坡2005—2009年现代服务业的增加价值如表专4—1所示。

表专4—1　新加坡现代服务业增加价值状况表

价值单位：百万元新币

年度	2005年	2006年	2007年	2008年	2009年
金融业	21675	24104	28825	35559	40426
科技服务业	28029	36320	43020	48187	56908
信息服务业	9685	10145	10663	11815	12914
物流业	18037	20745	21632	21445	21204
四大服务业总和	77426	91314	104140	117006	131452
产业总值增长率(%)		17.94	14.05	12.35	12.34
GDP总量	208763.70	230509.20	266405.10	273537.20	265057.90
占GDP比重(%)	37.09	39.61	39.09	42.78	49.59

（一）金融业

新加坡2005—2009年金融业的增加价值如表专4—2所示。

表专4—2　新加坡金融业增加价值状况表

单位：百万元新币

年度	2005年	2006年	2007年	2008年	2009年
总产值	21675	24104	28825	35559	40426
总值增长率(%)		11.21	19.59	23.36	13.69
GDP总量	208763.70	230509.20	266405.10	273537.20	265057.90
占GDP比重(%)	10.38	10.46	10.82	13.00	15.25

（二）科技服务业

新加坡2005—2009年科技服务业的增加价值如表专4—3所示。

表专4—3　新加坡科技服务业增加价值状况表

单位：百万元新币

年度	2005年	2006年	2007年	2008年	2009年
总体	28029	36320	43020	48187	56908
总值增长率(%)		29.58	18.45	17.11	18.10
GDP总量	208763.70	230509.20	266405.10	273537.20	265057.90
占GDP比重(%)	13.43	15.76	16.15	17.62	21.47

（三）信息服务业

新加坡2005—2009年信息服务业的增加价值如表专4—4所示。

表专4—4　新加坡信息服务业增加价值状况表

单位：百万元新币

年度	2005年	2006年	2007年	2008年	2009年
总体	9685	10145	10663	11815	12914
总值增长率(%)		4.75	5.11	10.80	9.30
GDP总量	208763.70	230509.20	266405.10	273537.20	265057.90
占GDP比重(%)	4.64	4.40	4.00	4.32	4.87

（四）物流业

新加坡2005至2009年物流业的增加价值如表专4—5所示。

表专4—5　新加坡物流业增加价值状况表

单位：百万元新币

年度	2005年	2006年	2007年	2008年	2009年
总体	18037	20745	21632	21445	21204.56
总值增长率(%)		15.01	4.28	-0.86	-1.12
GDP总量	208763.70	230509.20	266405.10	273537.20	265057.90
占GDP比重(%)	8.64	9.00	8.12	7.84	8.00

二、数据分析

（一）新加坡2005—2009年的GDP

从图专4—1可以看出，2005—2008年新加坡经济总体处于上升状态，没有出现明显的通货膨胀，经济情况向好。到2008年，新加坡经济由复苏达到金融危机前的顶峰，整体发展呈直线增长趋势。由于受到金融危机的影响，新加坡2009年的经济又开始出现负增长，增长率为-2.1%。

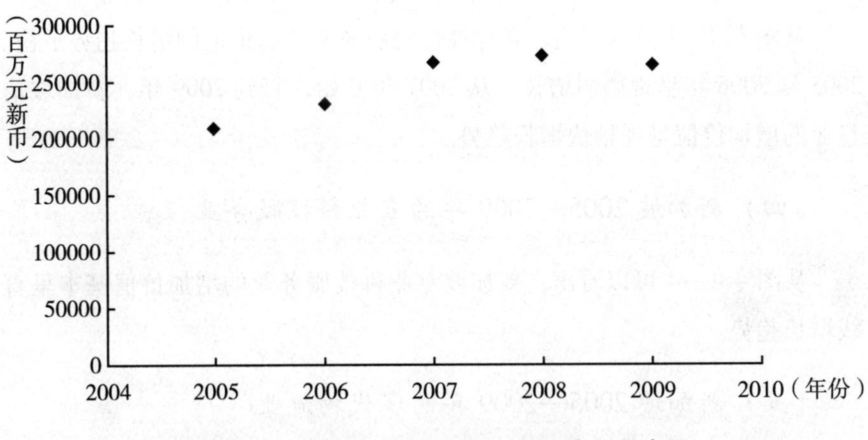

图专4—1　新加坡GDP（2005—2009年）散点图

（二）新加坡 2005—2009 年的金融业

从图专 4—2 可以看出，新加坡金融业增加价值的增长趋势类似于总体经济发展趋势。2005 年到 2006 年呈现微弱增长，从 2007 年开始，直到 2009 年，新加坡金融业的增加价值呈现较快增长趋势。从图中可以看出，新加坡金融业受金融危机的影响不大。

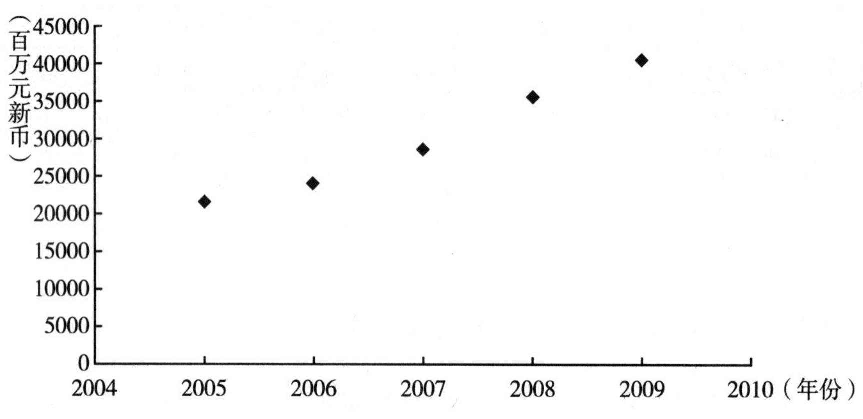

图专 4—2　新加坡金融业增加价值（2005—2009 年）散点图

（三）新加坡 2005—2009 年的信息服务业

从图专 4—3 可以看出，新加坡信息服务业增加价值的增长趋势平稳。2005 到 2006 年呈现微弱增长，从 2007 年开始，直到 2009 年，新加坡信息业的增加价值呈现稍快增长趋势。

（四）新加坡 2005—2009 年的专业科技服务业

从图专 4—4 可以看出，新加坡专业科技服务业的增加价值基本呈直线增长趋势。

（五）新加坡 2005—2009 年的现代物流业

从图专 4—5 可以看出，新加坡现代物流业的增加价值自 2005 年至

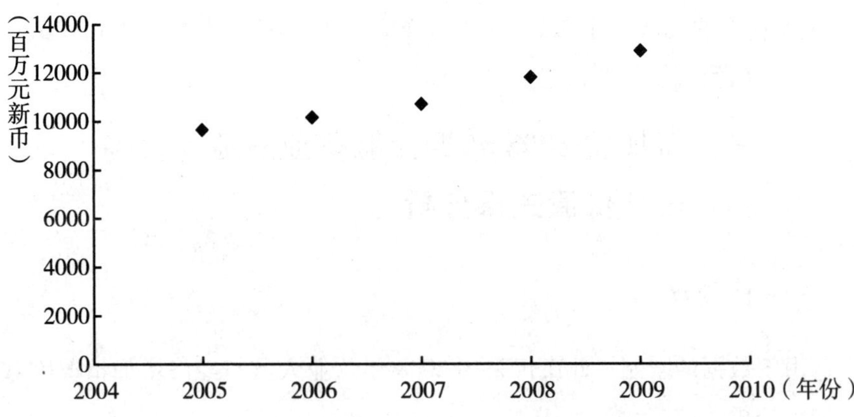

图专 4—3　新加坡信息服务业增加价值（2005—2009 年）散点图

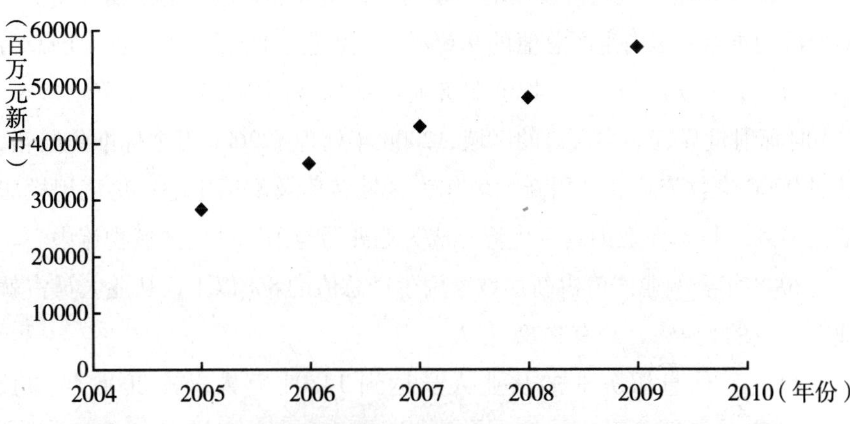

图专 4—4　新加坡专业科技服务业增加价值（2005—2009 年）散点图

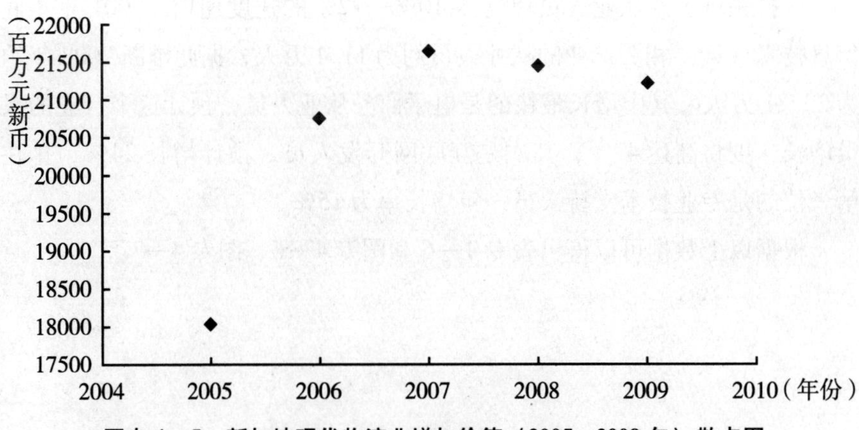

图专 4—5　新加坡现代物流业增加价值（2005—2009 年）散点图

2006 年有质的飞跃，于 2007 年达到峰值。从 2007 年开始，现代物流业的增加价值呈直线负增长趋势。

三、新加坡 2008 年四大服务业从业人员与增加价值关系分析

（一）数据

由于数据的限制，此次仅采用 2008 年从业人员与经济增加情况的数据进行分析。

物流业是新加坡经济发展的驱动器。2008 年新加坡交通运输及物流业对经济的贡献占国内生产总值的 9.6%，雇佣超过 11 万工人，占全国总劳动人口（183 万）的 6%，物流服务业占新加坡国内生产总值 8%—9%；7 小时辐射世界近一半人口的区域，2008 年处理了 2600 万个标准集装箱，超过 9000 家物流业者利用新加坡作为区域转运及配运中心；物流规模居亚洲前列，技术在亚洲具有优势，成为亚洲乃至国际性的区域物流中心。

2008 年金融业产值占新加坡国内生产总值的 8% 以上，从业人员占就业总人口的 5.4%，约有 9.88 万人。

2009 年信息服务业的从业人员达到 14.08 万人，较 2006 年增长了 17.6%。

科技领域里的从业人员以每年 10%—12% 的速度递增。2001 年年底信息技术（IT）相关产业的从业人员约为 11.4 万人，据此推断 2008 年约为 22.21 万人。其中增长最快的是电子商务从业人员，预计这个行业的人员增长速度将高达 47%；其次是互联网开发人员，预计增长 24%；排在第三位的是专业技术支持人员，年增长率为 15%。

根据以上数据可以得出表专 4—6 和图专 4—6、图专 4—7。

表专 4—6　四大产业各数据比较表

2008 年	从业人员总数（万人）	占新加坡劳动人口（183 万）的比重（%）	增加价值（百万元新币）	人均产值（万元新币/人）
金融业	9. 88	5. 40	35559	35. 99
物流业	11. 00	6. 00	21445	19. 50
信息产业	13. 40	7. 30	11815	8. 82
科技服务业	22. 21	12. 14	48187	21. 70
四大产业总数	56. 49	30. 84	117006	20. 71

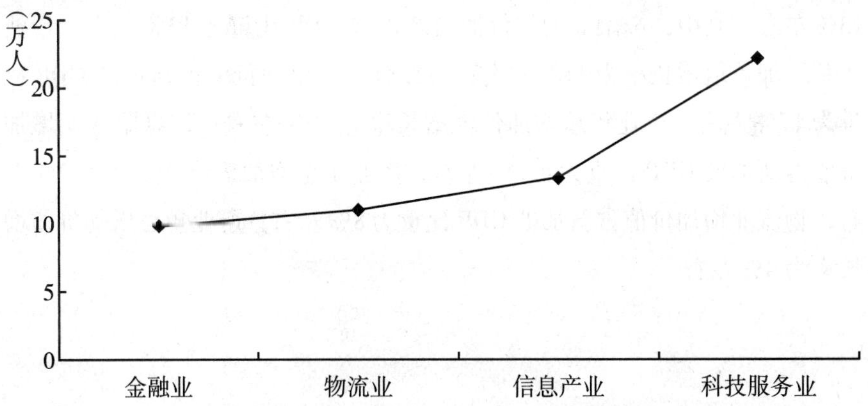

图专 4—6　2008 年四大产业从业人员图

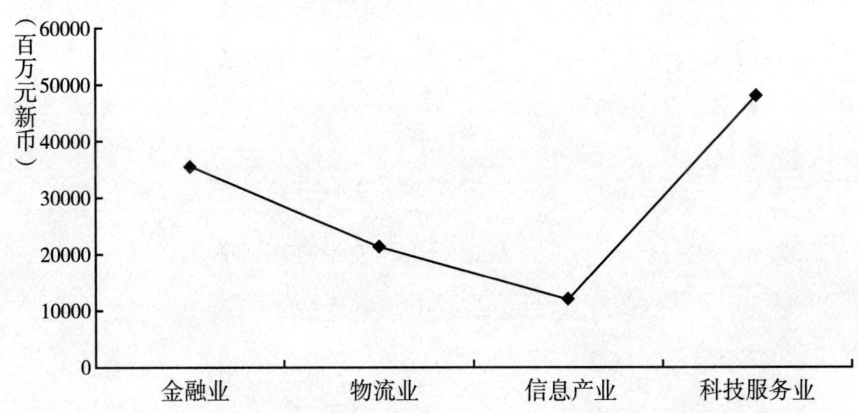

图专 4—7　2008 年四大产业从业人员创造增加价值图

（二）分析

从以上数据与图表可以看出，2008 年新加坡四大服务业就业人数为 56. 49 万人，占新加坡劳动人口比重约为 30. 84%，人均产值为 20. 71 万元。其中，金融业从业人员 9. 88 万人，物流业 11 万人，信息产业 13. 4 万，科技服务业 22. 21 万人。四大服务业中人均产值最高为金融业，人均产值 35. 99 万元；最低为信息产业，人均为 8. 82 万元。四大服务业增加价值总和占新加坡 GDP 比重为 40%—50%，产业年总增加价值增长率为 13% 左右。其中，金融业增加价值占新加坡 GDP 比重为 13% 左右，产业年总增加价值增长率为 15% 左右；科技服务业增加价值占新加坡 GDP 比重为 17% 左右，产业年总增加价值增长率为 20% 左右；信息服务业增加价值占新加坡 GDP 比重为 4. 5% 左右，产业年总增加价值增长率为 7% 左右；物流业增加价值占新加坡 GDP 比重为 8% 左右，产业年总增加价值增长率为 4% 左右。

专题报告五

国际大都市现代服务业现状与发展分析报告

本报告以全球性大都市纽约、伦敦、东京为研究对象，通过对三大都市现代服务业的经济增加值和产业从业人员数据的研究分析来了解国际大都市的现代服务业的发展情况，以期发现一定的规律，为前海人才特区建设提供参考。

由于本研究是为前海特区现代服务业建设服务的，因此对三大都市服务业的分析将专注于金融业、信息服务业、科技服务业及其他专业服务业、现代物流服务业。由于各国的统计口径不一，数据的获取存在一定的难度，因此对三大都市四大现代服务业进行分析所得到的结论仅供参考之用。

一、纽约

（一）纽约服务业产值总量规模

纽约市是美国最大的海港城市和重要的陆运枢纽，也是美国乃至世界的金融、服务及管理中心。我们收集了纽约大都市区（包括纽约市、北新泽西、长岛）2001—2009 年的服务业各产业的实际 GDP，如表专 5—1 所示。从纽约大都市区的服务产业实际 GDP 来看，2009 年所有私有部门服务业（除政府部门外）产值为 9173. 15 亿美元，占大都市区 GDP 总额的 83. 89%，而在 2001 年这一比例是 81. 43%。2001—2009 年，纽约大都市区服务业占 GDP 的比重总体呈稳步提升的态势，从这个比例来看，纽约的服务业占据着主导地位，是当之无愧的服务大都市。

表专 5—1　纽约大都市区服务业各产业实际 GDP

单位：百万美元

年度 产业	2001 年	2002 年	2003 年	2004 年	2005 年	2006 年	2007 年	2008 年	2009 年
所有产业	1010235	1003589	1004947	1032796	1074737	1120164	1143685	1138904	1093418
批发贸易	（D）	（D）	（D）	（D）	（D）	（D）	（D）	70447	72436
零售贸易	51263	53926	55652	55727	56527	56935	58290	54693	53604
交通仓储（不包括邮政服务）	（D）	（D）	（D）	（D）	（D）	（D）	（D）	（D）	（D）
信息服务	58088	65592	66281	75225	81946	82693	89553	93637	91450
金融保险	176074	158878	145754	143621	165472	196552	185706	176040	166818
房地产及租赁业	（D）	（D）	（D）	173765	178401	182181	193247	198461	192221
专业技术服务	91933	90356	90807	95233	101878	104928	109333	111885	106459
教育服务	11953	12496	12609	12802	12552	12700	12831	13015	12795
卫生和社会援助	64984	67132	69142	70418	72031	73969	74845	77088	77382
艺术、娱乐和休闲	11737	12297	12335	12927	12723	13505	13472	13493	12499
膳宿服务业	20645	20882	21707	22987	23347	24382	25105	24120	22075
其他服务（除了政府部门）	21836	22551	22414	22555	23115	23059	23212	22226	20812
私有部门服务小计	822627	816945	817510	842948	888021	933569	954702	953725	917315
政府服务	91046	91622	92497	94776	95567	94462	96345	97288	97592

注：1. D 表示数据因数据保密而没有详细列出，但该数据包含在上一级别的统计类别中。
2. 数据单位为百万美元，全部以 2005 年不变价计算。
3. 数据来源：Bureau of Economic Analysis，U. S. Department of Commerce。

此外，纽约大都市区的私有服务业与地区总产值保持着相当一致的增长关系，发展趋势完全一致，如图专 5—1 所示。

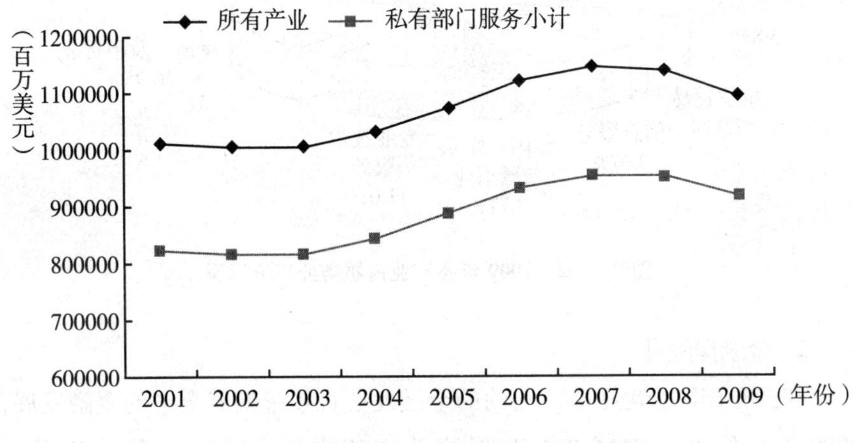

图专 5—1 私有服务业与总量的产值对比图

从这个趋势中可以看出，私有服务业的发展在很大程度上决定了地区总产值的发展情况。2002—2007 年私有服务业产值总体呈增加的趋势，2008 年受经济危机的影响，私有服务业产值与 2007 年基本持平，2009 年由于经济危机的进一步扩大，产值呈现出明显的下降趋势。但私有服务业产值占地区 GDP 总量的比例一直呈增长趋势，再次体现了私有服务业的主导地位。

（二）纽约大都市区现代服务业产值分析

1. 现代服务业产值占私有服务业比重

从图专 5—2 可以看出，金融保险业产值占私有服务业产值的 18. 19%；信息服务业的产值所占比率为 9. 97%；专业技术服务业（对应于要研究的技术服务产业）所占比重为 11. 61%；由于交通仓储（对应于现代物流业）的数据被列为保密数据项，这里不能进行分析。从上面的数据来看，除了交通仓储以外，其他三项现代服务业的产值占纽约大都市区私有服务业产值的比重为 39. 77%。可见，现代服务业在纽约服务业中占有重要地位。

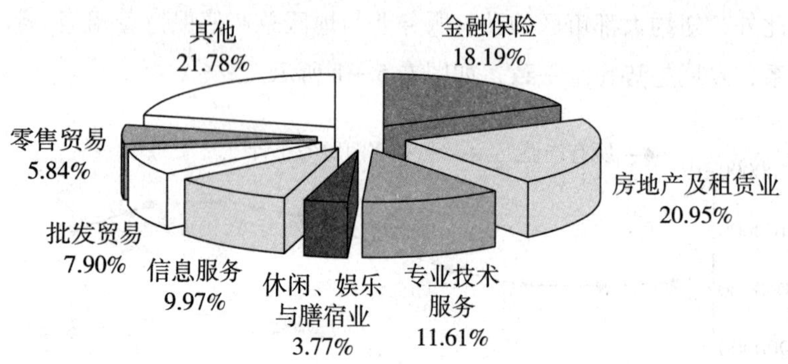

图专 5—2　2009 年各产业占服务业产值比重

2. 金融保险业

纽约是国际金融中心，纽约的金融发展直接影响着全球的金融发展，2009 年纽约大都市区金融与保险业产值占服务业总产值的比重为 18. 19%，2006 年比重更是达到 21. 05%，是纽约服务业的重要组成部分。纽约金融业的发展，从图专 5—3 看呈现出多样的发展过程，从 2001 年至 2004 年金融业产值一直为负增长，2001 年至 2002 年增长率最大达到了 -9. 77%，其后开始逐渐变缓；2004 年至 2006 年迅速增长，增长率分别达到了 15. 21% 和 18. 78%；2007 年次贷危机出现，而后引起全球金融危机，金融业的产值下降，从 2007 年开始一直呈负增长趋势。

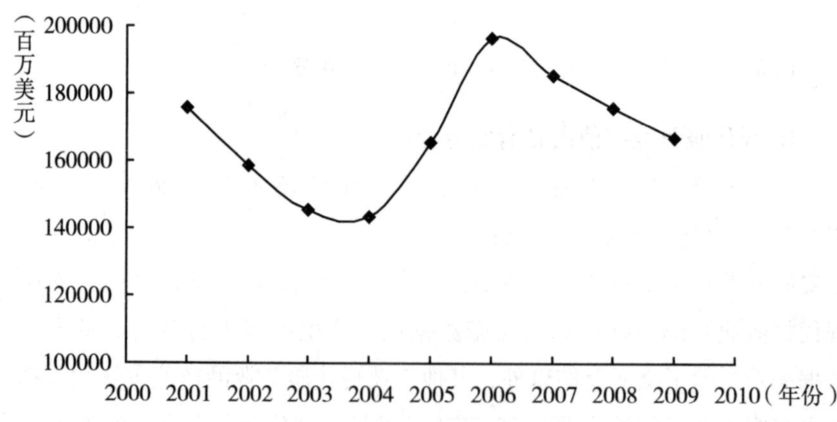

图专 5—3　金融保险业年产值

3. 专业技术服务业

由于不能直接找到技术服务业的产值统计数据，我们使用专业技术服务统计项目的数据替代。从图专 5—4 可以看出，2009 年专业技术服务业的产值占私有服务业总产值的比率为 11.61%，且从 2001 年至 2009 年专业技术服务业产值占服务业私有服务业总产值的比重一直保持在 11% 以上。专业服务业的产值从 2003 年至 2008 年呈增长趋势，与私有服务业的整体发展态势呈一致的涨落关系，2008 年较 2003 年增长了 17.49%。

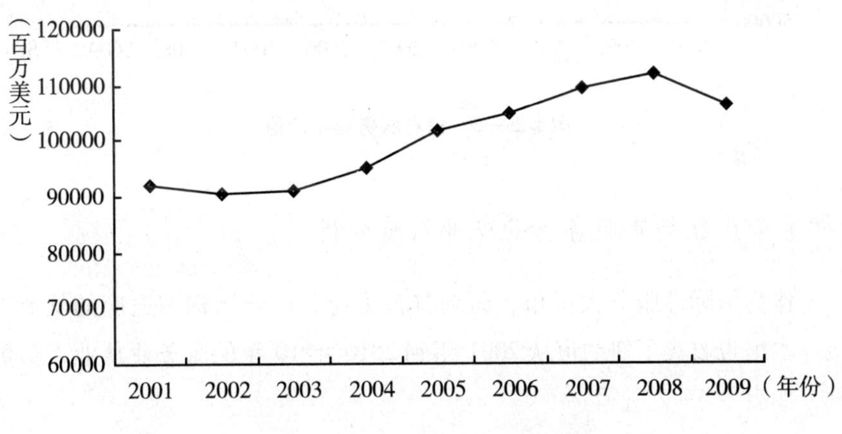

图专 5—4　专业技术服务业年产值

4. 信息服务业

从图专 5—5 可以看出，该产业在 2009 年占私有服务业的比重达到了 9.97%，占私有服务业的比重达到近一成。从 2001 年至 2008 年信息服务业一直呈增长趋势，年增长率在 2004 年最高为 13.49%，2009 年出现了负增长。

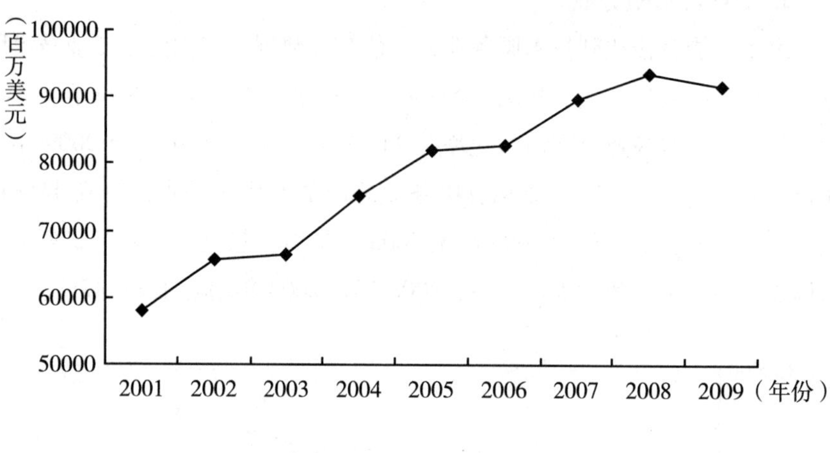

图专 5—5　信息服务业年产值

（三）纽约市服务行业从业人员分析

作为国际性服务大都市，纽约具备了与其产业结构相适应的从业人员。本报告收集了纽约市从 2001 年到 2010 年 10 年的服务业从业人员数据，如表专 5—2 所示。

1. 私有部门服务业从业人员与所有部门从业人员总量分析

纽约市私有部门服务业从业人员占所有行业从业人员的比重在 2010 年达到了近 80%，为纽约市提供了主要的就业渠道。此外，这一比率也与服务业产值占纽约 GDP 总量的比重保持了一致，高产出对应的高人员需求。从图专 5—6 可以看出，私有部门的从业人员数量与纽约总从业人员数保持了一致的增长关系，总量的变化可以说是由服务部门从业人员的变化决定。2001—2003 年服务业从业人员总数呈下降趋势；2004—2008 年呈逐年增长趋势；2009 年受经济状况影响又出现一定的回落，下降比率为 2. 59%。而从 2001 年至 2010 年服务业从业人员占纽约从业人员总量的比率则大体成平稳增长的趋势。

表专 5—2　纽约市 2001—2010 年服务业从业人员数量统计表

单位：千人

产业＼年份	2001 年	2002 年	2003 年	2004 年	2005 年	2006 年	2007 年	2008 年	2009 年	2010 年
批发贸易	155.9	149.1	147.7	147.8	147.5	148.9	149.9	148.7	138.7	137.2
零售贸易	272.0	268.1	267.3	273.5	281.3	287.4	295.4	299.6	291.9	301.7
交通运输、仓储	130.4	120.1	119.1	118.6	119.4	122.7	125.2	126.3	121.7	118.5
信息	200.4	176.9	163.9	160.2	162.8	164.9	166.9	169.5	165.3	163.8
金融	473.6	445.1	433.6	435.5	445.1	458.3	467.6	465.0	434.2	428.6
金融与保险	356.7	330.9	318.8	319.4	327.1	339.3	347.0	343.3	316.0	311.3
专业技术和商业服务	581.9	550.4	536.6	541.6	555.6	571.4	591.8	602.9	568.9	577.4
教育	133.1	138.7	142.2	144.8	146.6	151.3	154.4	160.3	164.7	171.2
卫生和社会援助	494.0	507.3	516.0	520.4	532.2	543.5	550.7	558.7	569.9	582.6
艺术、娱乐及休闲	56.9	56.2	57.5	60.7	61.5	63.2	65.3	69.1	67.2	66.6
膳宿服务	203.2	199.1	202.7	209.4	215.3	221.7	232.5	241.1	241.3	253.5
其他服务	148.7	149.7	149.1	150.5	153.2	154.3	157.7	160.8	160.3	160.6
私有部门服务小计	2850.1	2760.5	2735.8	2763.0	2820.4	2887.6	2957.3	3001.9	2924.1	2961.5
政府	562.4	566.2	556.6	554.4	555.6	555.2	559.0	564.1	567.0	558.0
所有部门总计	3690.1	3581.9	3531.7	3550.0	3603.3	3667.3	3744.6	3794.3	3693.4	3707.9

注：1. 年从业人员数目为行业年平均从业人数。

2. 数据来源：New York State Department of Labor。

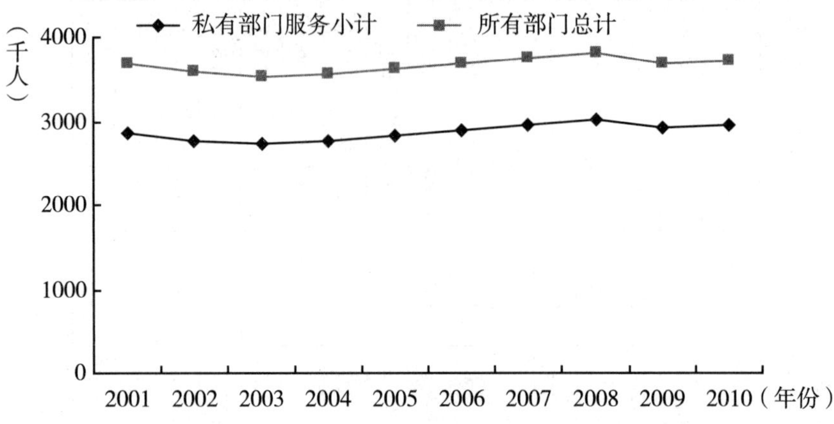

图专 5—6　私有部门服务从业人员与所有部门从业人员总量分析

2. 现代服务业从业人员所占比重分析

从图专 5—7 来看，2010 年纽约现代服务业中，金融业（包括金融与保险，房地产与租赁）从业人员所占的总比重为 14.47%，其中金融与保险业所占的比重为 10.51%；信息服务业从业人员所占的比重为 5.53%；专业技术服务业的比重为 19.50%；交通运输与仓储业（由于统计口径差异，用来替代现代物流业的数据）从业人员的比重为 4%。纽约四大服务业从业人员的比重之和为 39.54%。

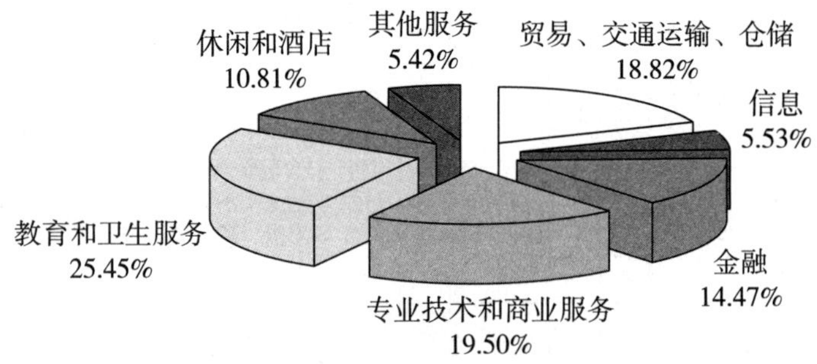

图专 5—7　2010 年各产业从业人员占服务业从业人员比重示意图

3. 金融与保险业从业人员

从图专 5—8 来看，纽约金融与保险业从 2001 年至 2003 年从业人员数量呈下降趋势，分别下降了7.23%、3.66%；2004年至2007年从业人数一直是保持增长，受金融危机的影响，2008年从业人数开始减少，2009年较2008年减少的比率高达7.95%。从金融与保险业从业人员数量10年的总体趋势来看，与产值的发展趋势十分类似，行业产值反应了行业规模，规模进而直接影响从业人员的数量，这两者之间存在相关关系。

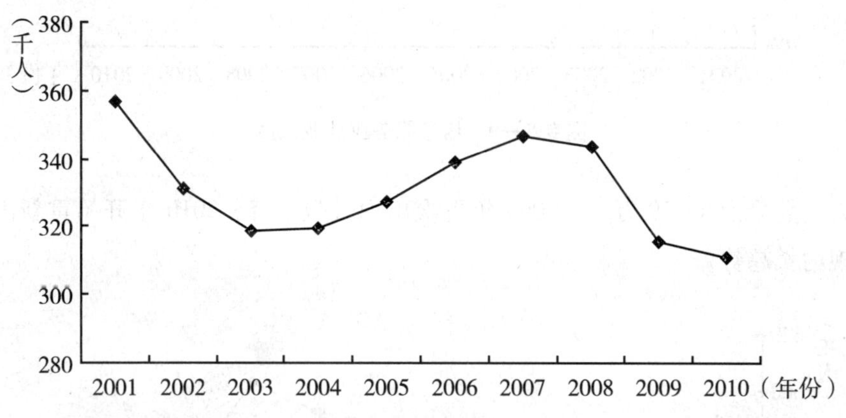

图专5—8　金融与保险业从业人员

4. 信息服务业从业人员

如图专5—9所示，2001年信息服务业从业人员数为20.04万人，是10年中最多的年份，之后两年从业人员减少了18.2%，到2004年行业从业人员数目出现10年最低值16.02万，2004年之后从业人员数目开始缓慢增长，然而2009年开始又出现了负增长。从总的趋势上来看，信息业的从业人员数量变化趋势与该行业的产值变化趋势相一致，同涨同落，说明两者之间存在必然的相关关系。

5. 专业技术及商业服务从业人员

专业技术及商业服务具体包括专业科学技术服务、管理科学与技术咨询服务、科学研究与发展服务三个子类别。从业人员数量的变化如图专5—10所示，从2001年至2003年处于下降趋势，两年下降了7.8%，约4.5万人；而后从2004年开始上升，2008年达到近年来最高峰，从业

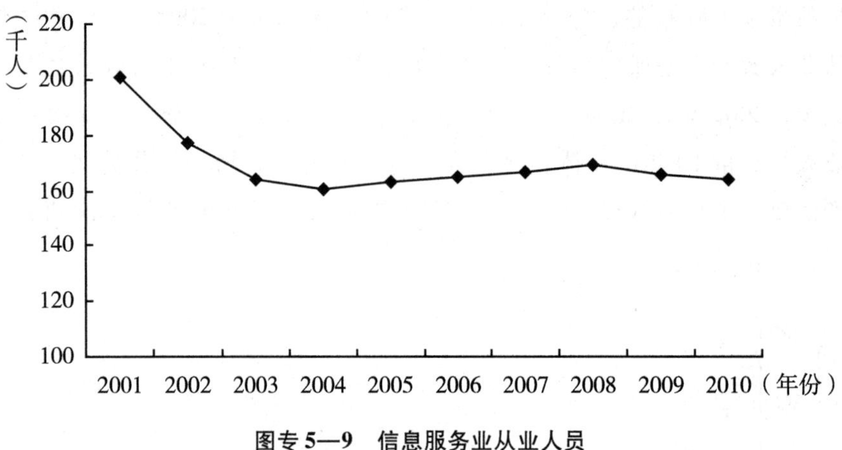

图专 5—9　信息服务业从业人员

人员数量为 60. 29 万人；2009 年再次出现人数下降，2010 年开始重新出现增长趋势。

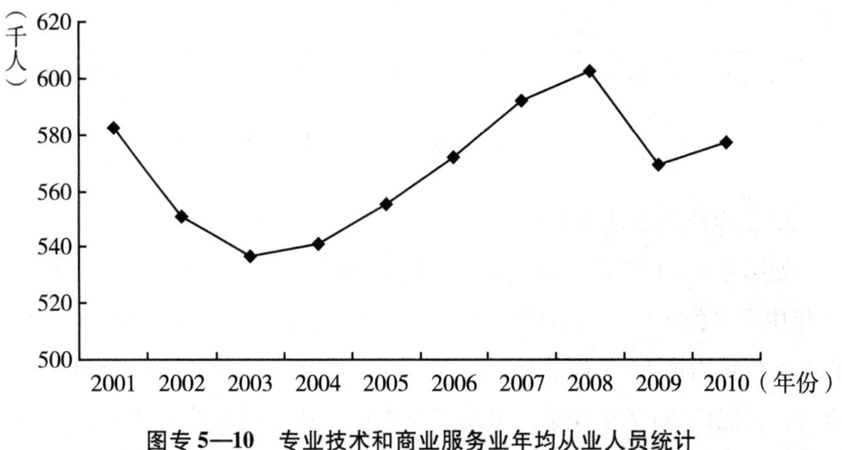

图专 5—10　专业技术和商业服务业年均从业人员统计

6. 交通运输与仓储业从业人员

由于统计口径的差异，我们用纽约交通运输与仓储业的从业人员数据来代替现代物流的从业人员的数据。交通运输与仓储业从业人员从 2001 年至 2004 年呈下降趋势，其中 2002 年减少幅度高达 7. 9%；2005 年至 2007 年从业人员数量逐年上升，2009 年和 2010 年两年从业人数又分别下降了 3. 64% 和 2. 63%（见图专 5—11）。

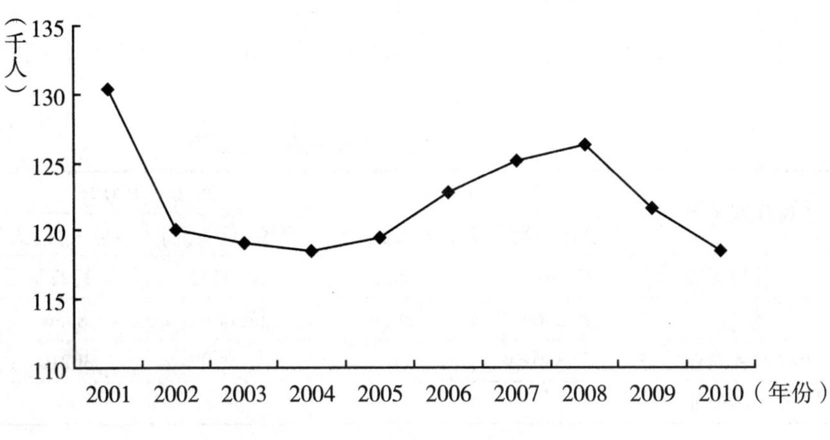

图专 5—11　交通运输与仓储业从业人员

（四）纽约现代人均产值及对前海的预测分析

由于我们获得的纽约现代服务业的产值数据是整个纽约大都市区（包括纽约市、北新泽西和长岛），而从业人员的数据统计范围是纽约市，两者在统计范围上存在不一致，故两组数据不能直接作分析，但通过计算纽约市 GDP 占大都市区的比值可以将两者联系起来。通过计算，我们得出了 2001—2009 年纽约市四大服务业的九年人均产值，如表专 5—3 所示。

表专 5—3　纽约 2001—2009 年现代服务业人均产值

产业	占私有服务业比重(%)	人均产值(美元)
金融与保险	19.06	207704.5154
信息服务	8.82	191241.9732
专业技术和商业服务	11.35	72792.36037
现代物流	—	—

通过纽约市的现代服务业的人均产值以及四大服务业占私有服务业的比重，可以对前海特区四大服务业的从业人员进行预测。预测存在一个假设就是前海的人均产值与纽约的人均产值保持一致，并且服务业在前海所占的比重也与纽约私有服务业所占纽约 GDP 总额的比重保持一致。

在满足这个假设的前提下，根据前海的战略预测，2015 年总产值达到 500 亿元人民币，2020 年总产值达到 1500 亿元人民币，可得出以下预测值。

表专 5—4　前海现代服务产业从业人数预测

现代服务业	2010—2015 年		2016—2020 年	
	产值(亿美元)	从业人数(人)	产值(亿美元)	从业人数(人)
金融与保险	12. 3079	5926	36. 9238	17777
信息	5. 6964	2979	17. 0892	8936
专业技术和商业服务	7. 3303	10070	21. 9909	30210
现代物流业	—	—	—	—

注：本数据仅供参考。由于统计口径、汇率、计算方法等因素，可能与实际值存在一定偏差。其中，人民币对美元的汇率是按照当期汇率 1 元人民币 =0. 1562 美元进行换算的。前海服务业占总产值的比重为纽约私有服务业占总产值比重的 9 年平均数，82. 542%。

（五）纽约现代服务业发展模式分析

纽约现代服务业集群发展模式被称为曼哈顿模式，因为曼哈顿的经济增长量占纽约市总经济增长量的 80% 以上。曼哈顿中央商务区形成于 20 世纪 70 年代，80—90 年代达到鼎盛。主要分布在曼哈顿岛上的老城（Downtown）、中城（Midtown）。老城的华尔街中央商务区（CBD）金融区，集中了大银行、保险公司、交易所及上百家大公司总部和几十万就业人口，是世界上就业密度最高的地区。纽约现代服务业的发展主要有以下几个特点。

1. 以金融商务服务业为主导产业的集群发展模式

纽约市服务业的快速发展，有效地提高了服务产品的供给能力，也刺激了面向全球的市场需求，从而诱导了曼哈顿金融商务服务业集群的形成。20 世纪 90 年代开始，纽约金融、保险、房地产业所占 GDP 的比例大幅度上升，由 1990 年的 26% 上升到 2000 年的 37%，上升了 11 个百分点，其中以银行业和证券服务业发展最为显著。1990—2000 年纽约产业结构有了大的调整，商业服务所占的比重也大幅上升，曼哈顿 CBD 的金融商务服务业集群就在纽约产业结构大调整的背景下，逐渐形成发展起来。据纽约市 1993 年统计，各行业在曼哈顿集中的情况是，金融、保险和房地产（简写为 FIBE）占 89% 以上，商业、服务业（生产者服务业的一部分）将近 86%。

2. 金融商务服务业集群发展源于良好的外部环境和要素支撑

金融服务业在曼哈顿聚集发展受多方面因素影响。一方面，曼哈顿的中心地位由来已久，经济集聚是曼哈顿不断向前的动力，曼哈顿一直享有投资家优先考虑的地位，巨额的公共和私人投资不仅投放于街道、码头等基础设施，而且投放于高级住宅区和办公大楼，这使得曼哈顿一直保持先进和现代的设施，为现代服务业集群创造了良好的外部条件。另一方面，曼哈顿存在大量提供金融服务和消费金融服务的人群。曼哈顿的居民无论在教育程度还是在收入水平方面，都远远高于同属纽约市的其他城区。在曼哈顿的居民中，大多为经理人员和专业技术人员，都是受过高等教育的人士，他们成为金融服务供求的主要客体。另外，曼哈顿的收入水平也保证了金融服务的消费。曼哈顿的就业人口向金融、信息服务等产业集中，就业人口的集中反过来又推动着金融服务业不断发展，从而吸引了更多的金融服务消费企业在曼哈顿集聚。

3. 政府的积极规划和适时调控起着关键性的作用

现代服务业产业集群的发展需要构建外在形态，形成有效载体，城市政府的作用就在于规划和引导产业集群的发展，为企业主体营造良好的环境。在曼哈顿金融服务业集群的发展过程中，纽约市政府进行了积极规划和有力调控。比如，为了解决曼哈顿 CBD 因产业不平衡而产生的矛盾，纽约市政府对格林威治街和第五大街采取了一些调控手段，改善投资环境，引导其平衡健康发展，加强纽约商务贸易中心功能，增强吸引力。随着城市的发展，在西部建了许多办公楼、住宅楼、展览中心等，而且修建了穿过市中心区的地铁。随后，政府又颁布了曼哈顿南部规划，在岛南端建成了宽阔的环型高速公路、世界贸易中心、1.5 万套公寓及办公楼。这样，到 20 世纪 70 年代中期，改造后的曼哈顿 CBD 焕发出勃勃生机，这为金融商务服务业集群发展创造了适宜的环境。

纽约发展服务业的主要经验有：一是出台有利于服务业发展的产业政

策。20 世纪 50 年代，纽约市政府为加强产业结构调整，促进传统产业升级，制订了一系列促进产业结构调整的计划，鼓励服务业发展。如增加研发资金，鼓励企业创新以提升传统产业的竞争能力；采取抵减税收措施来鼓励私人投资，实现传统产业的结构调整；在政府采购、进口贸易、折旧政策、信贷等方面给予企业资助，扶持传统产业的技术创新促进其结构升级。纽约市政府大力扶持高新技术产业的发展，对高新技术企业实行减征房地产税 5 年计划、免除商业房租税及曼哈顿优惠能源计划等。通过实施“数字化的纽约，线路通向全世界”的产业发展战略，推动高新技术区域的建设。纽约依据市场需求制定教育培训政策，使教育适应科学技术发展的需要，培养更多的科技人才。科技进步推动了纽约产业结构优化与升级，使纽约市的金融、保险、不动产、运输、信息等服务行业发展迅速。这一时期，纽约就业增长最快的行业都集中于服务业。二是强化生产性服务业的主导地位，引导服务业产业集群的发展。一方面，纽约依托高新技术改造传统制造业，实现传统产业现代化；另一方面，在大力发展电子、通信等高新技术产业的同时，强化生产性服务业的主导地位，发展金融、商务服务、交通运输、文化、教育等行业，使产业呈现多样化发展和融合性发展态势。三是为服务业发展提供大量专业性人才。现代服务业的发展需要大量高素质的人才，纽约注重加大对服务业从业人员的素质培养，提高劳动力的受教育水平，以满足服务经济对专业人才的要求。高素质的劳动力创造高效率的生产力，使纽约的服务业能快速从传统服务业向现代服务业过渡。

二、伦敦

伦敦是英国最大的城市，也是英国的政治、经济、文化、旅游中心和交通枢纽，同时还是世界金融中心。

（一）伦敦服务业总量分析

服务业在伦敦的经济结构中占据非常重要的地位，为了分析得更加直观，我们收集了伦敦 2000—2007 年的服务业经济增加值，如表专 5—5 所示。2007 年伦敦的服务业总增加值（为表中各服务产业增加值的加总，包括公共服务）达到了 228655 百万英镑，占伦敦所有产业总增加值的 89.8%，因此可以说，服务业在伦敦的经济结构中占据了绝对主导的地位。

表专 5—5　伦敦 2000—2007 年服务业各产业经济增加值 GVA 统计表

单位：百万英镑

年度	2000 年	2001 年	2002 年	2003 年	2004 年	2005 年	2006 年	2007 年
批发和零售贸易（包括汽车贸易）	16890	17763	18032	18926	19890	20426	21323	22454
旅馆和饭店业	5202	5396	5725	6044	6571	6992	7464	7764
交通运输、仓储与通信业	18388	18145	18077	18514	18865	19208	19522	20483
金融中介	17804	19494	26600	30488	32350	34613	40142	46492
房地产、租赁和商业活动	51052	55054	57170	60744	64935	67299	71490	76242
公共管理和防务	7696	8260	8867	9688	10557	11522	11957	12079
教育	6819	7304	7868	8520	9209	9861	10375	11109
卫生和社会服务	7926	8569	9293	10227	10962	11848	12721	13450
其他服务	11823	12286	13194	14252	15710	17051	17929	18582
所有产业总计	166064	174952	187169	199757	212094	222535	237950	254621

注：1. GVA 即总增加值（Gross value added），是根据年度内一个地区的产品和服务生产所得各项收入加总而得到的数据。

2. 表中数据按当时物价统计。

3. 资料来源：Public Administration，National Defence and Compulsory Social Security。

此外，进一步分析伦敦服务业产值与伦敦行业总产值的关系时可以发现，从 2000 年至 2007 年两者之间呈一致的发展趋势，如图专 5—12 所示。

服务业产值与伦敦行业总产值保持着相当一致的发展关系说明服务业产值的变化决定了伦敦总产值的变化，体现了服务业在伦敦产业结构中的主导地位。而且，从 2000 年至 2007 年，服务业产值占伦敦总产值的比率一直保持着持续的增长，从 2001 年的 86.47% 逐年增长到 2007 年的 89.8%。

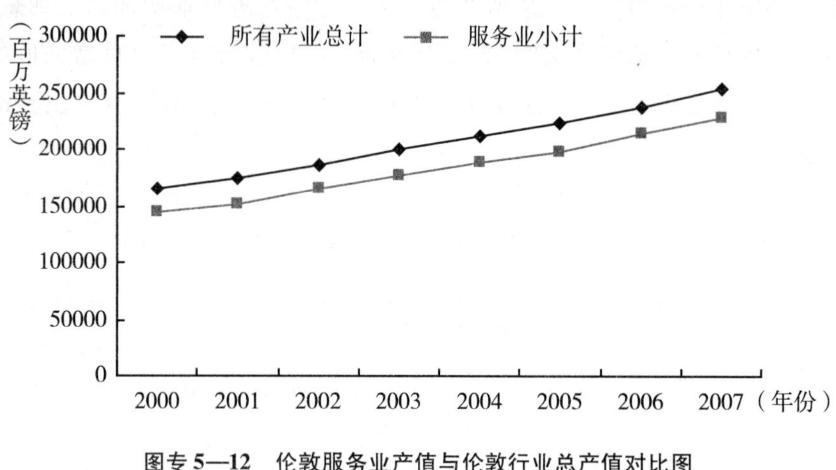

图专 5—12　伦敦服务业产值与伦敦行业总产值对比图

（二）伦敦服务业结构分析

1. 四大现代服务业的比重分析

如图专 5—13 所示，2007 年伦敦四大现代服务业中，金融中介业（对应于金融服务业）产值占服务业总产值的 20. 33%；交通运输、仓储与通信业（对应于现代物流业）产值所占比重为 8. 96%；由于统计方法的差异与口径的差异，技术服务业与信息业没有作为单独的统计项，因此，没能获取数据。

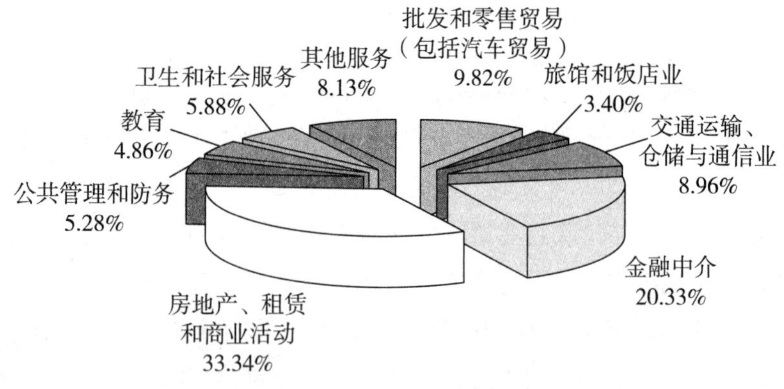

图专 5—13　2007 年伦敦服务业产值结构图

2. 金融业与交通运输、仓储业产值分析

由于信息服务与技术服务在伦敦的经济统计数据中没有对应的统计项目，故在此不能进行相关分析，只有金融和现代物流两个现代服务业有对应的数据，如图专 5—14 所示。伦敦的金融与中介服务业从 2000 年到 2007 年一直呈增长趋势，7 年的年均增长率达到了 15. 07%，2002 年增长率一度高达 36. 45%，2003 年增速变缓，到 2005 年增速开始提高；交通运输、仓储与通信业在 2001 年和 2002 年产值出现了小幅的减退，从 2003 年开始持续增长，五年平均增长率为 2. 54%。

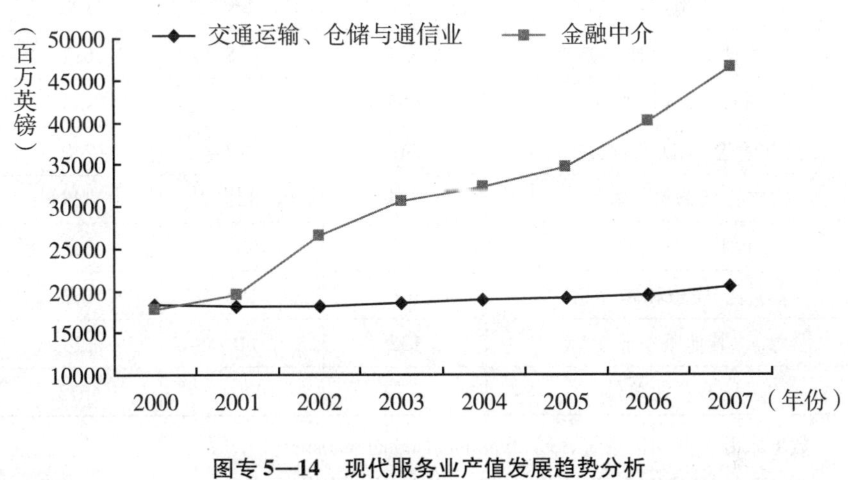

图专 5—14　现代服务业产值发展趋势分析

（三）伦敦服务业从业人员分析

为了分析伦敦服务业从业人员情况，本报告选择了 2009—2011 年每年 3 月份的服务业从业人数统计数据，见表专 5—6。因 2008 年以前的分类标准不一样，故没有采用。

1. 伦敦服务业从业人员总量分析

如表专 5—6 所示，伦敦 2011 年 3 月份服务业从业人数（各服务业行业从业人数加总，包括公共服务）总额达到了 437. 9 万人，占伦敦所有行业从业人员总数的 93. 7%，2009 年 3 月和 2010 年 3 月这一比例分别是 93. 85% 和 93. 62%，可见服务业在伦敦的主导性地位。

表专 5—6　伦敦 2009—2011 年服务业从业人员数量统计表

单位：千人

产业	2009 年 3 月	2010 年 3 月	2011 年 3 月
批发与零售、以及机动车维修行业	619	595	574
交通运输及仓储业	290	263	259
住宿及餐饮业	313	294	317
信息及通信业	345	328	326
金融及保险业	360	357	348
房地产业	88	86	100
科学研究及科技服务业	574	678	617
行政及支援服务	465	465	433
公共管理、国防及社会保障	249	243	240
教育	344	321	325
医疗与社会服务	485	505	545
文化、娱乐和体育业	158	153	167
其他服务业	132	116	128
所有行业总计	4712	4704	4673

数据来源：英国国家统计局 office for national statistics。

2. 伦敦现代服务业从业人员产业结构分析

2011 年 3 月伦敦四大服务业中，金融及保险业从业人数为 34.8 万人，占服务业从业人员总数的 7.95%；信息及通信业（对应于信息服务业）的从业人数为 32.6 万人，占服务业从业人数的 7.44%；科学研究及科技服务业（对应于技术服务业）从业人数为 61.7 万，所占比例为 14.09%；交通运输及仓储业（对应于现代物流业）从业人数为 25.9 万人，占服务业从业总数的 5.91%；四大服务业从业人数共占 35.39%（见图专 5—15）。

由于获取的伦敦现代服务业的产值数据与从业人数数据在年份上不一致，故不能计算伦敦现代服务业的人均产值并以此对前海现代服务业的从业人员进行预测分析。

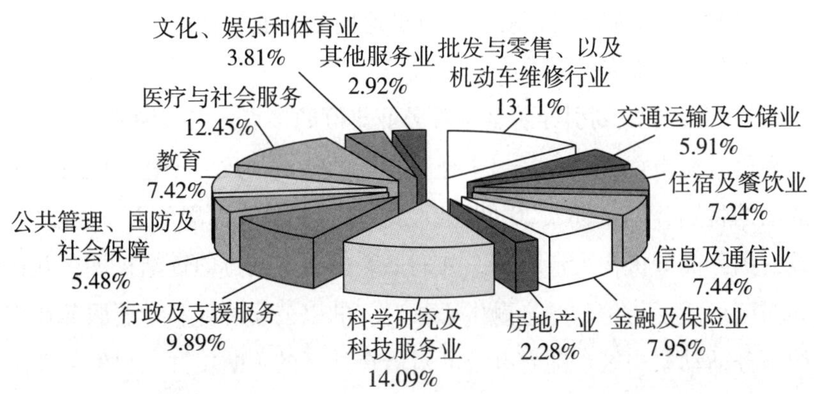

图专 5—15　2011 年 3 月伦敦服务业从业人员结构图

（四）伦敦现代服务业发展模式分析

伦敦现代服务业发展模式又被称为金融城模式。伦敦是全球国际金融中心，金融业和金融区的发展对大伦敦地区和英国经济发展具有重要的牵引作用。伦敦大都市区分为伦敦城、内伦敦和外伦敦地区，伦敦商务区主要集中在伦敦城和内伦敦西区的西敏寺区两个相对独立的中心节点区。大伦敦地区的 GDP 约占英国 GDP 的 1/5，2007 年伦敦金融区的 GDP 占伦敦 GDP 的 18.26%。伦敦金融服务业集群在模式上与纽约存在很大的差异，形成了城市中心、内城区、郊外新兴商务区的多点发展模式，而且伦敦金融区发展不仅突出了现代中心城市对管理决策、金融控制和要素集聚的要求，更强调产业集群功能的可持续发展，即强调综合功能和生态功能。

1. 金融服务业集群发展具有深厚的历史底蕴和良好的外部条件

伦敦是金融服务业非常发达的城市，早在 17 世纪伦敦就已是闻名世界的城市商业中心。尽管早期的金融服务并不完善，服务的种类比较单一，主要包括保险、股票经纪和投资等，但是它奠定了金融服务业发展的基础。金融业和国际商务活动的活跃最终使伦敦率先成为欧洲的国际金融中心。1870—1914 年伦敦金融中心达到鼎盛，这使得伦敦现代服务业集群发展具有深厚的历史底蕴。与纽约发展类似，英国产业结构和产业分布的调整给伦敦金融服务业的发展提供了有利的外部条件。英国的制造业从

20 世纪 80 年代开始衰退，就业人口迅速向服务业转移，为服务业发展提供了大量的人才储备。

2. 伦敦城市规划引导着金融服务业集群的多点式发展模式

在伦敦城市规划中，突出了金融中心的特点，致力于建设能够集中商贸活动的特别分区。进入 20 世纪后，制造业的就业与居住人口逐渐外流，伦敦的国际商务机构大量增加，并向原有的住宅区方向逐渐扩展，并在西敏寺城区形成了与伦敦城金融中心相对应的以公司总部和专业服务业为主体的商务活动集中区。随着办公区对居住社区的不断侵蚀，引发了英国社会与政府的广泛争论。在以保证公众利益和公共环境不受高强度和高密度开发破坏的强大社会影响下，伦敦开始采用抑制市场的策略对待商务区的渗透，在伦敦制定了“限制性分区”，将商务活动分区限制在以伦敦城和西敏寺区等单纯的 CBD 内，此区域内提供公司总部、专业服务和零售、娱乐等活动场所，而对面广量大的居住社区进行严格保护。此立法和有关政策出台后，伦敦中心区有限制的 CBD 战略很好地保留了伦敦城市历史风貌，但同时也造成了伦敦在吸引全球一体化的私人资本投资方面的劣势。因此，为了在保护中心区历史风貌的同时进一步适应商务办公区的膨胀需求，20 世纪七八十年代，伦敦形成了以泰晤士河码头区城市为代表的新城市化中心区，并逐渐成为伦敦第二个中央商务区。这是伦敦金融服务业集群不同于纽约的显著区别，出现了城市中心、内城区、郊外新兴商务区的现代服务业集群多点发展的新模式。

3. 金融创新成为推动伦敦金融服务业集群发展的不竭动力

伦敦金融服务业集群的规模是非常大的，1991 年 500 多家银行中，外国银行有 470 家，拥有的资本总额达 1000 多亿英镑；800 多家保险公司，其中 170 多家是外国保险公司分支机构，是世界上最大的国际保险中心；每年外汇成交总额约 3 万亿英镑，是世界最大的国际外汇市场，还是世界上最大的欧洲美元市场。作为全球金融中心，伦敦主要是靠金融创新和保险技术创新，以及与金融相关产业的全球标准来维持金融中心的前卫性。在国际金融体系一体化的发展下，金融服务业的功能被日益扩展，金融业作为工业的金融服务者和信贷提供者的传统角色，已经被扩展到或者在一定程度上被市场上的现货贸易或期货贸易所替代了。为此，金融创新的发展非常迅猛，新的金融工具、金融市场和金融技术，比如金融期货、金融买卖特权和金融交易不断出现。在金融服务工具和技术不断创新的情况下，金融服务业集群发展的内在动力不断得以加强。

三、东京

东京是日本的政治与经济中心，也是国际金融与服务中心。为了分析日本的服务产业，我们收集了 2003—2008 年东京服务业的产值数据，如表专 5—7 所示。

表专 5—7　2003—2008 年东京服务业产值统计表

单位：十亿日元

产业	2003 年	2004 年	2005 年	2006 年	2007 年	2008 年
批发和零售业	17720.1	18806.7	18640.7	18684.9	19088.4	18604.1
金融和保险业	12536.3	12189.2	13121.2	13581.3	14066.5	11564.2
房地产业	11087.7	11403.6	11497.7	11669.4	11686.4	11940.1
运输和通信业	6021.9	6073.8	6055.5	5892.5	5926.0	5662.1
其他服务业	—	—	—	—	—	—
公共服务业	3574.7	3599.7	3609.0	3616.0	3944.5	3972.5
服务业小计**	81503.0	82231.2	83875.8	84560.6	86253.1	82501.3
所有行业总计	94519.5	95446.9	96899.9	97426.3	99869.7	95281.2

注：数据来源为东京都历年统计年鉴；** 数据并非直接来源于统计年鉴，是由年鉴公布的数据计算而来。

（一）东京服务业总量分析

从总体发展趋势上来看，2003—2007 年东京服务业呈增长趋势，2007 年较上年增长了 2%，服务业总产值为 862531 亿日元（包括公共服务业），2008 年出现较大幅度的负增长，增长率为 -4.35%。2008 年东京服务业产值占总产值的比率为 86.59%，从这个数据来看，服务业在东京所有产业中占据主导性地位。此外，从 2003 年至 2008 年东京服务业产值

的发展变化与东京所有产值的变化呈高度一致关系，也即服务业产值的增减变化决定了整个东京的产值增减变化（见图专 5—16）。

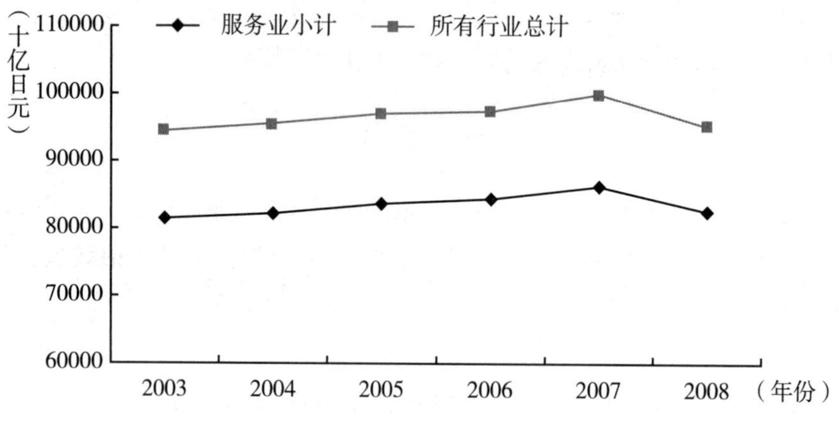

图专 5—16　2003—2008 年东京服务业产值与总产值发展趋势图

（二）东京现代服务业结构分析

1. 现代服务业产值比重分析

如图专 5—17 所示，2008 年东京现代服务业中，金融和保险业产值为 115642 亿日元，占东京服务业总产值的 14.02%；运输和通信业（对应于现代物流业）产值为 56621 亿日元，所占的比率为 6.86%。

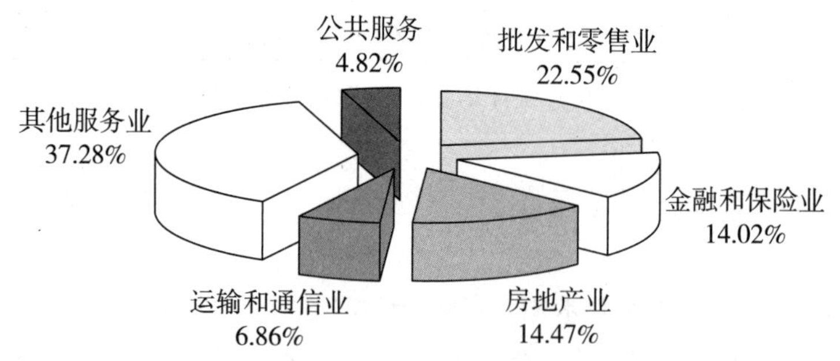

图专 5—17　2008 年东京服务业产值结构图

由于东京统计年鉴上公布的数据项找不到信息服务和技术服务的产值数据，故无法进行分析。

2. 东京现代服务业产值发展趋势分析

如图专 5—18 所示，金融和保险业产值在 2004 年和 2008 年分别较前年出现了负增长，特别是 2008 年，年产值较 2007 年降幅高达 17.79%，产值达到了 140665 亿日元；而在中间的年份，金融和保险业一直保持着增长，2005 年较前年的增长率达到了 7.65%。

运输和通信服务业 2004 年较 2003 年产值增长了 0.86%，随后的两年产值下降，2006 年较上一年度下降了 2.69%，2007 年实现小幅增长，2008 年产值再次下降，下降比率为 4.45%。

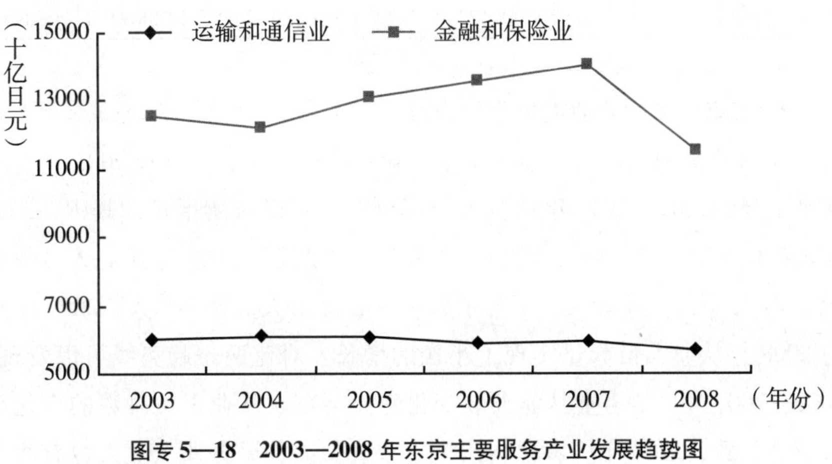

图专 5—18　2003—2008 年东京主要服务产业发展趋势图

（三）东京服务业从业人员分析

东京 2003—2009 年服务业从业人数如表专 5—8 所示。

表专 5—8　东京 2003—2009 年服务业从业人数统计表

单位：人

产业　年份	2003 年	2004 年	2005 年	2006 年	2007 年	2008 年	2009 年
信息和通信业	153878	159010	170203	169992	172415	172246	184209
运输业	173455	169146	165919	162151	161712	166059	192989
批发和零售业	236314	232642	237185	234814	239394	244624	243975
金融和保险业	260083	241145	233613	249405	251455	256587	259633

续表

年份 产业	2003 年	2004 年	2005 年	2006 年	2007 年	2008 年	2009 年
房地产业	6689	6443	6250	6063	6188	13811	13998
餐饮业	27478	29971	27662	29056	32870	35975	50039
医疗、卫生和福利	74574	73684	84360	108959	110156	102008	105435
教育和学习支持	102851	105771	101667	110761	108638	106561	98930
综合服务业	25805	25114	25056	25585	25485	25949	6979
其他服务行业	152466	172772	172176	165120	197228	106649	88840
政府(公共服务)	156175	151146	148773	135539	130165	124089	120383
所有行业总人数	2023189	2000124	1991763	2013159	2055521	2069730	2080955

注：资料来源为东京都历年统计年鉴。

1. 东京服务业从业人员总量分析

从图专 5—19 来看，2004 年东京服务业从业人员数量较 2003 年有小幅度下降；2005—2007 年从业人数都较上一年度有所增长，其中，2007 年最高增长率为 2.74%，增加从业人员 38261 人；2008 年从业人员数量较 2007 年下降比率较大，下降了 5.65%，减少人员 81148 人。2009 年相对 2008 年从业人员数量实现了小额的增长。对比两条趋势线可以发现，2003—2007 年，服务业从业人数变化趋势与东京从业人员总数的变化趋势较为一致，2008 年两者之间出现了些许偏差，服务业从业人数有所下降，而东京从业人员总数却有所上升。这一变化导致 2008 年服务业从业人数占东京从业人员总数的比率下降了 5%，从 2007 年的 70% 降为 65%，2009 年这一比率上升为 66%。

2. 东京现代服务业从业人员结构分析

2009 年东京服务业从业人数占东京所有产业从业人数比重如图专5—20 所示，比重最大的是金融和保险业，所占比重为 19.02%；第二是批发和零售业，比重为 17.87%；第三是运输业，比重为 14.13%；比重第四的是信息和通信业，13.49%。这四个产业从业人数占总从业人数的比率高达 64.51%，为东京提供了主要的就业渠道，吸收了最多的从业人员。

2009 年东京现代服务业从业人员结构如图专 5—20 所示。金融和保险业从业人数约为 25.96 万人，占服务业从业人员的 19.02%；运输业

（对应于现代物流业）从业人员约为19.3万人，所占比率为14.13%；信息和通信业（对应于信息服务业）所占比率为13.49%；三大现代服务业所占的比重为46.64%；由于统计公布的数据没有技术服务项，故不能进行分析。

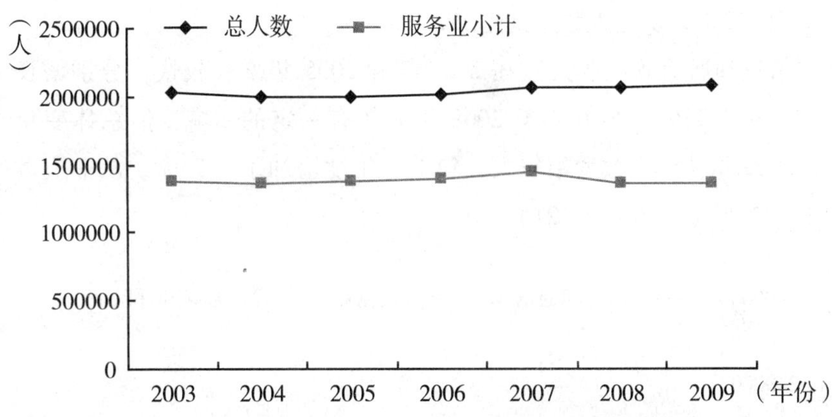

图专5—19　2003—2009年东京服务业从业人数变化趋势图

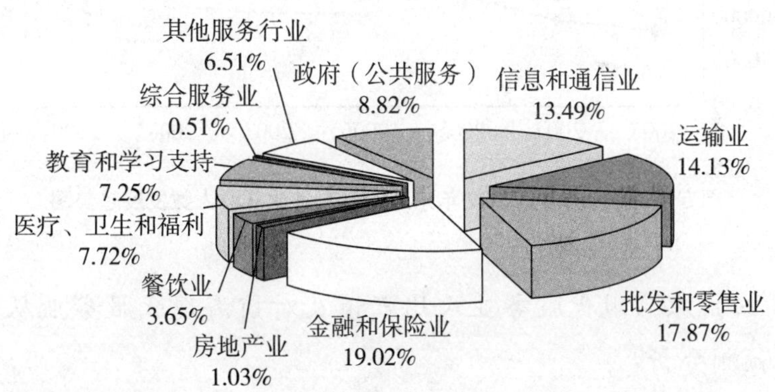

图专5—20　2009年东京服务业从业人员产业结构图

3. 东京现代服务产业从业人员趋势分析

金融和保险业是东京的主要服务产业之一，2003年从业人数约为26万人，之后两年人数有所下降，分别下降了7.28%和3.12%，2005年从业人数减少为23.36万人；2006年从业人数较上一年增长了6.67%，其

后几年一直保持着小比率的增长，2009 年从业人数重新接近 26 万。

运输业（对应于现代物流业）的从业人数从 2003 年至 2007 年一直呈下降趋势，每年的降幅也都不大，最大的降幅为 2004 年，比上一年度人数减少了 2.48%；2008 年从业人数较上一年度有所增加，2009 年更是增加了 16.22%，从业人数达到近 19.3 万。

信息和通信业从业人数在 2004 年和 2005 年增长较快，分别增长了 3.34% 和 7.04%，2006 年至 2008 年人数有一定的增减，但总体变化不大；2009 年从业人数增幅较大，较上一年度增加了 6.95%，从业人数达到 18.42 万（见图专 5—21）。

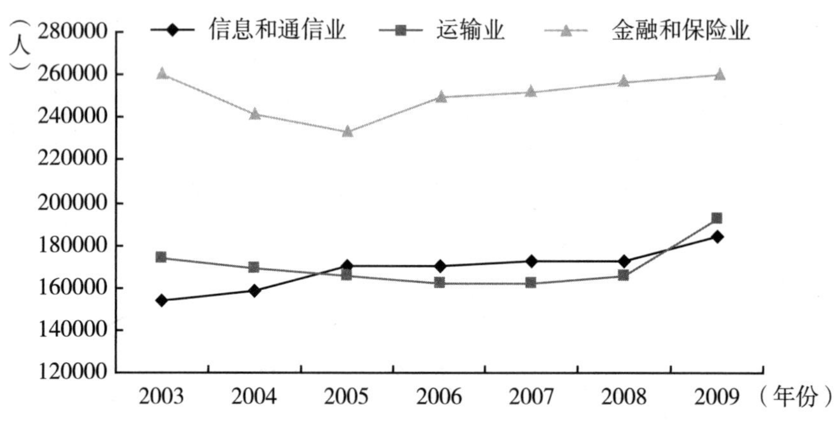

图专 5—21　2003—2009 年东京主要服务业从业人数发展趋势图

（四）东京现代服务业人均产值及对前海现代服务业从业人数的预测分析

从上面获得的数据可以计算出东京现代服务业的人均产值，如表专 5—9所示。

根据东京现代服务业的人均产值及其占东京总产值的比重，可以对前海特区现代服务业的从业人数进行预测，预测同样存在两个前提假设：一是前海特区现代服务业的人均产值能够达到东京的人均产值标准；二是前海现代服务业产值占总产值的比重与东京现代服务业所占的比重一致。在这两个前提假设下，根据前海2015年总产值达到500亿元人民币以及2020年总产值达到1500亿元人民币的战略规划，可预测出表专5—10的结果。

表专5—9 2003—2008年东京现代服务业六年人均产值

现代服务业	占总产值比重均值(%)	人均产值(万日元)
金融和保险业	13.29	5172.99
运输和通信业	6.15	3570.08
信息服务业	—	—
技术服务业	—	—

注：信息服务业与技术服务业的相关数据不能获得，故无法进行分析

表专5—10 前海现代服务产业从业人数预测

现代服务业	2015年		2020年	
	产值(亿元)	从业人数(人)	产值(亿元)	从业人数(人)
金融与保险	66.44723268	1542.948	199.3417	4628.843
运输业(现代物流业)	30.75687134	1034.857	92.27061	3104.571
专业技术和商业服务	—	—	—	—
信息服务业	—	—	—	—

注：由于统计口径、汇率、计算方法等因素，可能与实际值存在一定偏差，预测数据仅供参考。其中，人民币对日元汇率是按照当期汇率1日元=0.08325元人民币进行换算的。

（五）东京现代服务业发展模式分析

东京现代服务业发展模式为东京新宿模式。东京是国际大都市中的后起之秀。东京市中心传统上由千代田区、中央区和港区等都市三区构成，千代田的丸之内是东京国际金融中心（IFC）的主体，国际金融机构高度集中，用地达到饱和状态，办公面积占三区总量的60%左右。东京中央商务区的发展模式采用了老中心区与多个新中心区分层次并进策略，来适应快速城市化的发展需求。中央商务区除丸之内金融区、新宿商务办公型副中心区和临海商务信息区三个梯次外延的层次外，还在东京大都市圈和东京湾开发区域整体规划中，进一步把东京市外的幕张副中心和横滨纳入

了横滨21世纪未来港（MM21）规划。由此可见，东京的商务区便组成为网络结构，现代服务业集群也就具有了网络化的发展模式。

1. 城市发展模式为东京现代服务业集群发展提供了广阔的空间

东京城市中心区的发展既不同于美国纽约为代表的中心区就地膨胀发展模式，也不同于伦敦城市为代表的中心区抑制发展模式，而是形成了市中心区膨胀化发展和外围地区多点截留双元战略。在历次规划上，东京一直坚持在大都市范围分散城市职能的策略，特别体现在20世纪80年代完善的“多核多圈层”结构，包括市中心区、8个周边副中心区（含新宿、临海）、9个外围特色新城（称业务核城市，含幕张、横滨）组成的完整体系。但在实施战略上，由于担心严格限制中心区的发展“会妨碍东京固有的活力，有可能失去市中心的永久性”，因而主要采用引导策略（如财政金融方面的优惠和补助），而非实行严格的限制措施。因此，虽然副中心区的发展有效，但市中心区仍显示出商务功能发展的强大吸引力。城市的不同发展模式影响了现代服务业集群的发展方向。东京的每个区并不是在城市的每个功能上都居于主导地位，它们的主导地位分别集中于某些行业，即金融、批发、信息相关产业和专业服务产业，这些服务行业已经成为东京大都市区城市功能转型和集群的重要特征，从而使东京的现代服务业集群呈现多样化、多层次、网络化的结构特征。

2. 以产品研发和技术创新为特色的生产服务业集群发展

与纽约、伦敦不同的是，东京在第三产业迅速发展的同时，仍是日本工业最发达的城市之一。在20世纪80年代以前，东京一直是日本最大工业中心，此后因工业外迁，其工业地位有所下降，但仍是日本重要的工业城市。从20世纪60年代，伴随着产品竞争和城市环境问题的出现，东京的很多制造企业纷纷迁到国外或横滨一带。在工业转移的背景下，东京出现了一批创新型的中小企业，从而保持了东京主导工业的发展态势。例如，以大田区为中心的产业综合体是重要的技术创新核心区。工业的这一转变改变了原有工业产业内涵，更多地表现为向生产服务业延伸，出现了与工业有关的研发和技术创新。随着日本经济从“贸易立国”逐步向“技术立国”转换，东京“城市型”工业结构进一步调整，以新产品的试制开发、研究为重点，重点发展知识密集型的“高精尖新”工业，并将“批量生产型工厂”改造成为“新产品研究开发型工厂”，使工业逐步向服务业延伸，实现产业融合，这就是东京现代服务业集群形成的主要特点。

3. 政府政策支持和专业人才优势是金融服务业集群发展的重要支撑

政府为东京的城市发展制定了框架，将东京定位于全球金融和商务中心，并将东京及其附近地区改造成以知识和信息为基础的产品基地。政府还通过政策来支持东京服务和基础设施建设，从而推动东京商务功能的发展。政府从政策上强调核心区商业功能聚集的重要性，提倡功能混合，并采取具体的措施来扶持东京商务功能的发展。比如，对于人口集中、交通拥挤的问题，东京都市区政府在规划中采取了区域方法控制政策，扶持具有高附加值的金融服务业的发展。此外，政府的政策信息源作用和拥有的审批权，也促进了各种政府办公功能和大公司总部集中于东京。东京良好的信息技术基础设施为金融、银行、保险、物流、知识密集型制造业的发展提供了重要条件，从而促进生产者服务业的迅速发展。同时，东京集中了日本 17% 的高等院校，短期大学和 27% 的大学生，东京还拥有占全国 1/3 的研究和文化机构，其中大部分是国家级的。而且，东京吸引着大量的科研机构在此聚集，尤其是那些与首都活动和产品研发关系密切的科学、工程研究部门。在东京，受过高等教育的人员占总人数的 1/3 以上。这些人才储备，为东京服务业集群的发展提供了智力支持。

专题报告六

国际人才工作经验借鉴分析报告

由于人才竞争已经成为当今世界各种竞争的焦点，因此世界各国都非常重视人才的引进和培养。借鉴国际上成功的人才工作经验，对于前海人才特区的建设意义重大。本文对世界上一些人才工作比较成功的国家和地区从多角度进行分析，以期为前海人才特区的建设提供借鉴。

一、国际典型国家和地区的人才工作经验

（一）伦敦金融城

在英国的首都伦敦，有一个 1.4 平方英里（约 5 平方公里）的“城中城”。它属于伦敦，但有自己的市长、法庭和警察。它就是被誉为英国的经济中心、与华尔街齐名的世界三大金融中心之一的“全球经济动力之都”——伦敦金融城。这里聚集了 500 多家外国银行、180 多个外国证券交易中心。金融城的外汇交易额、黄金交易额、国际贷放总额、外国证券交易额、海事与航空保险业务额以及基金管理总量均居世界第一。以伦敦金融城为核心的英国金融服务业，2007 年产值占英国 GDP 的比重达到了 8.3%，并为英国提供了近百万个就业岗位，其中 30% 的金融人才集中在这块不足 5 平方公里的城区里。2008 年，英国金融服务业还创造了 505 亿英镑的贸易盈余；而与金融业务密切相关的法律、会计及管理咨询等专业服务业，也占据了英国 GDP 3.9% 的比重。

伦敦金融城的发展得益于其精通业务的国际化专业人才、灵活稳定的

人力资源市场以及宽松适当的监管机制。归结起来，就是人才资源的完全市场化配置。

与英国其他地区一样，伦敦金融城的人才资源是由市场供给的，企业和组织在市场上是一个买方，人才完全由供求关系在那里驱动。其人才资源市场相当健全，主要标志是：①市场主体完全到位，企业和个人都有充分的用人权和择业权。②市场载体很发达，人才资源市场得到了充分培育。③市场机制（包括供求机制、竞争机制、价格机制）已经形成，市场配置已在人才资源中发挥基础性作用。④市场的支撑体系已经完全建立起来，包括立法管理、户口制度、商品化、社会保障制度，等等。并且已经建立起了用工主体与劳动者平等和谐、与国际经济市场接轨的劳动力市场、人才市场。

伦敦金融城的人才政策有个明显特点，就是不限制人才的流动，而是在创造人才回流的宽松环境与创业条件上下功夫。政府认为，在经济全球化的大背景下，货物、服务、资本、信息都是高流动的，人才也像其他商品一样受到价格因素的影响而流向报酬高的国家和地区，政府很难利用政策去加以限制，只能在创造人才回流的宽松环境与创业条件上下功夫。英国的人才观念，是极为实用主义和功利主义的。英国在基础研究方面人才辈出，但在高科技应用领域的人才并不很多，因为英国不愿意在这个方面先期投入大量的培养经费。于是，英国一直在耗费巨资、千方百计地吸引这类人才，并不惜重金购买他们的高科技成果。英国所瞄准的是全球人才，而不仅仅局限于培养和使用本国的人才。①

（二）印度班加罗尔

班加罗尔是印度高科技人才的重要培养基地，是印度的软件之都，被称为印度硅谷。这里汇集了印度一批优秀的技术和管理研究机构，有77所工程学院，每年可为社会输送3万名工程技术人才，其中1/3是信息技

① 胡君辰：《世界大都市人才管理比较研究（伦敦篇）》，《组织人事报》2006年2月21日第7版。

术专业人才。在全球数以千计的软件公司中，位列5级的只有70余家，而班加罗尔就占了接近一半。截至2001年，班加罗尔高科技企业已达到4500家，其中1000多家有外资参与，包括思科、IBM、摩托罗拉、朗讯、德州仪器、太阳微、Infosys、Tata等30多家软件公司通过了CMM5级认证。①

集聚是国家意志的结果，它直接得益于政府的大力扶持。在经济和产业政策支持方面，政府对园区企业提供优惠的税收、金融等经济政策支持，还制定了适合产业集群发展壮大的产业结构政策、产业组织政策和产业技术政策等。② 为了提高软件产业的国际竞争力，印度政府鼓励企业按照国际标准生产软件产品，还建立了权威的质量认证系统，并设立了软件实验基地。印度中央政府的外资政策、工程师培训计划为班加罗尔提供了良好的政策环境。而卡纳塔克邦政府的政策更具针对性，如制订的"软件工业园区计划"的主要内容有："一站式"政府办公制度，允许外资全资进入，2010年前免征公司所得税，提供数据通信链接服务，提供办理出口许可证的便利等。根据相关文献资料，班加罗尔的发展经验可以归结为以下几点。

（1）班加罗尔的这种人才软件生产的规定是计算机硬件、外围设备和其他重要产品几乎完全免税，10年内免缴销售税；对大型IT（信息技术）项目给予适当的特许权利；等等。未来计划包括：建立IT支柱产业、鼓励私人投资建立科技园区、组建IT走廊等。

（2）依托雄厚的科研力量。班加罗尔是印度高等学校和科研机构的集中地。很多历史名校如印度理学院、印度管理学院、国家高级研究学院、农业科技大学、拉吉夫·甘地医科大学、印度信息技术学院和班加罗尔大学等名校皆坐落于此。还有77所工程学院和世界知名的印度科学院、

① 赵发兰、胡树林、李姝影：《班加罗尔知识管理模式及经验借鉴》，《科技管理研究》2011年第4期，第129—132页。

② CHAMINADE C., VANG J., "Globalisation of Knowledge Production and Regional Innovation Policy: Supporting Specialized Hubs in the Bangalore Software Industry", *Research Policy*, 2008, 37 (10): 1692—1696.

国家人工智能和机器人开发中心、尖端计算机技术发展中心等。

（3）完备的基础配套设施。班加罗尔与高新技术产业配套的高效的行政机构、完善的科技服务体系是其发展成为高科技城市的保障。班加罗尔自筹资金增建了发电厂，扩建了电信设施，使得高科技园区拥有完整的水电供应系统和通信条件，为信息产业的发展提供了完备的硬件支持。

（4）成熟的、服务优良的中介机构。班加罗尔聚集着大量的中介服务机构，为高科技企业提供专业化的人力资源服务、会议服务、通信及住宿服务等。①

（5）注重与其他国家和城市的交流与合作。班加罗尔分别与美、中、日、以色列等国签署大量合作开发计划，如班加罗尔科技园中最著名的软件企业 Infosys 与微软、国际商业机器公司（IBM）、英特尔（Intel）等企业建立多个合作项目，共同发展。班加罗尔还与“IT 金三角”中其他两个科技园进行了合作，这对印度软件业的发展起到了滚雪球效应，不仅带动了周边经济园区和其他科技园区的发展，也对整个印度经济的发展起到拉动作用。②

（三）新加坡

新加坡自建国以来，经过不到 50 年的发展，成为一个经济发展、社会安定、环境优美的极具竞争力的国家。新加坡面积狭小，自然资源匮乏，其发展完全依靠特有的人才机制以及由这种人才机制所集聚的人才资源。新加坡奉行“人才立国”的基本国策，在人才方面实行两手抓的策略，即通过自身教育培养人才和大力吸引国际人才。

一方面，高度重视教育，构建了极具特色的教育体系，培养大批优秀人才。新加坡极度重视对教育的投入，其教育投资在政府财政开支中占极大比重，2002 年新加坡政府教育支出占其全年财政支出的 19%，为当年

① 夏海力、廖瑛：《印度班加罗尔的经验对苏州市提升科技竞争力的启示》，《科技管理研究》2006 年第 3 期。

② 刘双云：《印度班加罗尔科技园的发展特点与经验借鉴》，《理工高教研究》2006 年第 6 期。

GDP 的 11%（同期美国为 10%、中国为 3%，世界平均为 4%）。在 2005 年的预算中，教育开支达 61.65 亿新元，占政府总开支的 20.8%，仅次于国防，人均教育经费每年高达 1800 新币。在教育方面，新加坡主要推行四大政策，一是基于教育分流制度的精英教育，从小学到中学，不断进行分流考试，保证最终升入大学的都是极其优秀的学生；二是奖学金制度，国家为优秀学生提供足够的奖学金，保证他们的学业完成；三是终身教育政策，鼓励并通过立法强制企业人员及公务员接受一定学时的培训；四是推行汉语、英语双语教育，促进人才的国际化。[①] 政府还有计划有重点地培养和造就一批治国精英。总理公署通过考核评估，从大学生中确定精英人才培养名单和培养方案。凡是被选入培养名单的学生，由总理公署提供奖学金，送他们到世界各地的名牌大学深造。这些学生留学回国后，由总理公署再确定今后的培养计划，有计划地将他们放在有关的工作岗位上接受实际锻炼。经过 10 年左右时间的实践锻炼和轮岗交流，再把他们安排到相对稳定的工作岗位上承担相应的责任。[②] 新加坡政府和全国职工总会还设立了专项基金为雇主培训工人提供补助。

另一方面，通过各种方式吸引外来人才。这些政策措施包括：①跨国公司和地区总部计划。通过税收等优惠政策吸引跨国公司在新加坡设立总部，并进而吸引大批国际化高端人才。②吸引国外企业家投资移民新加坡的投资居留计划。③为国外人才提供居住条件的“国外人才居住计划”。④帮助海外人才获得在新加坡学习和工作机制的“接触新加坡计划”。⑤专业人才短期工作可以只申请旅游签证。⑥吸引专业、技术人员和技术工作计划。⑦抵境永久居民计划。⑧港人永久居留计划。⑨建立多个有影响力的求职网站，方便国外人才获得用人信息。⑩海外艺术人才计划。⑪省外体育运动人才计划。⑫为外国留学生提供奖学金，以换取他们为新加坡服

① 俞晓敏：《新加坡“人才立国”思想探析》，《中共南昌市委党校学报》2005 年第 6 期。

② 李和中：《新加坡、印度政府建立人才开发投入机制的经验及其对我国的启示》，《湘潭大学学报（哲学社会科学版）》2009 年第 1 期。

务。⑬通过新加坡联谊网络与海外专家、移民、留学生等建立长久的联系。[①]

（四）中国香港

中国香港的发展主要依赖其四大支柱产业（即金融、贸易及物流、旅游、工商业支援及专业服务）。近年来，香港政府又大力推动六大优势产业（即文化及创意、医疗、教育、创新科技、检测及认证和环保）发展，并已取得显著的成效。香港作为一个地域狭小、自然资源匮乏的地区，其经济的繁荣在很大程度可以归结为以下几个方面。

（1）重视在职职工能力的提升。政府对在职职工能力提升提供资助，当前资助行业已达20多个，规定这些行业职工再培训费用70%由政府资助，30%由企业和员工自付。香港的各种职业培训、技能训练的课程设置，包括政府设立职业训练局、雇员再培训局等，高等院校的课程设置，完全面向市场。职业训练局、人力资源管理学会等机构和组织定期调研各个行业的人力需求，编写训练方案，指导训练实施和制定技能测验标准。从2002年起，政府以购买服务的形式，每年投入50亿元资金建立支柱产业资助资金，对接受商务、金融、物流、创意工业、人际沟通等7个专业培训的人员进行资助。

（2）重视发展人力资源服务业，同时注重对人才服务中介机构的监管。政府部门与中介服务机构在人力资源配置中发挥合力作用。政府劳工处定期发布招聘信息，重点服务蓝领人员就业，发挥着基本保障作用；人才中介机构以社会化动作方式，重点配置白领职员。劳工处和人才中介机构保持经常性地沟通，互通就业信息。在香港，政府对中介机构进入人才市场没有任何特别规定，中介机构只到规定的部门登记注册就可开办人才中介。但政府不放松对人才市场的监督管理。劳工处除了每年一次对人才中介机构的定期年检外，平时还经常组织

---

① 汪怿、徐辉：《新加坡如何吸引国际化人才》，《国际人才交流》2003年第12期。

抽查。监管的内容主要包括：收费是否超标；营业许可证是否齐全；运作是否规范。

（3）充分发挥各类行业协会的作用。行业协会主要职能：一是服务功能，即向会员提供各种服务，包括信息、咨询、培训、法律等方面的服务；二是协调功能，包括内部协调和对外协调；三是纽带功能，即成为沟通企业与政府双向联系的纽带。行业协会还为行业从业人员提供各类培训，提升其专业水平和道德操守。行业协会在人力资源的配置中发挥着积极作用。行业协会的一个重要工作，是定期对行业人力资源情况、薪酬水平进行调查，并通过新闻发布会向社会发布行业“人力规划调查”、“薪酬趋势调查”和“培训需求调查”的结果，通过这些情况调查和咨询发布，引导人力资源向行业的流动和配置。①

（4）大力吸引境外优秀人才。香港政府通过吸引外来投资及专业技术人才的方式来吸引境外人才。2006 年 6 月，香港政府推出“优秀人才入境计划”，简称“优才计划”。该计划设有“综合计分制”及“成就计分制”，获批人士来港前，无须先获雇主聘用。至 2008 年 1 月，香港入境处取消计划申请者的年龄上限，“综合计分制”接受 50 岁以上人士申请，并缩减工作年资要求至 2 年，语文要求无须中、英皆懂，懂其他外语会再加分等。供拥有国际认可成就人士申请的“成就计分制”，则简化成功申请人续期留港的审批程序。香港国际金融中心的魅力，吸引全球金融投资专才来港大展拳脚。香港入境处数据显示，通过“综合计分制”来港者，较多从事金融及会计业，达 470 人（占 27%）；信息科技及电讯业有 311 人（占 17%）；商贸业有 198 人（占 11%）。通过“成就计分制”来港的，主要来自体育运动界及艺术文化界。②

（5）推行富有吸引力的税收政策。香港对个人所得的分类比较简单，

---

① 黄钟、谢金亮、刘良群：《借鉴香港经验加速浦东人才开发——香港人才工作考察报告》，《浦东开发》2005 年第 10 期。

② 中新网：《香港优才计划将满五年　港入境处：无意放宽申请》，2011 年 4 月 26 日，http：//www. Chinanews. com/ga/2011/04 - 26/2998255. shtml。

一共才分三类：工资薪金所得、从事贸易或经营业务所得及物业所得，第一类所得适用 2% 至 17% 的四级超额累进，第二类和第三类所得采用 15% 的比例税率。从三类所得适用的税率看，薪俸税的最高边际税率为 17%，与利得税和物业税 15% 的税率相差不大。尽管薪俸税的最高边际税率为 17%，但它的最低税率才 2%，平均税率并不一定高于 15%，年工薪收入为 100 万港币，其所负担的平均税率也就在 14% 左右，况且一般来说大多数人的薪金收入不会太高，他们所负担的平均税率会更低一些；再者，按税法规定，最高应付税款，不得超过以个人受雇工作的收入（减去允许的扣除及慈善捐款，不减去个人免税额）乘以 15% 的标准税率所计算的税款。因此，总的说来，勤劳所得所承担的税负要轻于资本所得。①

二、一些国家和地区的国际人才吸引工作经验

（一）一些国家和地区吸引国际人才的措施及特点

世界上主要经济体愈来愈重视国际人才的引进。在实践中，这突出反映在各国移民政策的变化。总体来看，世界主要经济体的移民政策变动主要经历了三个阶段：第一个阶段是防止非法移民的限制性政策；第二个阶段的特点是劳动力市场需求促动，主要是为劳动力市场需求短缺服务；第三个阶段便是目前很多国家已经实施或者开始转向的积极的人力资本型政策，旨在为国家未来经济发展储备人力资本，而且这一政策逐渐由最初的“永久居留权利”奖励转变为更加积极的“物质”奖励（比如提供科研启动金、生活补贴、税收优惠等等）。这种变动趋势反映了各国对国际人才的重视。

目前来看，大部分的人才吸引政策仍然集中在对劳动力市场的短缺进行反应，最常用的措施是提供短期的居留权利，对准入人才的界定往

① 赵永冰：《与香港个人所得税的比较及启示》，《中央财经大学学报》2002 年第 1 期。

往关注“工作经验”和“专业资格”。这种人才吸引政策往往被称为“基于就业的人才吸引政策”，国家移民机构和企业之间形成联动机制，企业提出需求申请且能证明引进这种人才对本地的劳动力市场就业不会产生排挤效应。而对于目前愈来愈重视的人力资本储存形式的国际人才引进政策，其最常用的措施是通过移民措施允许移民作为永久性居民居留，或者吸引外国学生在毕业后居留在本国。国际上除了这两种吸引人才的措施之外，还有专门针对某一类别的人才的吸引政策，比如吸引创业者和企业家的移民政策，最常用的措施是为投资者、总监和经理及其他们的家庭成员提供便利的永久居留权限。除此之外，还有一类“潜人才”的吸引政策，即通过提供奖学金吸引学生留学而最终吸引优秀毕业生留在本国的举措。这一措施被很多国家采用，比如美国、新加坡、英国等。另外，美国还有一条非常独特的人才吸引之道，这被称为“基于知识和创新提升”的政策，或者也被称为“学术门槛”型政策。美国通过吸引研究生加入到本国创设的研究课题而设法将优秀的人才留下来。

表专6—1是一些国家和地区移民政策及人才吸引政策的主要特点及措施的总结。

表专6—1　一些国家和地区移民政策及人才吸引措施的归纳

	移民政策特点	人才措施的种类
加拿大	高移民比率；移民中人才比率高。	基于分数①的移民项目（经济级别的移民）。
澳大利亚	高移民比率；高度强调经济需求的技能人才。	基于分数的移民项目，同样也用于SAS②移民。
美国	高移民比率；低人才比率。	就业导向的工作签证以吸引高技能或者优秀的专业人士或者高技能工作者；强调IT和科学工程类工作者；富有的投资者和学生同样也关注。

续表

	移民政策特点	人才措施的种类
欧盟	高移民比率;低人才比率;试图建立统一的移民政策框架,聚焦在防止非法移民和新近关注人才吸引方面,但是决定事情仍然由各自成员国独立进行。	欧洲委员会正提出“蓝卡计划”以吸引那些非欧盟的高素质国外工作人员,在欧盟通用。有些成员国有专门各自的计划,比如德国对于IT工作者、科学家和研究者工作的居留签证以及短期的签证有快速通道,爱尔兰的“绿卡”计划。
英国	关注防止非法移民;避难寻求者;最近这些年对人才吸引有高度热情。	高技能劳动者移民项目[以分数为基础的工作准入(两年),这适合于那些没有工作的人才]。
新加坡	强调人才的移民政策。	短期的就业通关(两年)。
北京	高移民比率;高人才比率。	就业为基础工作签证或者北京永久居留权限;税收激励政策和孩子的教育支持;强调高级人才。
上海	低移民比率;主要关注在海外学习并且获得海外国籍的中国人。	基于分数的居民准入,2—5年。
中国香港	在人才和专业人士移民框架内,如果连续在香港居住在10年以上,给予永久居留权限。	对国内外的人才实行就业签证;对于高端人才的准入将会准予居留最初的12个月,不受任何限制。

注:①“基于分数”(point - based)的移民政策主要是指通过设定相应的要求标尺然后由相关的机构给申请者的各个标尺上的项目进行评分，分数达到一定标准才给予准入。

②SAS是Skilled Australian Sponsored项目的简称，主要分三类技能人才来引进。包括GSM（General Skilled Migration)，这是对有技能但却没有工作意向的技能人才的引进框架；第二类是EN（Employer Nomination）有工作意向且要证明这份工作是不能由国内人士来从事的技能人才的引进框架；第三类是商业技能人才引进框架(Business Skills Migration)，主要是针对成功的企业家的引进框架。

③以上内容译自Commission on Strategic Development，Report of the Task Group on Attracting Talent，2008 - 4 - 14。

为了区分对各种人才的吸引，各个国家和地区针对不同的人群的引进采取不同的措施。表专6—2是对不同人群在不同国家和地区的移民政策及措施的一个总结。

表专 6—2　一些国家和地区对企业主、学生及投资者的移民政策和措施

	企业主	学生	投资者
加拿大	企业主级别签证：在商业事业上至少投资 30 万加元，并且切实能够管理生意。	许多国外学生；教育的分支机构。	投资者签证(净资产 80 万加元，并且在加拿大以外有成功经营的商业规模达到 40 万加元)。
澳大利亚	商业技能移民措施(针对商业所有者或者高级总监级别)4 年的短期签证，可申请永久居留权限。	许多国外学生；越来越多的全额学费国外学生。	商业签证(投资级别)(4 年的短期签证，可以申请永久居留)；投资者退休签证(4 年短期签证可以更新)。
美国	EB－5 号签证，只对部分项目开放，要求企业主有强大的财务支持和工作机会创造能力。	许多国外学生；对付费学生和教育分支机构均适用；F 签证学生；在吸引和保留留学生方面非常成功。	贸易和投资者：E 签证，主要针对那些在美国有长期生意的商人；有限制的、高要求的项目。
欧盟	各种各样的视个体情况而定。	各种各样的视个体情况而定。	各种各样的视个体情况而定。
英国	包括：企业家级别签证(20 万英镑空闲资金用于英国投资)和创新者计划；这两个计划都可以申请居留 2 年并且可能可以申请延期额外 3 年。	许多留学生；IGS(International Graduates Scheme，国际留学生签证)，所有的在英国学习的毕业生都可以工作 1 年而不需要工作准入签证。	至少有 100 万英镑可控资产，并且打算投资 75 万英镑在英国，接受英国政府的监控，最初的停留期限是 2 年，可以申请延长额外的 3 年。
新加坡	2 年进入期限，如果公司仍然运转可以重新申请。	许多外国留学生；对海外学生很有吸引力，因为介绍媒介语言是英语。	投资者保证金计划，保证金不低于 150 万元的可以给予永久居留权限。
北京	高级总监(3000 万元的资产或者每年产出高于 3 亿元)可以连续 2 年，或者在研究机构里任职者。	对付费学生和分支结构均适用；在特殊的学科领域，主要是为了政府部门招聘学生；主要目标是吸引国外毕业的内陆学生进科技园区。	在政府规定的行业里建立企业，所持股份不低于 30%，且总资产不低于 3000 万元或者盈利能力超过 3 亿元，2 年的居留期限，可以申请北京户口。

续表

	企业主	学生	投资者
上海	基本的代表和家庭成员允许2年居留(最低资本要达到3000万美元)。	只对来自于非洲的学生提供奖学金。	给予永久居留权限,注册资本应该不低于200万美元,且连续运转3年。
中国香港	一般的就业政策框架申请,但投资者要证明其投资会对香港的经济产生重大贡献。	将会提升非本地学生的比例,主要通过公众资助项目,主要集中在第二学历和第一学历以及"讲授型"研究生学历。	资本投资进入计划(在允许的投资资产中总额不低于650万港币)。

注：以上信息译自 Commission on Strategic Development, Report of the Task Group on Attracting Talent, 2008-4-14。

毫无疑问，吸引国际人才的第一步是给予所认定的人才优先进入并居留的便利。发达国家无论经济环境还是其他环境在某些方面有中国无法比拟的优势，所以其可以通过进入并居留其国作为激励条件来吸引人才进入。其中最需要提及的是，美国通过提供奖学金而吸引留学生并给予他们居留权限的做法，被称之为国际人才"一本万利"的做法。这种将中间培养和未来适用衔接一体的人才政策给今天的美国带来了世界上最主要的人才大国之一的称号。

另外一点，我们还可以看到，这些国家和地区的政府在人才引进方面的角色已经逐渐由原来的劳动力市场需求的"应对"式服务发展到对本国发展所需人才的提前规划。比如，香港的高端人才引入计划（QMAS），这一计划是政府角色由被动转向主动的一个典型案例。政府角色转变为主动出击的另一个反映是政府成立各种搜寻国际人才的机构，比如新加坡的"Contact Singapore"机构是在20世纪90年代成立的新机构，其在澳大利亚、中国、欧洲和印度以及北美均有分支机构。这些机构为外国人和海外的新加坡人提供新加坡的工作和生活信息。他们帮助在新加坡找工作的外国人才与寻找高技能人才的新加坡企业进行匹配。新加坡的国际人才吸引世界闻名，其政治格局跟中国类似，所以，深入研究新加坡的国际人才引

进对中国引进国际人才意义重大。

新加坡在人才吸引方面的做法呈现以下几个特点。

（1）市场导向。政府引进人才的目标和标准均依靠市场信号来指导。通过价格信号就能很好地反映某一类人才的市场供求情况。市场是使用、检验人才的最后场所，为市场服务是新加坡引进、管理国际人才的核心要素，新加坡政府紧紧抓住这一任务的关键，使得其引进人才效率非常之高。瑞士国际管理发展学院（IMD）的研究表明，新加坡的人才移民政策的自由、宽松度在全世界排名第三（IMD 2004）。新加坡政府也正是由于准确、精准地界定了其角色，使得其进入世界上人才管理政策最友好的国家行列（STRAIT Times 2005），只有3%的公司对新加坡的移民政策有意见，而美国这一数据达到46%，中国达到24%。

（2）紧跟需求保持政策的动态性。新加坡2003年启动的“企业家进入”计划是以往人才计划中所没有涉及的。在以往的计划中，除了考察工资之外，还考察申请者的教育背景，在实践工作中，有些优秀的投资者和企业家往往因为教育背景不合格而不能被引进。为了弥补这一缺陷，新加坡在2003年启动了专门针对企业家和投资者的进入计划。在2004年7月，新加坡又启动了S工作签证，主要是为了满足国内中级技能者的短缺服务。从这些动态的政策变化可以看出新加坡政府紧扣市场“缺什么、补什么”的动向，努力为市场需求提供其所需的人才。

（3）多层次的吸引措施。除了给予进入门槛的便利和永久居留权限的授予之外，新加坡政府对吸引进来的人才也给予物质方面的激励，主要依靠税收杠杆来实施。非新加坡居民只征收在新加坡的收入所得税，而不对其征收在新加坡国家外的收入征税。

（4）新加坡政府积极发挥全局战略规划角色，在不同时代优先支持发展不同的产业，通过产业支持打造高端的人才载体，筑巢引凤。

国际之间的人才合作交流是另一项目前有些国家使用的人才吸引政策。英国曾在2000年11月和西班牙签订为西班牙招聘护士的两国政府协议，而后这一协议扩展至招聘协会专家和一般的工作者。英国目前还瞄准一些具体的国家，比如新西兰、意大利和印度等国家，与他们建立合作招聘项目。

（二）一些国家和地区吸引国际人才的机构及工作流程

很多国家国际人才吸引均是基于雇主需求的基础上，这类国家只需要在畅通移民通道并且确保其进入之后的权益来达到吸引人才的目的。当然也有些国家会有一些物质激励政策来吸引人才，比如加拿大的魁北克目前正在提供一个五年收入税免来吸引医疗科学领域的学者在该省大学里面教学。在一些高税率国家，也通过降低税率来吸引这些外国专家。所以，很多国家吸引国际人才的职能大多被放置于移民局的框架内。比如加拿大的加拿大公民和移民部（CIC）、澳大利亚的移民和公民部以及英国的家庭办公室等。

这些国家的移民部门直接对国家的人才政策负责，比如加拿大的公民和移民部设立的第一个战略目标就是：通过移民最大程度地推动加拿大的经济、社会和文化发展。其中移民项日的日标和人才直接相关。CIC 的日标就是提升加拿大作为人才、创新和投资以及机会的选择。加拿大的移民系统为那些可以通过自己技能、商业能力或者他们投资的资本，为加拿大的劳动力市场和经济作出贡献的人提供便利。

以加拿大为例，具体阐述加拿大公民和移民部如何实现为各地、各组织的人才需求服务。总体来看，加拿大的人才引进工作的最根本体制是公民和移民部制定年度总量并给各个省份进行配额，此外，还有另一条机动机制来满足一些动态的和特殊的要求，比如与一些省份建立合作框架、签订备忘录、召开多边会议等形式来满足各个省份独特的要求。据加拿大公民和移民部的工作绩效报告，加拿大通过和一些省份及区域建立合作框架，以及给予一些权限，使得当地政府可以使其认定的且是劳动力市场和经济发展需求的个体拥有永久居留权。此外，诸如和魁北克的合约，加拿大公民和移民部还赋予魁北克挑选自己适合的移民（难民和家庭成员之外）的权限。多边会议逐渐得到广泛运用。多边会议主要是用来讨论和移民问题相关的一些基本做法以及分享经验。2006—2007 年，加拿大公民和移民部承担了两个系列的和省份及区域相关部门的咨询会议，主要是关于新安置资金的分配和使用问题。在国家和省级

层面上，主要是在全国召开移民数量和层次的咨询会议，而在部门层次会议上，主要讨论移民层次计划、劳动力市场需求、外国专家认证以及移民的融合问题和长期安置资金问题。此外，移民涉及的其他一系列问题需与其他部门合作的，加拿大公民和移民部均和这些部门建立了联系机制，有些是定期会议讨论、有些是合作开发项目的形式。另外，加拿大公民和移民部还保持了和各个专业协会、行业协会之间的联系，以确保他们的需求。

而新加坡的“联系新加坡”机构是由新加坡经济发展局和人力部共同成立的联盟，旨在吸引国际人才到新加坡工作、投资和生活，这是新加坡成立的专门负责国际人才吸引的一个独立机构，而不像加拿大和澳大利亚将这份职能嵌入移民部门中。由此可见新加坡对人才的重视。但是，实际上，这个机构有点类似于新加坡政府成立的一个国家猎头公司，其主要职能是：提供有关新加坡就业机会及行业发展的最新信息，并积极建立平台为全球人才和新加坡雇主牵线搭桥。他们也与政府机构以及私营企业合作，为有意到新加坡投资的人士提供服务。新加坡人力部中的国际人力分部主要负责吸引国际人才和新加坡在外人才的事项，其具体负责和各行各业建立相关的联系，识别其需求，帮助他们拓展人才市场的范围，并具体负责监管“联系新加坡”的运营。人力部中还有一个国外人力管理分部，主要负责处理在新加坡工作外国人的福利、就业等事项。该分部下设福利、就业监管、计划和组织发展、综合管理四个部门。福利部门主要负责管理和保护国外人力，尤其是在居住、工作条件和身体状况以及遗弃方面的问题。就业监管部门主要负责促进国外劳动力的就业管理问题，重点是防止非法就业和非法剥削问题。计划和组织发展部门通过积极的媒体、促销手段和教育项目，让雇主、国外工作者和公众了解该分部的政策，并负责相关政策的制定、执行等工作。综合管理部门负责包括办公、后勤、财务、行政和客服关系及客服反馈等方面的工作。为了更好地了解移民的需要和办理移民的手续，新加坡人力部还设置了工作签证分部。这个分部的主要任务是：发展一套有效率、有效益且动态的国外人力准入框架，以满足新加坡经济的需求。和国外人才管理相关的部门还有人力计划和政策分部，这个部门的职能主要是：劳动力规划，即监控和协调所有的人力计划框架，包括就业前培训、继续教育和培训以及国外人才增加等方面在人力资本和新加坡人力资源发展机构及其他经济部门的协调工作。此外，这个部门还作为就业监管委员会和国家人力议会的秘书处运转，为便利一个灵活的且弹性的劳动力市场提供广泛的政策工作，包括对外国人力相关政策的监管，以及工资的重构。这个机构同时还在一些移民给予一致性政策保证方面发挥作用①。

从人才的移民吸引到移民人才的管理各个维度，均可看到新加坡政府在国际人才吸引上的作为。新加坡在国家人才工作中属于政府参与度比较高的一个国家。其各类人才需求不仅仅来自于构成市场的各类组织，还来自于政府的规划。同时，不仅仅注重企业的人才需求，还注重国际人才的就业需求，其提供的工作框架属于服务于供求双方的机制，同时，不仅仅关注引进，还关注国际人才在国内工作、生活等相关问题。

英国的内务部负责英国的移民项目。英国的移民项目同香港的移民项目类似，主要也是以市场需求为导向的移民，有少部分是技术人才移民，这类移民项目不需要雇主证明。比如高新技术移民计划（HSMP）和最新发布的“杰出人才”计划。

高新技术移民计划也体现了政府“规划类”角色。香港的优才计划类似于英国的高技术移民计划，二者均不需要雇主证明，但是如果有雇主证明会增加签证审核过程中的分数。这一计划也在变化。而最新的变化是，规定全球50所顶尖MBA课程获得MBA（工商管理硕士）学位的毕业生达到申请下限，可直接申请HSMP。英国2011年公布的“杰出人才”入境计划于2011年8月9号正式启动，② 这个计划包含1000个名额。该项计划由挑选出来的“优秀机构”监管，这个机构将会建议英国内政部的边境局哪些申请人可以进入，以确保入境人选是所属领域中最聪明和最

① 以上内容译自新加坡人力部门网站并有所整理。

② 资料译自英国内政部网站，http：//www.homeoffice.gov.uk/media－centre/news/exceptional－talent。

好的人才。选择出来的优秀机构主要集中在：

英国皇家学会，可以推荐300个名额。

英国兰艺术委员会，可以推荐300个名额。

英格兰皇家工程学院，可以推荐200个名额。

英国人文、社科类的学院，可以推荐200个名额。

这些机构是各领域中著名的人才集聚的地方，由这些专业人士认定入境人才的资格会更加专业，同时，这些机构还会发布一些标准，申请人需要达到相应机构提出的标准才有资格申请。①

除了QMAS政策之外，香港的其他的移民政策几乎均是基于劳动力市场需求的移民政策。这类移民主要是在移民政策框架中包含。下面重点分析QMAS人才引进框架及操作。

中国香港的优才计划基本由香港入境事务处负责。甄选程序会定期进行，为申请人分配名额。在每次甄选程序中，同时符合“基本资格”并在“综合计分制”下累计得分达到最低及格分数的申请，及符合“基本资格”并在“成就计分制”下获得分数的申请，依总得分排列名次后，得分较高的申请将获提选作进一步评核。入境事务处处长可就如何根据本计划评核、评分及分配名额征询咨询委员会的意见。该咨询委员会由香港特区政府行政长官委任的官方及非官方成员组成。咨询委员会将考虑香港的社会经济需要、各申请人所属级别及其他相关因素，向入境处处长建议如何分配每次甄选程序中可分配的名额②。这个由资深专业人士组成的委员按领域分成四个组别，他们负责对申请者进行甄选，每3个月开一次审核会，并将讨论的结果反馈到香港入境处。最后，香港入境处将签证送到每一位通过者手上。③

此外，优才计划工作的主要部分在于甄选，而甄选机制由各领域的资

① 资料译自英国内政部网站，http：//www.homeoffice.gov.uk/media - centre/news/exceptional - talent。

② 资料来源为香港入境事务处网站，http：//www.immd.gov.hk/zhtml/QMAS_4.htm。

③ 裴闯：《香港降低优才标准将引起内地人才入港潮》，《环球》2008年2月。

深人士组建。此外，香港其他的基于就业的移民政策的制定还依靠香港入境事务处的签证和政策处，这个部门负责签证的签发和批准延期逗留以及就签证管制事宜和政策进行检讨和研究。如此也形成了接近社会需求的签证体系。

三、总结

从上文来看，各个国家与地区的人才工作做法各有侧重，但都以服务和吸引人才为核心。人才工作的经验无好坏之分，只看是不是与自身的实际相符合。本文对国际一些地区的人才工作经验进行汇总研究，希望能对前海人才工作的开展起到借鉴作用。

专题报告七

国内主要人才特区运作方式及人才政策分析报告

《国家中长期人才发展规划纲要（2010—2020 年）》提出要改进人才管理方式，鼓励地方和行业结合自身实际建立与国际人才管理体系接轨的人才管理改革试验区。目前，许多地方都提出建设“人才特区”的战略目标，积极探索人才管理创新模式，创新人才工作机制，优化人才环境，聚集海内外人才。北京中关村成为国内首个国家级人才特区，2011 年 3 月，中央组织部等 15 个中央单位与北京市委、市政府联合印发了《关于中关村国家自主创新示范区建设人才特区的若干意见》，提出“加快把中关村示范区建设成为具有全球影响力、体现中国特色的人才特区”，至 2015 年将北京中关村全面建成国家级人才特区。早在 2006 年，无锡市就出台了吸引海外高层次人才的“530”计划，并提出建设国内一流的人才特区的目标。武汉市东湖区和上海市嘉定区也提出建立人才特区的目标。在人才强国战略的背景下，人才特区的“特殊区域、特殊政策、特殊机制、特殊平台和特事特办”，无疑将激发人才创新活力，释放人才创业能量，为中国经济的创新发展带来新的契机。人才特区建设将掀起一场大范围“抢夺”优质创新创业人才的大战，也必将带来更为激烈的产业要素的聚集和竞争。

一、国内主要人才特区的表述方式

表专 7—1　国内主要人才特区的表述方式比较

地区	表述方式	人才特区构建目标
北京中关村	人才智力高度密集； 体制机制真正创新； 科技创新高度活跃； 新兴产业高速发展。	国家级人才特区； 体现中国特色的人才特区； 国际化的人才特区。
江苏省无锡市	人才大规模聚集； 政策不断出新； 环境持续优化； 公共服务和社会环境充分满足人才发展需要。	国内一流的人才特区。
武汉市东湖高新区	以高新技术产业化为主题,以海外高层次人才为重点,以企业为载体,引进和培养一批具有较强创业愿望和创新能力的各类高层次人才。	人才特区。
上海浦东	国际人才高度集聚； 人才体制机制与国际大都市发展要求紧密衔接； 人才政策环境更加符合国际惯例； 公共服务体系和社会文化环境充分满足国际人才发展需要。	国际人才特区。
上海嘉定区	“人才基地＋人才生态”。	人才特区。
厦门		两岸人才特区。

（一）北京中关村：建立国家级人才特区

2011—2015 年，北京中关村面向以海外高层次人才为代表的国家发展所特需的各类人才，建设“人才智力高度密集、体制机制真正创新、科技创新高度活跃、新兴产业高速发展”的中国特色人才特区。北京中关村人才特区建设战略步骤分为两步走。第一步（2011—2012 年）：初步

形成机制新、活力大、成果显著的人才特区政策体系，聚集包括“海归”人才在内的3万名左右高层次人才。第二步（2013—2015年）：人才优先发展战略布局全面形成，国家级人才特区全面建成，成功探索出具有全国示范意义和推广价值的人才政策体系，初步形成具有全球影响力的人才战略高地，聚集包括“海归”人才在内的5万名左右高层次人才。

1. 人才智力高度密集

海外高层次人才及团队大量聚集，涌现出一大批达到国际领先水平、由“海归”人才领衔的科研和创业团队，区域人力资本和科技创新对经济增长的贡献率达到世界领先水平。

2. 体制机制真正创新

率先确立人才优先发展战略布局，实施一系列特殊的科研、创业、产业发展、财税金融、人才管理与服务政策，创建与具有全球影响力的科技创新中心相适应的创新创业机制。

3. 科技创新高度活跃

构建能充分发挥高层次人才业务专长，有利于抢占国际前沿技术阵地的自主创新体系，加强原始创新、集成创新和引进消化吸收再创新，引领世界一流水平、替代进口技术的科技创新成果大量涌现，区域专利授权总量特别是发明专利授权量大幅度增加。

4. 新兴产业高速发展

在关键核心技术领域实现重点突破，在若干重要领域掌握一批核心技术，造就一批具有国际竞争力的企业，成为国家战略性新兴产业策源地，引领产业结构的调整，显著提升经济发展效益。

（二）江苏省无锡市：建立国内一流的人才特区

早在2006年，无锡市就出台了吸引海外高层次人才的“530”计划，并提出把无锡率先建成人才强市，建设国内一流的人才特区，打造东方硅谷，成为科技创业家的摇篮城市。

无锡市人才特区一是要建设“人才特区”，使“民族工商业摇篮城市”“乡镇企业家摇篮城市”突变、跃升为“科技创业家摇篮城市”。二是要突出科技创新创业人才，尤其是要坚持以高层次的科技创新创业人才引领无锡的发展，科技创新创业人才就是既有创新能力、创新理念，又有创新成果的创业人才。

无锡市建设“人才特区”的目标是：以无锡“四城”建设对人才的迫切需求为导向，以广泛集聚海内外高层次人才为目标，以试行“特区”建设模式为方法，大力支持高层次人才创新与创业，加快把无锡建设成为“人才大规模聚集、政策不断出新、环境持续优化、公共服务和社会环境充分满足人才发展需要”的“人才特区”。到2015年，全市人才资源总量达到150万人，高层次人才占人才资源总量6.6%以上，人力资本投资占GDP比例达到16%以上，人才对经济社会发展的贡献率达到47%。

（三）武汉市东湖高新区

武汉东湖高新区“人才特区”建设的指导思想是：深入贯彻落实科学发展观，坚持党管人才原则，紧紧围绕经济社会发展实际，以高新技术产业化为主题，以海外高层次人才为重点，以企业为载体，引进和培养一批具有较强创业愿望和创新能力的各类高层次人才，充分发挥高层次人才的支撑和引领作用，努力把东湖高新区建设成为“人才特区”。

（四）上海浦东：国际人才特区构想

上海社科院的王振研究员比较系统地研究了浦东“国际人才特区”，提出了浦东建设“国际人才特区”的内涵和实现方式。浦东建设“国际人才特区”基本思路：以集聚国际人才为主要目的，以特区建设为运作模式，以浦东经济社会发展总体目标和现代化大都市对国际人才的迫切需求为导向，努力建立与浦东新区开发开放相适应的国际人才发展环境，带动和辐射长三角国际人才资源开发，不断增强浦东新区集聚国际人才的竞争力，最终建成“国际人才高度集聚、人才体制机制与国际大都市发展要求紧密衔接、人才政策环境更加符合国际惯例、公共服务体系和社会文化环境充分满足国际人才发展需要”的“国际人才特区”。

（五）上海市嘉定区：国际汽车城营造“人才特区”

上海市嘉定区以高层次人才、急需紧缺人才为引领，以体制机制创新为突破，在全市乃至国内率先建立“人才特区”。上海市嘉定区建立“人才基地+人才生态”模式的人才特区。以产业凝聚人才，以人才引领产业，围绕物联网、新能源汽车等六大高新技术产业，不断加大成果转化及人才引进力度，在人才与产业的良性互动中实现了经济的快速发展。

（六）厦门：两岸人才特区

厦门推出了从“经济特区”向“两岸人才特区”迈进的战略举措，推进闽台人才交流合作，面向台湾地区选拔优秀人才，推行人才待遇的“市场化”和“家园化”，台湾人才在购房、税收、医疗卫生保障、子女入学、参加社会保险等方面与当地人才享受同等待遇。

二、国内主要人才特区的人才政策

（一）人才培养政策

1. 北京中关村

支持人才特区内具有博士和硕士学位授予权的高校、科研机构，聘任其他企业或科研机构具备条件和水平的高层次人才担任研究生兼职导师，联合培养研究生。对人才特区内与企业、科研机构开展联合培养工作的招生单位，在招生计划方面予以适当的支持和倾斜。鼓励研究生到兼职导师所在的企业和科研机构实践、实习。支持人才特区内由高层次人才创办的或与高校、科研机构联办的企业及科研机构，在重点领域设置博士后科研工作站。

2. 武汉市东湖高新区

加大领军人才培养力度。围绕东湖高新区支柱产业，实施优秀高层次科研人才培养计划，通过为入选对象提供科研资助、研发平台，推荐担任国家和省重大科研项目、重大科研课题的主要负责人和首席专家等方式，培养造就一批杰出的工程技术专家和经营管理专家。

大力建设企业博士后科研工作站。通过设立博士后工作站科研补贴资金，提高博士后生活津贴标准等手段，鼓励和支持有条件的企业建立博士后科研工作站，鼓励暂未设站的企业与高校共建博士后科研基地，扶持企业博士后科研工作站招收博士后研究人员。采取资金扶持等有效措施，鼓励掌握核心技术、具有自主知识产权或高成长性项目的博士后出站后继续留在东湖高新区创新创业。

建立人才国际化培养平台。设立专项培养资金，加强与国内外知名大学、科研院所等机构合作，共同培养高层次人才，支持东湖高新区高层次专业技术和经营管理人才自费出国（境）或到国内名校深造学习，择优资助高层次人才参加国内外高水平学术交流活动或出版高水平的学术著作。进一步拓宽东湖高新区高层次人才培养渠道，吸引国内外知名职业培训机构在东湖高新区设立分支机构。

支持东湖高新区人才入选武汉市各类重点人才培养项目。市科技、人力资源社会保障等部门的“青年科技晨光计划”、“十百千人才工程”以及“创新人才开发资金”等人才培养项目要向东湖高新区倾斜，把东湖高新区各类创新创业人才纳入到市级重点人才培养项目中。

（二）进口税收政策

1. 北京中关村

人才特区内符合现行政策规定的企业与科研机构，在合理数量范围内进口境内不能生产或性能不能满足需要的科研、教学物品，免征进口关税和进口环节增值税、消费税。高层次留学人员和海外科技专家来华工作，进境合理数量的生活自用物品，按照引进海外高层次人才的现行政策执行。

2. 江苏省无锡市

对引进的海外高层次人才，探索实行政府给予创业启动资金免征个人所得税；符合国家税收有关政策规定的，进境的部分科研设备、教学物品，免征进口税收。对于战略性新兴产业领域内具有核心竞争力和一定规

模的企业，争取给予高新技术企业税收优惠。争取给予国家传感网创新示范区内的物联网企业享受增值税优惠政策和所得税“五免五减半”政策；重点物联网企业，按10%的税率征收企业所得税。

3. 武汉市东湖高新区

对创新团队核心成员、科技领军人才，所缴纳的个人所得税中市、东湖高新区财政地方留存部分的50%，以奖励的形式，等额补贴支持高层次人才创新创业。企业副总以上人员或主任级科研人员，年薪15万元以上的，还可享受个税返还奖励，标准为其所缴纳的个税中市、区二级留成额的100%，这一幅度超过北京、成都等城市。东湖高新区在中关村已有的股权激励、分红激励基础上，增加了绩效奖励和增值权奖励。

（三）居留、出入境和落户政策

1. 北京中关村

按照国家有关规定和程序，可为符合条件的外籍高层次人才及其随迁外籍配偶和未满18周岁未婚子女办理《外国人永久居留证》。对于尚未获得《外国人永久居留证》的高层次人才及其配偶和未满18周岁子女，需多次临时出入境的，为其办理2—5年有效期的外国人居留许可证或多次往返签证。

具有中国国籍的高层次人才，可不受户籍所在地的限制，直接落户北京。对于愿意放弃外国国籍、申请加入或恢复中国国籍的高层次人才，由公安机关根据《中华人民共和国国籍法》的有关规定优先办理入籍手续。

2. 江苏省无锡市

放宽来无锡创新创业的海外高层次人才工作签证和居留许可。开办互联网签证预约业务，争取无锡机场实现外国人落地签证。对符合《外国人在中国永久居留审批管理办法》申请条件的海外高层次人才及其配偶、子女，简化申请手续，及时办理永久居留证。对愿意恢复国内户籍的，及时办理户口注册；如不愿意注册户口的，为其办理海归人员居住证。对愿意放弃外国国籍而申请加入或恢复中国国籍的，优先为其本人及其配偶、子女办理加入中国国籍并落户无锡的手续。

建立更加开放的人才政策，争取一定的签证名额，在无锡试行技术移民政策，加大引进国外智力工作力度。对无锡市引进的高层次外籍人才，特别是具有博士学位，在国际知名研究所、知名企业有丰富的科研、管理经历，战略性新兴产业发展紧缺的领军人才，凭创业计划书、发明专利等有效文件，可以办理3—5年的居留许可证，多次出入境不受限制。

（四）资助扶持政策

1. 北京中关村

为入选“千人计划”“海聚工程”等高层次人才提供100万元人民币的一次性奖励。为高层次人才创办的企业优先提供融资担保、贷款贴息等支持政策。对承担国家科技重大专项和北京市重大科技成果产业化项目的高层次人才，由北京市政府科技重大专项及产业化项目统筹资金给予支持。

2. 江苏省无锡市

吸引国家“千人计划”团队。以“创新在高校、创业在无锡”为目标，吸引和支持高等院校、科研院所和中央企业中的国家“千人计划”入选人才，带团队（核心成员3人以上）、带项目（具有核心竞争力）、带资金（100万元以上）来无锡创新创业。创办新公司，经确认的，由地方政府进行政策配套，给予100万元创业启动资金、100平方米工作场所、100平方米住房公寓，3年内免租金，并在创投资金、商业担保、产业引导资金等方面给予倾斜。国家“千人计划”人才团队，带来省级以上科技重大专项、重大工程项目，建成新兴产业领域的国家级工程中心和重点实验室，由地方政府给予100万元的配套科研经费支持。

3. 厦门市

为吸引高层次人才到厦门创新创业，充分发挥引进人才的作用，厦门市“双百计划”明确，市属单位入选厦门市和国家引才计划的人才，厦门市政府给予每人100万元补助；在厦门省部属单位入选厦门市和国家引才计划的人才以及市属单位入选省引才计划的人才，厦门市政府再给予每人50万元补助。重点学科、重点实验室、工程技术中心等研发机构引进

的人才，用人单位应为其提供不少于100平方米的办公和实验用房；引进人才负责厦门市重大科技项目或重点实验室、工程技术中心、企业技术中心的，厦门市有关部门根据引进人才科研项目启动情况及需求，可提供不少于100万元的经费支持。引进的领军型创业人才创办的企业，可获得100万—500万元的厦门市政府创业启动资金，可获得所在区或园区提供不少于100—500平方米的创业场所以及5年内免交租金，并享受3年内缴纳个人所得税地方留成部分由当地财政全额奖励返还政策。

厦门火炬高新区决定每年安排3000万—5000万元财政专项资金落实领军人才优惠政策：给予领军人才100万元的生活补贴；提供不少于100平方米的住房，3年内免租金；提供不少于100平方米的创业场所，3年内免租金；提供不低于100万元的创业扶持资金；提供贷款贴息支持，最高可达100万元；提供个人所得税额的补贴，每年最高补贴可达100万元；提供不低于100万元的创业资金担保；按规定提供风险投资金的49%。一个杰出的境外领军人才项目在厦门火炬高新区创业可以获得累计高达1000万元的扶持。

4. 武汉市

对高层次人才新办的高新技术企业，给予办公用房补贴。对于符合条件人员新办高新技术企业，在创业中心、留学生创业园、大学科技园、软件园、南湖农业园等园区租赁办公用房的给予办公用房补贴：租用面积100平方米以下（含100平方米）的给予三年房租补贴；租用面积在1000平方米以下部分，按最高15元/平方米/月的标准给予一年房租补贴，租用面积超出1000平方米以上部分，按最高10元/平方米/月的标准给予一年房租补贴。

（五）股权激励政策

1. 北京中关村

境外股权和返程投资。推动投资便利化，简化人才特区企业员工直接持有境外关联公司股权以及离岸公司在人才特区进行返程投资的有关审批手续，研究相关支持措施。

2. 江苏省无锡市

探索建立更加合理的股权激励政策。参照国家自主创新示范区股权激励试点政策的有关规定，争取利用国家传感网创新示范区的优势，对国有及国有控股企业、高等院校和科研院所（含以政产学研合作方式来无锡设立高校分校、独立学院以及科研院所分支机构）以及其他科技创新型企业，探索股权和分红激励，以股权奖励、股权出售、股票期权等方式对高层次人才实施股权激励，以科技成果投资、对外转让、合作、作价入股的项目收益分成方式对高层次人才实施分红激励。企业用于奖励股权和以价格系数体现的奖励额之和，不得超过企业近 3 年税后利润形成的净资产增值额的 35%；采取科技成果入股方式的，按不低于 20% 的科技成果作为出资所获得的被投资企业的股权用于奖励有关人员。海外高层次人才来无锡创办企业，并由政府创投资金持股孵化的，其科技成果可按注册资本不少于 30% 作价入股。

3. 天津滨海新区

天津滨海新区通过出台滨海新区重大人才工程实施意见、引进海外高层次人才暂行办法、人才发展基金使用管理办法等多个文件，初步形成配套衔接的人才政策体系。为引进高端人才，滨海新区决定设立人才发展基金，规模为每年 3000 万元，并逐年增加，主要用于资助六类高层次人才的引进、培养和奖励。还将资助引进“两院”院士，给予每人一次性购房补助 100 万元。由新区推荐当选的“两院”院士，给予个人一次性奖励 100 万元。对批准引进的创业型领军人才和入选国家、天津市“千人计划”的创业人才，给予一次性经费资助 300 万元；对批准引进的创新型领军人才和列入“千人计划”的创新人才给予一次性经费资助 200 万元；对批准引进的高层次留学生人才给予 50 万元的项目资助。资助引进国家级有突出贡献的中青年专家，国家重点学科、重点实验室、重大科研项目学术技术带头人，省部级专业技术拔尖人才，重点行业急需人才，对其给予购房补助。奖励人才科研创新和为新区经济社会发展作出突出贡献的优秀人才。资助引进、招聘高层次人才活动，新区各级各类人才信息库建设，新区人才工作重大应用性、基础性和前瞻性课题研究等。

（六）医疗、住房和配偶安置政策

1. 北京中关村

医疗：人才特区的高层次人才享受医疗照顾人员待遇，由北京市卫生行政部门为其发放医疗证，到指定的医疗机构就医。所需医疗资金通过现行医疗保障制度解决，不足部分由用人单位按照有关规定予以解决。

住房：北京市采取建设“人才公寓”等措施，为高层次人才提供1 万套定向租赁住房。

配偶安置：高层次人才配偶随迁并愿意在北京市就业的，由北京市相关部门协调推荐就业岗位。

2. 上海浦东

凡在浦东创办企业或工作，且所办企业或工作单位注册和税收征管均在浦东的海外留学人员，符合下列条件之一的，其子女入学入托适用浦东新区关于解决留学人员子女入学入托问题的操作办法。

（1）在国外取得本科及以上学历（位）证书，并持有效中国护照。

（2）具有国内本科及以上学历或中级及以上职称，在国外高等院校、科研机构进修取得一定成果的访问学者或进修人员，并持有效中国护照。

（3）已加入外国籍，但经国家教育部认定为海外留学人员。

推动政府、企业、社会共同参与人才公寓建设，三年内规划建设 3.7 万套、230 万平方米的各类人才公寓，以缓解人才的租房困难，并对入住人才公寓的人才提供房租补贴。对符合浦东新区重点产业发展要求的外省市来浦东工作和创业的人才，优先安排入住人才公寓。

鼓励优秀人才集聚浦东。为符合《上海市吸引国内优秀人才来沪工作实施办法》规定的人才解决上海户籍，其中浦东新区重点发展的高新技术、金融等其他现代服务业等领域的单位高管、主要研发人员、主要技术骨干、学科带头人和为浦东作出一定贡献的、得到市场和社会认可的特殊人才优先解决户籍；为高级专家就医提供方便；为高层次人才子女入学入园提供方便。

3. 江苏省无锡市

（1）2006年，无锡专门出台引进海外高层次留学人才回国创业的“530计划”，提出要在“5年内引进30名海外归国创新型领军人才”，为此提供了“三个100、两个300”的政策支持，即100万元人民币的创业启动资金，不少于100平方米的工作场所，不少于100平方米住房公寓；根据项目情况提供不低于300万元的风投资金，不低于300万元的资金担保。

（2）实施大学生引育就业“技能绿卡”制度。围绕新兴产业发展急需的知识型技能人才，建立政府部门、行业企业、培训机构、考核部门、人力资源市场和大学生组成联盟的“技能绿卡”引育就业工作机制，为来无锡工作的大学生免费提供技能培训。经培训取得“技能绿卡”证书的大学生与战略性新兴产业领域企业签订一年以上劳动合同的，分别给予企业一定的培训补贴、大学生一定的就业补贴。

（3）无锡惠山区改进引进人才子女受教育服务：海外高层次人才及高端顶尖人才子女在惠山接受义务教育的，按户籍人口同等待遇，免试免费就近安排公办学校入学；确需跨学区的，由教育行政部门协调沟通，妥善安排；进入相应国际学校就读的，由政府按公办义务教育生均经费标准给予补贴；接受学前教育的，在区公办幼儿园就近优先安排。在惠山参加中考升学的，执行无锡市相关中招加分投档规定；直接由国外来区就读高中阶段学校的，在转学、申请入学等方面给予优先支持。

（4）无锡江阴市“人才公寓只租不售，租金实行政府指导价，动态管理。领军人才3年内免收租金，对每年在澄工作6个月以上、与企业签订5年以上工作合同的高层次柔性流动人才，给予博士5万元、硕士和高级专业技术人员3万元的租房补贴”。领军人才3年租住期满后需继续租住的，按照市场租金的2/3收取。高层次人才3年内租金按市场租金的2/3收取，租住期满后需继续租住的，按照市场租金收取。

（5）无锡江阴市引进的外籍人才及其配偶、子女可按规定参加社会保险，缴纳相应的社会保险费，并享受相应待遇；为领军型人才提供医疗

保险“绿色”服务，配备健康资讯专家，提高医保门诊个人账户标准；引进高层次人才的子女入学入托，按其实际居住地或单位所在地就近安排优质教育资源。

（七）人才服务政策

1. 北京中关村

北京市与19个中央单位组建了中关村创新平台，打通各类要素流动和配置渠道，着力构建“政产学研用”相结合的体制机制。筹建人才特区建设促进中心，打造“一站式”咨询服务平台，为人才特区的海外高层次人才提供“专员制”服务。

2. 江苏省无锡市

2008年7月，建成无锡市“530”创业人才大厦，成立无锡市“530”人才创业服务中心和项目促进中心，为海外留学人员特别是“530”创业人才设立专门的办公场所，开辟引才引智绿色通道。同时，成立“无锡市530计划专家咨询委员会”，专门指导无锡市高层次人才的引进、保持、培养和创业创新工作。

3. 武汉市东湖高新区

东湖创新人才服务措施：启动实施“人才项目专员服务”计划，给国家“千人计划”、省“百人计划”等入选者创办的企业配备人才服务专员，帮助处理企业日常行政、人力资源管理、公共关系、项目申报等工作，为企业起步创业保驾护航。

设立东湖高新区“人才特区”建设专项资金，以东湖高新区为主，市财政给予一定支持，每年投入不少于1.5亿元，主要用于高层次人才引进和培养的各项计划支出。对引进的世界一流创新团队，最高给予1亿元的经费资助；对其他海内外高层次人才，可最高给予500万元的扶持资金、500万元的风险投资资金和年利息额50%的贷款贴息。同时吸引国内外组织、社会团体和个人对“人才特区”建设的投入，形成多元化的人才开发投入机制。

（八）搭建人才特区建设平台

1. 北京中关村

把中关村科学城和未来科技城作为人才特区两大“发展极”。北航先进工业技术研究院、中关村航天科技创新园、航空科技园等一批重要研究机构、研发基地集聚中关村科学城。神华集团、商飞集团、国家电网公司等15家大型央企正集中建设以“未来科技城”命名的人才创新创业基地，有4家央企已开工建设，引进了50名入选“千人计划”的海外高层次人才。

2. 武汉市东湖高新区

引进世界一流创新团队。通过提供专项工作经费，优先推荐承担国家级重大科技及产业化项目等手段，从海内外引进一批世界一流水平、对产业发展有重大影响、能带来重大经济和社会效益的创新团队，围绕东湖高新区支柱产业开展重大关键技术的研究开发，提升产业创新能力。

引进科技创业领军人才。通过创业资金资助、银行贷款贴息、科技保险补贴，以及设立专项风险投资引导资金和风险补偿资金等手段，吸引海外领军人才到东湖高新区实施科技创新创业项目，孵化一批高成长性的科技型企业。

设立支柱产业创新岗位。围绕东湖高新区支柱产业，鼓励竞争优势较强、发展潜力较大的企业用人主体，设置产业创新岗位，通过提供政府工作津贴等手段，面向海内外招聘具有国际国内行业领先水平的创新人才，专职或兼职主持科技创新、成果转化。

集聚海内外高层次人才。通过提供项目经费和工作津贴的资助、发挥东湖高新区留学人员创业园孵化器功能等手段，吸引创新创业能力较强、项目技术先进的海内外高层次人才到东湖高新区创新创业。通过组织海外招聘活动、“海外高层次人才东湖行”活动、设立海外留学人才联络处、建立“东湖高新区人才公共服务网”、鼓励社会人才中介机构推荐引进等途径，广泛集聚海内外高层次人才。

引进紧缺高层次人才。结合东湖高新区产业结构调整和产业集群发

展，定期编制重点产业紧缺高层次人才开发导向目录，引进紧缺的高层次创新创业人才。鼓励引进为高新技术产业服务的金融、法律、医疗、现代物流等领域的高层次人才。

（九）创业风险保障政策

2006 年以来，无锡市、区两级针对海外高层次创新创业人才分别兑现创业资助金 4.41 亿元和 4.75 亿元。同时，对遇到创业挫折的海外高层次人才，由政府给予 80% 的担保资金补偿。形成“鼓励创新、宽容失败”的创业氛围。

（十）人才开发与结对政策

上海嘉定区已经推出了一系列上海国际汽车城人才开发的倾斜政策，向全国各地及海外的人才敞开大门。如对汽车城紧缺、急需的人才，实行“先入户、再创业”的人才储备政策；推出《海外人才上海居住证》和《上海市人才居住证》，使以“柔性流动”方式“进城”工作的海内外高层次人才享受市民待遇；取消职称评审制度，采取岗位管理为核心的以聘代评政策，并给予市场化的一流薪酬；建立比现有政策更为优厚的退休政策等。

专题报告八

前海人才特区建设基础与标杆城市人才发展分析报告

本报告主要研究前海深港人才特区的人才发展目标和人才建设布局。本报告以胡锦涛在深圳经济特区建立30周年庆祝大会上讲话精神和温家宝视察前海时的指示精神为指导，深刻学习领会《国家中长期人才发展规划纲要（2010—2020年）》和《珠江三角洲地区改革发展规划纲要（2008—2020年）》、《前海深港现代服务业合作区总体发展规划》、《深圳市中长期人才发展规划纲要（2011—2020年）》等纲领性文件，在系统分析前海深港现代服务业合作区建立人才特区基础和比较借鉴国际与国内标杆经验的基础上，提出前海现代服务业的产业人才需求，为进一步开展人才发展战略目标、人才队伍建设的主要任务，以及体制机制创新、政策突破等内容的研究提供理论依据。

前海深港现代服务业合作区的战略定位是现代服务业体制机制创新区、现代服务业集聚发展区、香港与内地紧密合作先导区、珠三角地区产业升级引领区，以金融、现代物流、信息服务、科技服务及其他专业服务为四大发展产业。建设前海深港现代服务业合作区，推进现代服务业的开放和合作，是我国进一步深化改革、扩大开放的战略选择，是全面落实科学发展观、加快转变经济发展方式的重要探索，也是深圳经济特区在新时期的新使命。要建设前海深港现代服务业合作区，就必须探索科学发展、改革开放的新路子，探索深港合作的新途径，探索转变经济发展方式的新经验，实现中央的这一基于全局视野、世界眼光、战略思维作出的重大决策。

人才资源是科学发展的原动力和决定性因素。建设前海深港现代服务业合作区，必须率先在前海形成人才资源分布高密度、与产业结构高对应、投入与产出高效能、人才素质和人才活动空间国际化的人才发展新模式。因此，以前海合作发展现代服务业为契机，利用香港人才国际化优势，借鉴国际上人才发展经验，建设前海深港人才特区，创新人才发展体制机制和人才政策体系，全面增强人才竞争比较优势，为前海发展提供有力的人才保障和智力支持，是实现前海“四区”战略定位的重要保证。

本报告人才的概念，鉴于前海重点发展的四大产业都是高端服务业，对就业人员的要求层次比较高，故本研究将人才资源的统计数据用就业人员的统计数据来代替，但实际上，就业人员的统计数据的数量应大于人才资源的数量。

一、建设前海深港人才特区的基础

作为粤港合作创新示范区，前海区位优势明显、经济腹地广阔、产业支持雄厚、国际交往便利，人才开拓事业的空间大、平台广、机会多，同时中央赋予前海合作区探索改革开放、科学发展的新路子，探索深港合作的新途径，探索转变经济发展方式的新经验的历史使命，使得前海具有建设人才特区的独特优势和良好条件。

（一）制度优势

全国人大常委会授予深圳经济特区立法权。前海可充分利用经济特区立法权，在人才发展体制机制、人才区域合作等政策方面进行先行先试和制度创新。根据国务院授权，前海管理机构又享有相当于计划单列市的管理权限，前海可以充分利用授权，全力打造有利于人才发展的综合配套环境、政产学研合作平台、人才创新载体，加快人才特区建设，促进现代服务业快速发展。

（二）人才优势

近10年来，深圳人才数量大幅增加，人才体制机制持续创新、人才发展环境不断优化，人才建设和发展取得了显著成绩。截至 2010 年，全市人才资源总量为 357 万人，其中专业技术人才 103 万人，技能人才 222 万人，企业经营管理人才 28 万人。在高层次人才队伍中，全职“两院”院士 7 人，中央“千人计划”人才 22 人，广东省领军人才 4 人，深圳市领军人才 1796 人，研发人员 29 万多人，海外留学回国人员数量近 4 万人；持外国专家证的外籍人才 15 万人次，拥有 4 个国家海外高层次人才创新创业基地。人才自主创新能力不断提升，国际专利申请量连续 7 年居全国第一。近年来，随着金融、现代物流成为深圳市支柱产业，现代服务业人才也大量集聚，到 2009 年年底，全市金融业从业人员达 9.10 万人，物流业从业人员达 20.35 万人，信息服务业从业人员达 14.55 万人，科技服务业从业人员达 9.48 万人。丰沛的人才总量将成为前海人才特区建设雄厚的人才基础。

（三）产业优势

改革开放以来尤其是 21 世纪以来，深圳服务业发展迅猛，服务业的基础和综合实力不断增强，服务业增加值占 GDP 的比重已达到 53.2%。尤其是背靠珠江三角洲世界级制造业基地，深圳的服务业未来发展前景更加看好。服务业的快速发展为前海快速集聚现代服务业人才提供了平台。同时，深港两地的服务业发展优势和珠三角世界级制造业基地的巨大需求，为深港合作发展现代服务业提供了强有力的产业支撑。

（四）香港产业和人才辐射优势

香港作为国际金融、贸易、航运中心，是全球服务业最发达的地区之一，服务业占 GDP 比重 92.3%，服务贸易出口总值位列全球城市前 10 名。同时，相对于深圳，香港现代服务业人才无论从规模数量上，还是从人才效能上，都有明显的比较优势。截至 2009 年年底，香港金融业人才资源数量为 15.22 万人，金融业全年增加价值为 2290.84 亿港元，金融业人均增加价值为 150.5 万港元；现代物流人才资源数量 13.24 万人，现代

物流业全年增加价值为538.00亿港元，现代物流业人均增加价值为40.6万港元；信息服务业人才资源数量为1.65万人，信息服务业全年增加价值为209.78亿港元，信息服务业人均增加价值为127.14万港元；专业技术服务人才资源数量为13.94万人，专业技术服务业全年增加价值为519.52亿港元，人均增加价值为37.27万港元。另外，《粤港合作框架协议》进一步确定前海作为粤港重点合作区。深港两地已在基础设施、产业发展、环境保护、要素流动等方面相继签署了一系列合作文件，初步形成了前海深港合作的政策框架。在此框架下，必将通过有效的举措，吸引香港现代服务业和现代服务业人才到前海发展，建立一个区域人才合作的人才示范特区。

前海尽管面积不大，但使命光荣、责任重大。前海所要建立的不是一般意义上的开发区，而是具有改革探索意义的试验区；前海所要进行的试验也不是一般意义上的试验，而是具有全局性、方向性的试验，在一定程度上关系到经济体制改革深化的纵深方向，关系到未来发展模式完善的取向。

从2011年到2020年，是深圳前海深港现代服务业合作区建成现代服务业体制机制创新区、现代服务业集聚区、香港与内地紧密合作先导区、珠三角地区产业升级引领区的关键时期。人才是推进深港现代服务业合作区发展的第一资源，在经济和社会全面转型升级的今天，深圳前海必须抓住加快发展的良好机遇，以全球为坐标，以深港合作为纽带，以珠三角城市群为基础，走出一条人才优先发展的道路，推动深港现代服务业合作区建设向“人才引领产业”方向发展，全面提升人才国际竞争力，充分发挥人才在引领和支撑深港现代服务业合作区发展中的先导作用。

作为粤港合作创新示范区，前海区位优势明显、经济腹地广阔、产业支持雄厚、国际交往便利，人才开拓事业的空间大、平台广、机会多，同时中央赋予前海合作区探索改革开放、科学发展的新路子，探索深港合作的新途径，探索转变经济发展方式的新经验的历史使命，使得前海具有建设人才特区的独特优势和良好条件。

二、标杆区域现代服务业人才发展分析

建立前海人才特区，必须借鉴国际先进经验。以深圳为基础，参照国内、国际现代服务业发达城市或地区，以香港现代服务业和服务业人才发展为标杆，建立有利于前海现代服务业人才跨境投资、创业、生活的人才体制机制和政策环境。

根据《前海深港现代服务业合作区总体发展规划》，前海国内生产总值2015年达到500亿元，2020年达到1500亿元。要实现这两个阶段性目标，需要研究前海的人才资源支撑。但是，前海经济社会发展才刚刚起步，更没有历史统计数据。怎样确定前海未来的人才需求总量就成了个难题。

本报告采用了标杆数据推理方式确定。

首先，根据现代服务业发展的不同层次和水平，选择深圳、上海浦东、香港、新加坡四个区域（国家）作为前海发展的参照标杆。

其次，选取标杆的某一具体的年份数据（或一个时期的平均数据）作为标杆数据。

再次，是根据这些标杆数据，借助数学工具，构建模型，测算出各产业增加值比例关系、产业增加值与产业人才资源数量的关系。

最后，将前海发展目标值按照上述测算出来的各产业比例关系分解到各个产业，并依据产业增加值与产业人才资源数量关系模型，测算出各产业人才资源。

对于测算出来的数据应用，本报告按照以香港为标杆、以深圳为基础、以浦东为国内参照、以新加坡为国际参照的思路而进行。四个城市区域（国家）的产业数据比较见表专8—1。

关于最后一步，即对前海现代服务业人才数量的测算，留待其他专题研究分析。

表专 8—1　深圳、上海浦东、中国香港、新加坡四大服务业数据比较

	指标项目	深圳（2009 年）	上海浦东（2009 年）	中国香港（三年均值）	新加坡（2008 年）
金融	人才资源数（人）	90983	145300	149895	98800
	占总人才资源百分比（%）	1. 31	7. 23	4. 29	5. 40
	金融业增加值（百万元）	111062	70828	258878（百万港元）	35559（百万元新币）
	增加值占 GDP 的比重（%）	13. 54	17. 70	15. 80	15. 30
	人均增加值（万元）	122. 07	48. 70	172. 71（万港元）	35. 99（万新币）
现代物流	人才资源数（人）	203542	204800	134445	110000
	占总人才资源百分比（%）	2. 94	10. 19	3. 84	6. 00
	物流业增加值（百万元）	78953	13844	62262（百万港元）	21445（百万元新币）
	增加值占 GDP 的比重（%）	9. 63	3. 50	3. 80	8. 00
	人均增加值（万元）	38. 79	6. 76	46. 31（万港元）	19. 49（万新币）
信息服务	人才资源数（人）	145510	42000	16021	134000
	占总人才资源百分比（%）	2. 10	2. 09	0. 46	7. 30
	信息服务业增加值（百万元）	32045	21016	20820（百万港元）	11815（百万元新币）
	增加值占 GDP 的比重（%）	3. 90	5. 20	1. 27	4. 90
	人均增加值（万元）	22. 02	50. 04	129. 95（万港元）	8. 81（万元新币）
科技服务	人才资源数（人）	94789	49300	135746	222100
	占总人才资源数百分比（%）	1. 37	2. 45	3. 89	12. 14
	增加值（百万元）	11859	9803	48716（百万港元）	48187（百万元新币）
	增加值占 GDP 的比重（%）	1. 45	2. 45	2. 97	21. 47
	人均增加值（万元）	12. 51	19. 88	35. 89（万港元）	21. 69（万元新币）
四大产业之和	人才资源数（人）	534824	441400	436107	564900
	占总人才资源数百分比（%）	7. 72	21. 94	12. 47	30. 84
	增加值占 GDP 比重（%）	28. 52	13. 87	28. 85	49. 67

注：1. 浦东在 2009 年将原上海南汇区合并组成新浦东。

2. 由于受 2008 年金融危机的影响，香港金融业发展峰值在 2007 年，其后香港经济在逐步恢复中，表中数据取香港 2007、2008、2009 年三年的均值。

3. 新加坡各产业人数只能找到 2008 年的统计数据。

（一）中国香港

香港2000年至2009年四大现代服务业的人才资源数量及产业产值如表专8—2所示。

由于受2008年金融危机的影响，香港金融服务业发展的峰值是2007年，受全球经济的影响，2009年以来，香港金融服务业发展逐步回升。另外，由于从2007年起，香港统计处开始执行新的行业分类标准（HSIC），使得2007年前的现代物流数据很难准确获得。考虑这两个因素，本报告以2007、2008、2009年香港三年的算术平均数作为研究的标杆数据。

根据所得数据求出四大现代服务业分别占四大现代服务业总增加价值的比重为：66.13%（金融业）、5.37%（信息服务业）、12.61%（专业科技服务业）、15.9%（现代物流业）。另外，由于四大服务业的发展离不开公共服务业的辅助与支持。香港公共行政及个人服务业服务的对象包括现代服务业在内的所有行业。所以，本报告采用现代服务业增加价值在GDP中所占的比重作为公共行政及个人服务业服务于现代服务业所产生的增加价值占其总增加价值的比例。同样受到数据有限的限制，香港现代服务业的增加价值与对应的公共服务业的增加价值之间的关系以两者比值的算术平均值为标准。由此，可以得出四大现代服务业与其配套的公共服务业的比例关系系数是6.13。换而言之，6.13个单位的四大现代服务业增加值可以产生1个单位的公共服务业增加值。

根据数据的完备与否，采用不同测算工具，对产业增加值与产业人才资源数量的关系进行分析。对于金融、信息服务、科技服务业采用一元线性回归的方法构建增加值与人才资源数量的回归模型，对于不具备回归条件的现代物流业，采用近三年物流业增加值与物流业人才资源数量比值的算术平均值。

表专 8—2　中国香港四大高端服务业产值及人才资源数量状况表

人才资源数量单位：人　价值单位：百万港元

年份	本地生产总值	公共服务业增加价值	金融业		信息服务		专业技术		现代物流		四大服务业人才资源数量	四大服务业总增加价值
			人才资源数量	增加价值	人才资源数量	增加价值	人才资源数量	增加价值	人才资源数量	增加价值		
2000 年	1317650	238807	132027	143760	38164	56576	77811	29196	—	—		—
2001 年	1299218	250355	133180	140171	39150	60156	80312	31708	—	—		—
2002 年	1277314	249808	129585	135311	34977	59106	80890	30595	—	—		—
2003 年	1234761	245556	124050	142337	30019	58992	83960	31660	—	—		—
2004 年	1291923	247073	125639	148201	30719	61050	88495	34977	—	—		—
2005 年	1382590	243792	132038	163223	29977	66024	94315	36624	—	—		—
2006 年	1475357	245295	134448	216415	15712	20021	123051	38803	—	—		—
2007 年	1615574	254391	144725	296791	15396	20557	130951	45664	134942	71109	426014	434121
2008 年	1677011	269601	152806	250760	16206	20925	136930	48532	135994	61878	441936	382095
2009 年	1622203	279453	152154	229084	16460	20978	139357	51952	132400	53800	440371	355814
最近三年平均值	1638263	267815	149895	258878	16021	20820	135746	48716	134445	62262	436107	390676

注：数据来源，香港统计年刊 2010 与香港服务业统计摘要 2010。

（二）深圳

深圳2004年至2009年四大服务业增加值及从业人员数量见表专8—3。

表专8—3 深圳四大服务业增加值及人才资源数量状况表

人才资源数量单位：人 价值单位：亿元人民币

年份	深圳GDP	金融业		物流业		信息服务业		科技服务业		四大服务业增加值
		人才资源数量	增加值	人才资源数量	增加值	人才资源数量	增加值	人才资源数量	增加值	
2004	4282.14	44976	273.08	105476	184.87	94537	155.87	53074	51.68	665.5
2005	4950.91	53044	305.68	127159	215.69	95122	166.86	58348	57.4	745.63
2006	5813.56	56784	462.66	141792	250.73	123623	187.55	67703	69.2	970.14
2007	6801.57	69697	765.7	162889	290.94	134078	233.24	86561	64.69	1354.57
2008	7786.79	85974	969.36	166070	298.5	140521	320.45	85846	110.5	1698.81
2009	8201.31	90983	1110.62	203542	309.18	145510	354.3	94789	118.58	1892.68

资料来源：2004年、2005年、2006年、2007年、2008年和2009年深圳市统计年鉴统计数据整理。

（三）上海浦东

浦东2005年至2009年四大服务业增加值及人才资源数量见表专8—4。

（四）新加坡

受统计数据的限制，本报告仅能获取到新加坡2008年一年的人才资源数据，因而只能简单以新加坡2008年为模板，对各服务业增加价值与服务业人才资源数量的关系进行分析，并以此为参考来推断2015年及2020年前海四大服务业各自的增加价值及各自的人才资源。新加坡2005至2009年现代服务业的增加价值如表专8—5所示。

2008年新加坡四大服务业增加价值与人才资源数量如表专8—6所示。

表专8—4　2005—2009年上海浦东新区现代服务业人才资源数量情况统计表

单位：万人

年份	浦东新区人才资源数量	金融业			现代物流业			信息服务业			科技服务业			综合服务
		人才资源数量	增长率(%)	占新区人才资源数量比重(%)	人才资源数量	增长率(%)	占新区人才资源数量比重(%)	人才资源数量	增长率(%)	占新区人才资源数量比重(%)	人才资源数量	增长率(%)	占新区人才资源数量比重(%)	人才资源数量
2005	144. 08	9. 32	—	6. 47	11. 28	—	7. 83	2. 90	—	2. 01	5. 42	—	3. 76	6. 44
2006	146. 71	10. 13	8. 69	6. 90	10. 14	-10. 11	6. 91	3. 26	12. 41	2. 22	0. 72	-86. 72	0. 49	5. 91
2007	149. 08	12. 37	22. 11	8. 30	11. 85	16. 86	7. 95	3. 50	7. 36	2. 35	0. 83	15. 28	0. 56	7. 12
2008	150. 76	13. 69	10. 67	9. 08	11. 80	-0. 42	7. 83	4. 18	19. 43	2. 77	2. 82	239. 76	1. 87	6. 69
2009	200. 95	14. 53	6. 14	7. 23	20. 48	73. 56	10. 19	4. 2	0. 48	2. 09	4. 93	75. 82	2. 45	8. 66

资料来源：2006年、2007年、2008年、2009年和2010年上海浦东新区统计年鉴统计数据整理。

表专 8—5　新加坡现代服务业增加价值状况表

价值单位：百万元新币

年度	2005 年	2006 年	2007 年	2008 年	2009 年
金融业	21675	24104	28825	35559	40426
科技服务业	28029	36320	43020	48187	56908
信息服务业	9685	10145	10663	11815	12914
物流业	18037	20745	21632	21445	21204
总和	77426	91314	104140	117006	131452
总值增长率(%)		17.94	14.05	12.35	12.34
GDP 总量	208763.70	230509.20	266405.10	273537.20	265057.90
占 GDP 比重(%)	37.09	39.61	39.09	42.78	49.59

资料来源：根据新加坡统计年鉴 2010 年统计数据整理。

表专 8—6　2008 年新加坡四大服务业增加价值与人才资源数量状况表

2008 年	人才资源总数(人)	占新加坡劳动人口(183 万)的比重(%)	增加价值(百万新币)	人均产值(万新币)
金融业	9.88 万	5.40	35559	35.99
物流业	11.00 万	6.00	21445	19.50
信息产业	13.40 万	7.30	11815	8.82
科技服务业	22.21 万	12.14	48187	21.70
四大总数	56.49 万	30.84	117006	20.71

借鉴 2005—2009 年新加坡四大服务业平均产值占四大服务业总产值的比例，可以得出 2005—2009 年新加坡科技服务业平均增加值占到了四大服务业的 40%，金融业平均增加值占四大服务业的 29%，物流业的平均增加值占四大服务业的 20%，信息服务业的平均增加值占四大服务业的 11%。借鉴 2008 年新加坡四大服务业的从业人数，可以求出人均产值（按照人均新币/人折合，即 1 新加坡元 =5.2743 人民币元，这是 2011 年 7 月 12 日的数据）如表专 8—7 所示。

表专 8—7　新加坡四大服务业各数据比较表

2008 年	从业人员总数	增加价值（百万新元）	增加价值（折合为人民币百万元）	人均增加价值（万元）
金融业	9.88 万	35559	187548.83	189.83
物流业	11.00 万	21445	113107.36	102.82
信息服务业	13.40 万	11815	62315.85	46.50
科技服务业	22.21 万	48187	254152.69	114.43
总数	56.49 万	117006	617124.75	—

人才资源能不能转变为经济社会发展的第一资源，关键体现在人才效能上，而人才效能在现代服务业最有效、最直接的评价指标就是人均增加值。通过对深圳、香港、浦东、新加坡四城市区域（国家）四大服务业数据比较，可以发现四个区域（国家）四大服务业人均增加值的分布有明显的差异。第一是新加坡，从总体来说人才效能最高，除信息服务业较低外，其在金融业、现代物流业、科技服务业领域都大大超过其他三个城市区域。第二是香港，与深圳和浦东相比，香港在金融业、信息服务业、科技服务业都有较明显的比较优势。第三是深圳与浦东在四大服务业上各有优势，其中深圳在金融业和现代物流业上都强于浦东，而在信息服务业和科技服务业上则处于相对劣势。

专题报告九

前海人才特区人才发展 SWOT 分析报告

开发建设前海深港现代服务业合作区，是国家在深圳经济特区建立30周年的重要历史节点上作出的一项重大战略决策，是深圳市在国家对外开放格局中战略地位的又一次提升，既反映了党中央、国务院对深圳市改革开放的重视和支持，也承载着深圳未来30年继续先行先试、担当科学发展排头兵的历史使命。

前海合作区的建设刚刚起步，各项规划正在有条不紊地进行。其中，最为重要的是人才队伍的建设问题。进行人才资源的规划，必须弄清楚前海深港现代服务业合作区的人才资源发展环境，对其进行战略分析，明确战略方向。本专题利用SWOT这一传统战略分析工具，分析前海合作区人才资源发展环境面临的机会和威胁，自身存在的优势和劣势，在此基础上进行人才资源发展环境的SWOT综合分析，明确前海合作区人才资源建设的战略方向，这对开发前海乃至引领中国现代服务业发展都具有重要的战略意义。

一、前海合作区面临的机会

（一）经济全球化发展为深港合作提供了机遇

在当前经济全球化和区域经济一体化步伐不断加快的新形势下，规划建设合作新载体，寻求探索合作新模式，已经成为粤港两地的广泛共识和迫切需求。前海深港现代服务业合作区正是在此背景下顺势谋划建设的粤

港合作新载体、进行的新探索和新试验。这一合作平台的建立，将有利于发挥前海紧邻香港的独特区位优势，汇聚深港两地的人才、技术、市场等资源，促进人员、物资、资金和信息的高效集聚和合理流动，推进粤港经济实现一体发展和共同发展，进而全面提升粤港整体竞争力。

（二）国际金融危机提供了大量富余服务业人才

2008 年春、夏，美国次贷危机迅速演变为金融海啸，国际金融市场剧烈震荡。经过将近三年的时间，国际金融市场渐趋稳定，但金融风险并未完全消除，国际金融危机余波未了。2011 年 8 月初，受美国债务危机的影响，美国信用评级下降，导致全球股市下跌；希腊、爱尔兰债务危机尚未结束，意大利、西班牙债务危机正在发展，欧洲金融危机可能全面爆发。世界经济出现二次探底的趋向。

虽然国际金融危机对中国经济有破坏作用，但是对吸纳国际高端金融人才和金融服务人才却面临机遇。国际金融危机，使包括资本、人力等在内的各种生产要素在世界范围内重新洗牌，不少国际知名大公司、大集团纷纷裁员，这对深圳前海来说，是吸引各类国际高端金融人才以及其他服务业人才的大好机会。

（三）开发前海已上升为国家战略

前海合作区的战略定位是：现代服务业体制机制创新区、现代服务业集聚发展区、香港与内地紧密合作先导区、珠三角地区产业升级引领区，同时明确金融、现代物流、信息服务、科技服务及其他专业服务为四大重点发展产业。

开发开放前海是实施国家发展战略、把特区办得更好的重大举措，充分体现了国家构建对外开放格局、加快转变经济发展方式的战略构想。前海尽管面积不大，但使命光荣、责任重大。前海所要建立的不是一般意义上的开发区，而是具有改革探索意义的试验区；前海所要进行的试验也不是一般意义上的试验，而是具有全局性、方向性的试验，在一定程度上关系到经济体制改革深化的纵深方向，关系到未来发展模式完善的取向。国家对前海引领带动全国改革开放和现代服务业发展寄予厚望。有关部门在批复中强调，在前海发展现代服务业，是新时期改革开放的重大举措，要利用前海粤港合作平台，推进与香港的紧密合作和融合发展，逐步把前海建设成为粤港现代服务业创新合作示范区，成为全国现代服务业的重要基地和具有强大辐射能力的生产性服务业中心，引领带动我国现代服务业发展升级。

二、前海合作区面临的威胁

（一）国际人才竞争的威胁

人才争夺是当今世界一场从未停止过的不见硝烟的战争。进入 21 世纪以来，越来越多的国家认识到人才发展对于国家发展的极端重要性，国与国之间，特别是发达国家与发展中国家之间展开了激烈的人才竞争，世界人才发展呈现新的趋势和动向。

美国政府大力扶持大学发展，由此形成了世界上最强大的大学体系和科研机构。现在的美国有着世界顶级的教育水平和教育资源，它以独一无二、完全开放式的学习教育系统和优厚的奖学金，吸引各国受过良好基础教育的学生及学者赴美学习，毫不夸张地说，这已经形成对别国人才的“掠夺”。美国还非常重视合理使用人才、留住人才。美国强调人才的自由流动、自行择业体制，努力消除各种限制和歧视，这样的体制鼓励人才“冒尖”，同时也迫使雇主为了留住人才进行竞争，从而提高人才的待遇。据美国劳工部预测，美国目前需要 100 多万名掌握软件技能的人才，而美国国内的培养能力只能满足需求的 1/3。一方面，从欧盟、日本、澳大利亚、加拿大等发达国家到印度、巴西等新兴发展中国家，都在千方百计猎取各类高层次人才。另一方面，人才向发达国家流动加速。据联合国统计，全世界约有 1.91 亿人在出生国以外的地区工作，人才在全球范围内不断流动尤其是向发达国家流动的趋势明显。如今中国已经派出约 160 万名留学生，居世界之最，而归国留学人员不到 1/3，滞留在国外的留学生超过百万。

（二）国内人才竞争的威胁

随着人才强国战略的实施，各地逐渐认识到人才对区域经济发展的重要作用，纷纷出台各种优惠政策吸纳人才，对前海人才资源的集聚形成竞争态势。

长三角在人才总量和质量方面，在全国都处于前列，自2003年上海、江苏、浙江两省一市人民政府在签署了《关于沪苏浙共同推进长三角区域创新体系建设协议书》《长三角人才开发一体化共同宣言》，长三角人才一体化程度大大提升，对人才的吸引力大大提高。随着天津滨海新区国家综合配套改革实验区的开发建设，天津滨海新区的开发建设成为国家的战略，与1990年的上海浦东新区和1980年的广东和福建的经济特区有着同等的地位。因此，以天津滨海新区及北京为核心的环渤海地区将迎来新一轮经济的快速成长和经济转型。随着西部大开发、中部崛起以及东北老工业基地复兴三大战略的深入开展，上述地区的资源优势将会得到发挥，发展速度也会加快，而包括前海在内的珠三角地区的原有优势将会有所弱化。三大开发战略的实施一方面加速了产业的转移，另一方面也促使当地人才更多留在本地服务。

三、前海合作区具有的优势

（一）深港合作优势

前海积极加强与港澳台、境内人才资源密集区域的人才合作，推动建立流动便捷、优势互补、合作共赢的人才区域合作格局。同时，深化与港澳台人才发展合作，加大教育、培训等方面的交流力度，共同打造专门人才培训基地；以“深港创新圈”为载体，鼓励开展前沿技术研究合作，探索共建共享的有利于区域人才合理流动的体制机制；建设深港技术创新合作基地，支持其申报国家重点实验室和科研项目，联手打造世界级的创新中心。这一系列举措，对前海的发展具有重要的支撑作用。

（二）先行先试的权力

在体制机制创新方面，国家鼓励前海对政策法规没有明确规定的领域，借鉴国际经验，先行先试，通过特区立法规范管理；对国家只作原则性规定的领域，制定相应的实施细则，探索发展；对国家已作出明确规定的领域，在非金融类产业项目的审批管理上，赋予前海管理机构相当于计划单列市的管理权限；对特殊领域如金融行业，监管部门可设立专门机构直接监管，支持创新实践；在全国人大授予的经济特区立法权限范围内，制定促进前海现代服务业规范发展的法规。

在产业创新发展方面，国家支持前海以生产性服务业为重点，积极打造现代服务业发展集聚区，重点创新发展金融、现代物流、信息服务、科技服务及其他专业服务业四大重点产业。特别是在创新金融方面，明确前海作为国家金融创新和对外开放的试验示范窗口的发展定位，并适当降低香港金融机构和金融业务准入门槛，支持金融改革创新项目在前海先行先试，营造良好的金融生态环境，吸引各类金融机构在前海聚集发展。

在加大政策支持力度方面，为支持前海合作区创新发展，国家相应明确了营造优质高效的政府服务环境、打造社会主义法治模范区、财政税收、土地政策、口岸服务、社会保障、人才支撑等七个方面的相关配套支持政策。

（三）良好的区位环境

前海通过选商选资选才并举，营造比较优势明显、国际一流的营商环境。启动前海“一站式”服务体系和社会公共服务体系建设，构建高效廉洁的创新型服务体系，推行“一站式”、门到门服务，优化和规范行政审批，做到统一管理、限时办理、跟踪服务，全面提升工作效率和服务效能。包括科技、金融要素市场等在内的若干重点项目在前海揭牌落地；利用深港两地比较优势，建立人才智力高度密集、体制机制真正创新、与国际高度接轨、最大限度激发人才活力的“人才特区”，营造优良的人才环境，促进现代服务业人才在前海的集聚发展，打造现代服务业人才高地。

前海坚持政府引导、高端引领、统筹兼顾、优化环境、激发活力的原则，实现政府、社会与市场多方互动，准确把握世界人才流动规律，在前海创造和提供与国际先进城市条件类似、环境相仿、观念相通、文化相融的人才发展平台和各种有效载体，着力构建促进人才发展的政策法制环境、安居乐业的生活环境、重才爱才的人文环境。通过制度建设和完善配套，推动新兴产业要素特别是高级人力资本的培育，使前海成为全球范围内现代服务业高端人才成功机会最多、集聚条件最好的地区之一，切实打造国际化的现代服务业人才集聚高地。

四、前海合作区存在的劣势

（一）体制机制优势已不明显，激励保障政策优势不突出

作为前海母体的深圳经济特区成立30年来，历届市委、市政府高度重视人才工作，坚持实施人才强市战略，凭借改革先行优势、体制机制优势和区位优势，吸引了一批又一批优秀人才来深创新创业，造就了“孔雀东南飞”的时代景象，取得了举世瞩目的成就。

在新时期新形势下，深圳在人才吸引上正面临更加激烈的竞争，深圳的体制机制优势已经不如过去那么明显，激励保障政策已没有突出优势，而且全国各地的创业环境、创新氛围也都在迅速改善。深圳市人才工作虽然取得了显著成绩，但人才结构和布局仍不尽合理，高层次创新创业人才特别是领军型人才紧缺，人才国际化程度还需进一步提高，政府、社会、市场有效互动的体制机制尚待完善，人才住房等生活成本不断提高，吸引激励人才的服务保障体系还有待健全，人才吸引力有所弱化。

（二）缺乏足够的人才资源

前海合作区位于深圳南山半岛西部、珠江口东岸，与香港、澳门毗邻，地处珠三角区域经济发展主轴和沿海功能拓展带的十字交汇处，占地面积约15平方公里。目前，前海仅仅是深港合作的规划区，并不是成熟

的城市，还处于百业待兴阶段，基础建设等刚刚规划，要在这样一块空地上建设世界级服务业示范区，最重要的是人才。前海的建设才刚刚开始，最缺乏的就是人才，特别是具有世界眼光和从业经验的现代服务业从业人才。

五、前海合作区人才发展的战略选择

（一）前海合作区人才发展战略的 SWOT 矩阵

根据前面对前海人才发展战略环境的机遇、威胁以及优势与劣势的分析，可以绘出前海人才发展战略的 SWOT 矩阵（见表专 9—1）。

表专 9—1　前海人才发展战略的 SWOT 矩阵

<table>
<tr><td colspan="3" rowspan="5"></td><td colspan="2">内部条件</td></tr>
<tr><td>优　势</td><td>劣　势</td></tr>
<tr><td>1. 深港合作优势</td><td rowspan="2">1. 体制机制优势已不明显，激励保障政策优势不突出</td></tr>
<tr><td>2. 先行先试的权力</td></tr>
<tr><td>3. 良好的区位环境</td><td>2. 缺乏足够的人才资源</td></tr>
<tr><td rowspan="5">外部环境</td><td rowspan="3">机遇</td><td>1. 经济全球化发展为深港合作提供了机遇</td><td rowspan="3">SO 组合战略
在经济全球化、一体化和前海开发上升为国家发展战略的大好时机，充分利用前海深港合作的体制优势以及先行先试的权力，打造良好的区位人才环境，吸引国际化的现代服务业人才。</td><td rowspan="3">WO 组合战略
利用经济全球化、一体化和前海开发上升为国家战略的大好时机以及国际金融危机提供的大量富余人才，在人才体制和机制上寻求新突破，在人才激励保障政策上寻求新高度，吸引和留住人才。</td></tr>
<tr><td>2. 国际金融危机提供了大量富余服务业人才</td></tr>
<tr><td>3. 开发前海已上升为国家战略</td></tr>
<tr><td rowspan="2">威胁</td><td>1. 国际人才竞争的威胁</td><td rowspan="2">ST 组合战略
充分利用前海先行先试的权力和良好区位优势，制定比其他地区更优惠的人才政策吸引和保留人才。</td><td rowspan="2">WT 组合战略
在人才体制和机制上寻求新突破，在人才激励保障政策上寻求新高度，建立比较优势，克服国际人才竞争和国内人才竞争的威胁。</td></tr>
<tr><td>2. 国内人才竞争的威胁</td></tr>
</table>

(二) 前海人才发展战略的SWOT组合分析

1. SO组合战略

SO组合战略的核心思想是“利用优势，抓住机遇”，是一种增长型战略。对于前海人才发展战略而言，可以表述为“在经济全球化、一体化和前海开发上升为国家发展战略的大好时机，充分利用前海深港合作的体制优势以及先行先试的权力，打造良好的区位人才环境，吸引国际化的现代服务业人才”。SO组合战略要求前海在实施人才发展战略的过程中，一方面要充分利用前海深港合作的良好条件、国家战略地位和先行先试的权力，加大高层次、高素质、高技能的服务型人才的引进力度和培养力度；另一方面要为人才提供更好的创新、创优、创业平台，提高前海人才队伍的产出水平和经济贡献率。

2. WO组合战略

WO组合战略的核心思想是“消除劣势，抓住机遇”，是一种扭转型战略。对于前海人才发展战略而言，可以表述为“利用经济全球化、一体化和前海开发上升为国家战略的大好时机以及国际金融危机提供的大量富余人才，在人才体制和机制上寻求新突破，在人才激励保障政策上寻求新高度，吸引和留住人才”。WO组合战略要求前海在实施人才发展战略的过程中，一方面要充分利用前海深港合作的良好的经济发展条件、国家战略地位，加大高层次人才、高素质人才、高技能人才的引进力度和培养力度；另一方面要通过进一步在人才体制和机制上以及人才激励保障政策上的新突破，来增加现代服务业人才队伍规模，提高现代服务业人才队伍的增长速度，提升现代服务业人才的产出水平。

3. ST组合战略

ST组合战略的核心思想是“利用优势，避开威胁”，是一种多元发展战略。对于前海人才发展战略而言可以表述为“充分利用前海先行先试的权力和良好区位优势，制定比其他地区更优惠的人才政策吸引和保留人才”。ST组合战略要求前海在实施人才发展战略的过程中，一方面要通过改善人才的成长环境和发展环境，打造良好的区位优势来吸引优秀的人才；另一方面要利用前海先行先试的权力，制定比其他地区更优惠的人才政策，吸引和保留人才。

4. WT 组合战略

WT 组合战略的核心思想是“消除劣势，避开威胁”，是一种防御型战略。对于前海人才发展战略而言，可以表述为“在人才体制和机制上寻求新突破，在人才激励保障政策上寻求新高度，建立比较优势，克服国际人才竞争和国内人才竞争的威胁”。ST 组合战略要求前海在实施人才发展战略的过程中，主要寻求在人才体制机制上的新突破和人才激励保障政策上达到新高度，从而建立政策比较优势吸引和保留人才。

（三）前海人才发展战略的战略选择

本文认为前海人才发展战略并不能单一地采用上述四种 SWOT 组合战略中的一种战略，而应当综合考虑前海人才发展环境的机遇、威胁、优势、劣势诸因素。在抓住机遇的同时，不能忽视威胁的存在；在利用优势的同时，同样不能忽视对劣势的消除。因此，前海人才发展战略是一种以 SO 组合战略为主的综合战略。本文对这种综合战略的表述如下：“在经济全球化、一体化和前海开发上升为国家发展战略的大好时机，充分利用前海深港合作的体制优势以及先行先试的权力，打造良好的区位人才环境，在人才体制和机制上寻求新突破，在人才激励保障政策上寻求新高度，制定比其他地区更优惠的人才政策，建立政策比较优势，吸引和保留人才，提高人才的产出效益。”

专题报告十

前海人才特区建设总体框架设计研究报告

一、建设方针

（一）指导思想

深入贯彻落实科学发展观，牢固树立人才资源是第一资源的理念，围绕前海建设现代服务业体制机制创新区、现代服务业集聚区、香港与内地紧密合作先导区、珠三角地区产业升级引领区的战略定位，坚持服务发展、人才优先，以形成国际人才竞争比较优势为主题，以吸引现代服务产业高端精英人才为重点，赋予特定人才以特殊机会，给予特定群体以特殊支持，以独特的人才特区定位，占领人才发展先机，实现以产业定位谋划人才定位，以人才优势塑造产业优势。围绕重要领域、重点产业和重大项目，不断创新人才体制机制，构建前瞻性政策服务体系，营造高品质国际化人才环境，创建国际人才服务发展品牌，增强在现代服务业培养、引进、保留一流专业人才的国际竞争实力，率先建成具有全国示范效应的服务业发展“人才特区”，打造世界服务业人才发展战略高地，为实现前海深港现代服务业合作区的快速优质发展提供人才保障和智力支撑。

（二）发展主线

1. 从突出投资拉动转变为突出人才优先发展

前海合作区的经济发展，主要不是依靠资金、技术、管理，而是依靠将这些要素聚合到一起的高素质人才，特别是国际化领军人才。前海发展要把人才发展摆在优先发展的战略位置，把人才优先与创新驱动、转型发展放在同等重要的位置，实现从招商引资走向招才引智的重大思路转型，努力做到人才资源优先开发、人才结构优先调整、人才投入优先保证、人才制度优先创新。以人才优先带动前海合作区产业创新进入新境界，引领转型升级进入新阶段，为加快建设现代服务业集聚区提供强大的动力引擎，打破前海未来产业跃升发展的软约束。

2. 从突出规模扩张转变为突出转变人才发展方式

前海合作区的人才发展，要在形成适当人才规模的同时，更加注重人才结构优化和人才层次提升，以满足前海合作区发展模式转型、产业结构升级和社会发展推进等方面的未来需求，为前海突破式发展提供强有力的战略人才储备。围绕前海合作区四大重点产业发展的战略布局，要着眼于在目前世界相关产业中心搜寻相关领域人才，加大人才的全球性配置力度，通过人才培养、市场推动等手段加快深圳及珠三角地区现有人才结构的战略性调整和能级水平的大幅度提升。

3. 从关注单一产业人才转变为关注人才发展生态

前海合作区的人才工作，必须在促进重点产业领域发展的同时，从着眼于提高区域人才生态、人才链条的完整性，构建与现代化国际城市相称的人才要素体系出发，关注和重视经济社会发展相关领域的人才资源开发问题，使前海合作区的人才在结构、素质、层次和领域方面达到合理的匹配，以产生人才整合和溢出效应，显现人才生态效益，提升前海合作区对国际化、高层次、重点产业领域尖端人才的吸引力、承载力和附着力，增强区域整体人才竞争力水平和可持续发展能力。

4. 从依赖单一政策突破转变为突出综合环境优化

前海合作区的人才环境，包括工作环境和生活环境，是人才吸引力、

集聚力和竞争力的形成基础。营造高品质的人才发展综合环境是促进前海合作区人才发展的关键，是衡量前海合作区人才工作水平的主要标志之一。要建设具有世界影响力的前海深港人才特区，必须积极营造前途广阔的事业发展环境、公平诚信的市场竞争环境、包容和谐的社会人文环境，把前海合作区建设成为既宜于创业创新，又宜于生活居住的人才家园和心灵港湾。

5. 从关注人才改革试点转变为关注体制机制整体创新

前海合作区的人才建设，必须遵循市场经济规律和人才资源开发规律，不断创新人才工作理念，牢牢把握住转型发展的契机，从法制、税收、金融、人才管理与服务政策等重点领域、关键环节入手，从用好国内、国际两种人才资源出发，以国际化、市场化为重点，进一步加大思想解放和改革力度，转变人才管理方式，破除不利于人才集聚、成长和发展的体制机制瓶颈与障碍，加快推进人才法制化进程，充分发挥市场配置的基础性作用，形成符合前海合作区产业发展治理要求的、有效激发活力的人才管理体制机制。

（三）基本原则

1. 先行先试

以建设具有世界影响力的人才特区为努力方向，广泛借鉴国际先进经验，对上积极争取，对内积极沟通，加强政策创新力度，不断突破人才发展瓶颈，聚焦特定对象，实施特别政策，通过在政策法规、人才载体、服务管理、激励保障、生活配套等方面大胆实践、大胆突破，努力形成满足高层次人才发展需要的优越环境，增强对国际一流人才的吸引力和凝聚力，努力建成国际最具吸引力、最有活力的世界服务业人才集聚区之一。

2. 重点突破

围绕前海合作区的战略定位，以高层次创新创业人才和国际一流专业人才为重点，实施一系列特殊的法制、税收、金融、人才管理与服务政策，消除影响人才有效流动和使用的体制性障碍，推动区域人才合作、人才国际化、人才市场化和人才支撑载体建设，努力营造富有内涵、独具特色、与前海开发开放相适应的国际人才环境，培育一批成长快、成效好、示范性强的人才发展典范，带动和辐射珠三角地区国际人才资源开发，动态形成和持续保持前海合作区集聚国际人才的比较优势。

3. 以用为本

以促进人的全面发展为根本方针，把充分发挥各类人才的作用作为工作的着力点，坚持“四个尊重”方针，坚持用足用好国内人才与引进吸纳海外人才相结合，积极为各类人才干事创业和实现价值提供良好的平台和条件，使各类人才学有所用、各得其所、用当其时、各展所长。实现以人才优势谋划产业优势、以产业优势带动人才集聚的良性互动，努力形成高端团队集结、一流人才辈出、创新成果涌现、人才活力迸发的人才局面。

4. 服务发展

遵循人才资源开发和使用规律，充分发挥市场的基础性配置作用。用改革创新精神，推动理论创新、体制机制创新和方式方法创新。将服务发展作为人才特区建设的出发点和立足点。建立、完善“小政府、大服务、高效率、国际化”的新型管理服务模式和省部际协调机制、非金融领域计划单列市审批权限、法定机构的运作模式。建立以企业为主体，市场引导、政府推进、社会参与的多元化人才开发机制。围绕更好培养、吸引、使用人才等环节，不断完善有效促进各类人才发展的政策措施，建立一套既顺应国际发展潮流，又符合我国国情、充满生机和活力的人才管理体制机制。

二、总体构想

（一）战略愿景

前海深港人才特区定位：汇聚全球（产业）精英，构筑（世界）人才金港。

将前海打造成为世界尖端的产业发展和人才发展平台；成为汇聚全球最优秀、最顶尖服务业专业化人才，具有世界领先高产值密度的人才金

港；全世界有理想、有抱负的青年才俊都有机会在这里获得发展、创造奇迹。

（二）战略定位

前海人才特区突出四个“国际”，即国际城市、国际人才、国际标准、国际模式。通过四个“国际”来建设现代化、特色化、魅力型国际人才社区，打造具有全球影响力的金融人才集聚中心，成为世界服务业人才发展战略高地。

国际城市：突出人才集聚的国际化取向，构建国际一流的城市品质风貌，打造多肤色、跨文化国际化创新城市新形象。

国际人才：汇聚全球最优秀、最顶尖的专业人才，发挥高端国际人才的示范带动作用，实现人才来源多元化、人才流动全球化、人才素质高端化、人才构成国际化、人才发展多元化。

国际标准：实现人才体制机制与国际接轨，人才政策符合国际惯例，人才发展平台和人才发展环境世界领先。

国际模式：建立创新型增长与包容性增长有机结合的可持续发展模式，以人才集聚与产业集聚的有效互动，实现国际财智汇聚。

（三）特区标识

现代化、特色化、魅力型国际人才社区的概念标识：深蓝港湾，绿色家园。

深蓝港湾：生活定位，清亮明澈，宁静致远；毗邻大海，返归自然的生活环境。即建设人才宜居、宜聚、可持续发展的生态城市。来源依据是天然深海良港。

绿色家园：工作定位，时代脉搏，旺盛活力；毗邻香港，高价值、低污染的产业定位。即打造人才自由发展、回报切实体现、价值不断提升的国际新兴产业中心城市。来源依据是高覆盖服务业布局。

通过明确城市定位、创新城市文化，建立城市品牌标识，提升城市综合品质，使前海成为国际上各类不同背景、不同地域人才观念相融、交流愉悦、生活便利、轻松自然的深蓝港湾和绿色家园，努力在世界产业高端人群中构建前海人才特区“有节奏，有情调、有效率，有生活”的心理定位和认知，实现既让“近者悦”又使“远者来”。

（四）理念内涵

1. 特区之“特”

特区之“特”主要有四个方面。

（1）特殊使命：探索国际化人才发展的新路子、深港人才深度合作的新途径、服务业人才队伍建设和人才工作的新经验。

（2）特别制度：通过省部际协调机制及税、法、币、人方面取得新突破，接轨国际通行营商规则及国际化人才管理制度。

（3）特别定位：定位于人才国际化、市场化、深港合作化发展，聚焦特殊人才对象，即创新金融、现代物流、信息服务、科技服务四大产业人才。

（4）特殊环境：打造深港互补、经济一体、国际融合、包容和谐的国际人才社区和国际一流人才发展平台。

2. 特区理念

特区理念主要是：坚持高端服务产业与国际一流人才的和谐互动；坚持符合国际惯例和国际标准的人才制度建设；坚持世界各国产业精英的无障碍流动与社区融入；坚持打造与国际产业中心城市相媲美的人才发展软环境。

3. 人文理念

人文理念主要有五个方面。

（1）简单：塑造自由宽松、平等竞争、求真务实、有为有位的人才发展环境和人才成长氛围。

（2）生动：形成多元化、多样化元素广泛汇集、国际人才沟通便捷、互动频繁、创新活跃、蓬勃发展的人才社区。

（3）诚信：树立“君子重德”的人才取向，建立“诚信为本”的产业环境，打造国际化发展的人才“金质名片”。

（4）包容：以人为本、以用为先，塑造兼容并包、开放多元、和谐共进的人文社会环境，推动城市可持续发展。

（5）乐观：开拓创新、积极向上，为人才脱颖而出创造机会，为人才施展才华提供平台，开创人才辈出新局面。

4. 建设理念

运用东方智慧，推动西方运作，面向全球市场，实现人才发展“中国梦”，成为国际人才发展地区典范。

（1）体现东方的价值观念，包括包容、和谐、人文关怀，以及做人的诚信原则。借鉴西方的规范运作，包括人才运作、资本运作、市场运作，以及法律规范和营商规则。使前海成为世界服务业人才中心，以国际化的人才，面向国际化的市场，建设国际一流产业。

（2）让全球一流产业人才都有意愿来前海发展，也愿意到前海安家；在这里能够获得回报，也愿意把财富留下；让每位有志青年都有机会通过自身努力实现自我梦想。让前海成为人才发展“中国梦”的创造之地和梦圆之港。

（3）实现以一种梦想引导人、以自由的环境吸引人、以广阔的事业激励人的目的。在这里，不仅能够找到心灵归宿、人生舞台，也能够创造、集聚精神财富。

（五）发展目标

1. 战略目标

打造汇聚全球产业精英的“世界人才金港”，建设现代化、特色化、魅力型“国际人才社区”，形成包容性、可持续性的人才发展“生态圈”，最终成为“国际精英高度汇集，产业环境开放融合，人才制度国际接轨，世界影响持续增强”的深港合作人才特区，为深港现代服务业合作区发展提供才智引擎。

2. 主要目标

以实施国家战略为主要依托，以实现“国际财智汇聚”为目的，以深港合作为主要方式，以前海开发开放对国际人才的迫切需求为主要导向。

（1）增强人才结构与产业结构的融合度，培养造就国际可比、素质一流、结构优化、活力旺盛、效能突出的高端专业化人才群体，人才贡献率居于国际发达城市领先水平。

（2）提升国际精英人才的承载能力和发展能力，建设人才工作体制机制与国际接轨、人才政策环境符合国际惯例的国际化人才发展平台。

（3）构建国际一流的城市品质风貌，营造有节奏、有情调、有效率、有生活、富有内涵、独具特色的国际人才生态环境，增强人才归属感，人才满意度居于国际标杆产业中心城市前列。

（4）不断衍生人才链条，健全人才生态，提升人才整合和溢出效益，带动和辐射珠三角地区国际人才开发，动态形成和保持国际人才集聚的比较优势，建立具有世界影响力的人才特区。

（六）建设路径

1. 接轨国际通行规则

遵循国际高端服务产业发展规律及国际人才成长、培养规律，接轨国际营商通行规则和国际人才管理模式，突出建立市场化导向的人才评价机制、人才引育机制、人才回报机制、人才流动机制。通过创新理念、创新机制、创新服务，在法治环境建设、税收制度、激励保障、创业支撑、通关便捷等国际人才发展层面提供助力。

2. 完善人才工作体系

从政策，到制度，到环境，到氛围。以政策创新为引导，健全竞争型的人才政策网络体系，推动人才制度的国际接轨，人才发展以“质”带“量”。通过塑造开放、包容的人才环境，形成区域产业、人才发展氛围，完善人才发展生态体系，延伸人才工作链条，产生面向国际高端产业人才的吸引力和感召力。

3. 打造城市人才品牌

从继承，到发展，到创新，到打响。继承深圳“创新城市、创业热土”的城市定位，弘扬“时间就是金钱，效率就是生命”“空谈误国，实干兴邦”“敢为天下先”的特区发展观念，结合前海现代化高端服务产业

布局，在人才理念上创新发展，壮大国际人才集群，在国家、地区、世界范围内叫响“世界人才金港”城市人才品牌。

4. 建立动态优化机制

从设计，到实施，到评估，到调整。建立深港人才特区建设的系统化闭环管理体系。从方案的设计起，在实施过程中建立外部环境扫描、内部状况监测及特区建设效果评估机制，形成定期报告制度，评价特区建设的进展程度、利弊得失，提出解决方案，形成人才工作的动态调整优化循环。

（七）主要任务

1. 推动跨境跨区域人才合作

以深港合作为核心，加快构建国内国际双向拓展的区域人才合作格局。探索建立深港人才工作联盟，形成深港人才合理流动、优势互补、合作共赢的体制机制。积极加强与国际服务业发达城市人才机构、人才群体的交流合作，积极主动吸引国际人才集聚前海。加强与境内人才资源密集区域的人才合作，推动建立新型区域人才合作格局。

2. 推动人才国际化发展

以构建前海国际竞争力为核心，探索集聚世界各民族精英的新途径新模式，积极打造人才引进和交流的国际化平台。推进双边和多边国际合作，加大国际招才引智工作力度，建立海外引才长效机制。鼓励民间设立各类前海国际留学奖学金和合作研究基金，资助本土优秀人才出国深造，积极参与国际人才合作与竞争。

3. 推动人才市场化服务体系建设

探索建设国际开放的人才资源经营服务机构，统筹推动人才有形市场和无形市场建设，充分发挥市场机制在人才引进、培养、使用、评价等方面的基础性作用。鼓励和支持著名国际猎头公司、国际人才中介服务机构在前海设立合资或分支机构，推动本土人才中介服务机构的产业化发展，不断提高服务水平。充分依托市场拓宽人才创新创业融资渠道，鼓励发展创业风险投资基金，完善科技型创新型企业信用评价体系，不断优化人才创业的市场环境。

4. 推动人才支撑平台载体建设

按照建设现代服务产业体系的需要，宽领域、多渠道、全方位加强国际人才载体支撑体系建设，不断提高人才吸引力、承载力，实现共享式、集约式发展。鼓励境外知名高校来前海设立机构，积极构建新型人才载体。加快培养和发展国际性、专业化、科技服务型的社会组织，积极搭建国际性商务平台、投资平台、交流平台、专业技术服务平台等，为创新创业人才提供优质高效的专业化服务。

（八）建设阶段

根据《前海发展规划》确定的目标，前海人才特区建设将分两个阶段有序开发推进。

第一阶段（2011—2015 年）：打基础，建设人才制度创新引领区。以推进经济、社会发展全面转型为重点，以国际化服务产业高端人才为引领，大力实施国际人才集聚战略和人才资本优先投入政策，着力进行体制机制创新、国际产业制度接轨和重大人才工程推进，在法治环境、税收制度、激励保障、创业支撑、通关便捷等方面取得实质性突破，建立起符合国际惯例和国际标准的人才服务体系，打造高品质国际人才发展环境，有力提升国际精英人才的承载能力和发展能力，打响国际人才宜聚城市品牌，产业发展走上依靠人才支撑的内涵式发展道路。

第二阶段（2016—2020 年）：现成效，建设国际人才发展示范区。以打造汇聚全球产业精英的“世界人才金港”，建设现代化、特色化、魅力型“国际人才社区”的目标为牵引，建立一系列具有相对优势的高端人才支撑载体，构建起符合国际惯例和国际标准的人才服务体系，建成国际化特色产业高端人才配置中心，引育一支国际可比、素质一流、结构优化、活力旺盛、效能突出的高端专业化人才队伍，实现“国际财智汇聚”。使人才满意度居于国际标杆产业中心城市前列，人才贡献率居于国际发达城市领先水平，形成包容性、可持续性的人才发展“生态圈”。最终建成独具特色，高层次人才与高品质产业良性互动，具有全球影响力的金融人才集聚中心，世界服务业人才发展战略高地。

专题报告十一
前海现代服务业人才指标测算研究报告

根据《国务院关于前海深港现代服务业合作区总体发展规划的批复》、《关于贯彻落实〈前海深港现代服务业合作区总体发展规划〉的实施方案》和《深圳经济特区前海深港现代服务业合作区条例》，前海2015年实现地区生产总值500亿元，2020年建成基础设施完备、国际一流的现代服务业合作区，实现地区生产总值1500亿元。

要实现上述战略目标，前海必须占有数量足、质量高的人才资本。以人才促产业发展，以产业为人才发展创造事业平台，吸引人才集聚前海，人才与产业之间良性互动。为此，我们以前海人才特区内涵为基础，借鉴香港四大服务业的发展标准，以前海经济发展分阶段目标为依据，构建前海人才特区指标体系。

一、前海人才特区内涵

前海人才特区的“特”，主要表现在以下几个方面：

（一）人才资源规模合理

前海要按照经济社会发展目标合理配置人才资源，既不能出现人才数量不足，也不能出现人才大量过剩。主要用各类人才的数量来表示。

（二）人才资源质量高

人才资源质量要高，基本要求是要优于深圳特区人才质量，大量的高素质人才队伍集聚前海，具体表现在前海人才资源的整体素质高，拥有一批具有国际视野、创新能力强、熟悉现代服务业产业（金融、现代物流、信息服务、科技服务）业务的高级专业人才和管理人才。

（三）人才资源结构优化

前海合理的人才结构，主要表现在五个方面指标：前海人才产业结构、产业人才比率、中高级人才占比、接受过本科以上教育的人才占比以及国际化人才的占比。只有保证以上指标合理，才能实现人尽其才，减少人才资源的浪费。

（四）人才资源国际化程度高

人才的国际化程度高是前海人才特区的显著特征。主要用境内人才数量、境外人才数量、境内人才的留学人数以及相应人才的占比来反映。

（五）人才资源效能显著

前海人才特区还有一个重要特征，即人才资源效能显著。这就需要前海形成一个良好的人才资源管理机制，使人才能突破地域界限、学位与身份界限，在公开、平等、竞争的原则下流动和配置，使人才特区成为优秀人才荟萃之地，不断造就更优秀人才。人才特区是优秀人才的大舞台，是各类人才施展才华的广阔天地，所以人才特区可以提高人才的成功率，创造高的效能。主要用生产率、人才经济效能、年专利申请和授权量来表示。

（六）公共服务人才高效

未来时期，前海人才特区将集聚一大批海内外高端人才，公共服务人才的规模、质量、效率将会影响四大现代服务产业人才的可持续发展。提供优质的公共服务、充分满足现代服务产业人才的公共需求是世界发达地区引才、用才的基本经验。

二、构建前海人才特区指标体系的基本原则

（一）科学性

构建前海人才特区的人才指标，在指标的选取方面要有依据，充分体现人才指标的科学性。在具体构建过程中，选取的人才指标主要分为四大类，即规模性指标、结构性指标、动态性指标和效能性指标，从不同方面来反映前海人才特区未来时期的人才需求状况。

（二）特征性

人才指标体系还要反映前海的基本特征。与深圳及国内其他地区相比较，前海人才特区人才的主要特征表现在三个方面：一是人才产出要高效；二是人才国际化程度要领先；三是人才高端化趋势要明显。

（三）可比性

构建前海人才特区的人才指标时，需要注意指标的可比性。这种可比性表现在两个方面：一是国内可比，二是国际可比。从国内来讲，前海的人才指标需要能同北京中关村、上海浦东等地区的人才指标可比。从国际来讲，需要能同纽约、伦敦、东京等城市的人才指标可比。

（四）可操作性

除了前面的原则以外，在设计前海人才指标体系时，根据 2015 年和 2020 年前海四大现代服务产业的经济发展目标来确定人才总量，同时对每一年度前海需要流入的人才数量进行测算，这样便于前海在人才规划的实施过程中制定年度目标，有针对性地引进和培养人才。

三、前海人才特区指标体系

根据前海 2015 年和 2020 年的 GDP 目标，在前海人才特区内涵及构建指标体系若干原则的基础上，以香港人才经济密度为标准，构建人才指标体系。

（一）前海人才特区规模性指标

前海人才规模性指标主要从四个维度来划分，即从业者身份、职业、学历以及来源。其中，前两个维度是参照香港的标准来确定前海人才指标，后两项是参照中关村的标准来确定前海人才指标。各指标具体数据详见表专 11—1。

表专 11—1　前海人才特区规模性指标

单位：人

人才维度		2015 年				2020 年			
		创新金融	现代物流	信息服务	科技服务	创新金融	现代物流	信息服务	科技服务
总量人才	从业人员总量	92100	99900	43400	13800	202100	191300	87500	26600
	人才总量	70200	80500	33200	10600	154000	154000	67000	20500
按身份划分	创业者人数	900	3500	1700	600	3000	7700	3900	1500
	雇员人数	91200	96400	41600	13200	199100	183600	83600	25100
按职业划分	高级经理人才	4100	3000	1700	400	9100	5700	3500	800
	中层管理人才	6400	6000	2200	800	14100	11500	4400	1500
	专业人才	23400	24400	14600	9000	46000	42700	24800	12000
按学历划分	博士学位人才	1100	500	700	300	2400	1000	1300	500
	硕士学位人才	9700	8000	4800	1500	21200	15300	9600	2900
	学士学位人才	40100	40000	19100	6100	87900	76500	38500	11700
	大专学历人才	19300	32000	8700	2800	42400	61200	17500	5300
按来源划分	境内人才	73700	90000	36900	11700	151600	162600	70000	21300
	港澳台和外籍人才	18400	10000	6500	2100	50500	28700	17500	5300
	国内人才留学人员	4400	1800	2600	800	15900	6500	7700	2300
公共服务人才		3500				7500			
人力资源合计		252700				515000			
人才合计		19790				403000			

注：由于取整数的原因，表专 11—1 中相关项的运算不一定能相等。

将表专11—1中的数据进行汇总，得到前海四大服务产业人才和公共服务人才指标，见表专11—2。

表专11—2 前海人才特区总量指标

单位：人

产业类别	2015年		2020年	
	从业人员	人才数量	从业人员	人才数量
创新金融	92100	70200	202100	154000
现代物流	99900	80500	191300	154000
信息服务	43400	33200	87500	67000
科技服务	13800	10600	26600	20500
公共服务	3500	3500	7500	7500
合计	252700	197900	515000	403000

注：表专11—2中的公共服务人才是按照香港的标准来设定的；由于取整数的原因，表专11—2与表专11—1对应项不一定完全相等。

指标解释及测算过程说明如下。

从业人员总量：按照2005年香港的人才经济密度作为标准来测算前海人才特区2015年的人才总量，以2010年香港的人才经济密度来测算前海2020年的人才数量。2005年香港金融服务业、现代物流业、信息服务业和科技服务业人才经济密度分别为：1.039人/百万港元、2.764人/百万港元、1.832人/百万港元和2.537人/百万港元（以2008年香港科技创新服务人才经济密度替代）；2010年香港金融服务业、现代物流业、信息服务业和科技服务业人才经济密度分别为0.845人/百万港元、3.636人/百万港元（2009年数据）、1.737人/百万港元和2.559人/百万港元（2009年数据）。按照香港2005年、2010年的金融服务业、现代物流业、信息服务业和科技服务业增加值的比例来划分前海2015年、2020年的GDP比例，2005年的比例为0.577∶0.236∶0.153∶0.034；2010年的比例为0.679∶0.149∶0.143∶0.029。2015年前海GDP为500亿元（按2005年12月末人民币对港元汇率折算，约合480.63亿港元），金融业、现代服务业、信息服务业和科技服务业的增加值分别为277亿港元、113亿港元、74 亿港元和 17 亿港元；2020 年前海 GDP 为 1500 亿元（按 2010 年 12 月末人民币对港元汇率折算，约合 1763 亿港元），四大产业的增加值分别为 1196 亿港元、263 亿港元、252 亿港元和 52 亿港元。

人才数量：由于国内外大多数人力资本研究学者（如国外的 Robert Lucas、Angus Maddison 等和国内的樊纲、王小鲁、胡鞍钢以及桂昭明等）均是以受教育程度来划分人力资本的等级，故遵循同样的方法，将接受过高等教育的从业人员视为人才范畴，已有研究，如王选华（2010、2011）表明，这样的人才划分标准不但具有统计意义，而且符合中国的实际状况。

创业者人数：根据《香港统计年刊 2010》数据，2005 年香港创业者全行业平均比率为 4.53%，2010 年为 3.28%。从前海人才特区来看，在初期阶段（如 2015 年以前），创业人才的比重较低，主要依靠引进香港、深圳以及国内外其他地区的机构进驻前海。当前海基础设施、政策体系完善、经营环境成熟以后（如 2020 年），创业人才会不断增加。因此，设定前海 2015 年的创业人才比例为 3%；2020 年的比率增加到 4%。此外，根据行业的不同特征，金融业创业人才的比例会相对较低（因为进入门槛较高），其他三个行业的创业人才比例会相对较高，在此设银行业 2015 年、2020 年创业人才比例分别为 1% 和 1.5%；现代物流业创业人才比例分别为 3.5%、4%；信息服务业比例分别为 4% 和 4.5%；科技服务业比例分别为 4.5% 和 5.5%。

雇员人数：从业人员总量 - 创业人员 = 雇员数量。

高级经理人才：从香港全行业高级经理人才来看，2005 年、2010 年香港比率分别为 3.36%、3.38%；根据产业的不同特征，设前海 2015 年金融业、物流业、信息服务业和科技服务业高级经理人才比重分别为 4.5%、3%、4% 和 3%，2020 年在 2015 年的基础上，金融业增长 1.5%，其他三个产业均增长 1%。

中层管理人才：从香港全行业中层管理人才来看，2005 年、2010 年香港比率均保持在 6% 左右；根据产业的不同特征，设前海 2015 年金融业、物流业、信息服务业和科技服务业中层管理人才比重分别为 7%、

6%、5%和5.5%，2020年在2015年的基础上，金融业增长2%，其他产业分别增长1%。

专业人才：从香港全行业专业人才来看，2005年、2010年香港比率分别为6.87%、6.66%；根据产业的不同特征，设前海2015年金融业、物流业、信息服务业和科技服务业的专业人才比重分别为7%、4.5%、8%和8%，2020年将银行业的专业人才比重调整为与香港整体水平一致，即比率为6.66%，其他指标与2015年的比重一样。

专业人员助理：从香港全行业来看，2005年、2010年专业人员助理的平均比率分别为18.53%和19.71%；结合各产业的专业人才规模，设2015年前海金融、物流、信息和科技服务产业的专业人员助理比重分别为18.5%、18%、19%和19%；2020年的比重分别为19.6%、19%、21%和21%。

按照学历标准划分人才：使用学历标准来划分人才，其主要作用见人才数量的说明中。在香港的劳资统计数据中，没有按学历划分的数据。因此，以中关村的人才学历标准为参照对象来测算前海2015年和2020年的学历人才规模。

博士学位人才：2009年中关村博士学位人才数量占长期从业人员的比重为1.156%，前海2015年四大产业的博士学位人才占从业人员的总体比重以中关村2009年的比重为参照，即1.156%。根据各产业的不同，将其比重进行分解，金融、物流、信息和科技服务业的博士学位人才占从业人员的比重分别为1.2%、0.5%、1.5%和2%；2020年在2015年的基础上，金融业增长2%，其他服务业各增长1%。

硕士学位人才：2009年中关村硕士学位人才数量占长期从业人员的比重为10.317%，前海2015年四大产业的硕士学位人才占从业人员的总体比重以中关村2009年的比重为参照，即10.317%。根据各产业的不同，将其比重进行分解，金融、物流、信息和科技服务业的硕士学位人才占从业人员的比重分别为10.5%、8%、11%和11%；2020年在2015年的基础上，金融业增长3%，其他服务业各增长1%。

学士学位人才：2009年中关村学士学位人才数量占长期从业人员

的比重为43.221%，前海2015年四大产业的学士学位人才占从业人员的总体比重以中关村2009年的比重为参照，即43.221%。而根据各产业的不同，将其比重进行分解，金融、物流、信息和科技服务业的学士学位人才占从业人员的比重分别为：43.5%、40%、44%和44%；2020年在2015年的基础上，金融业增长2%，其他服务业各增长1%。

大专学历人才：2009年中关村大专学历人才数量占长期从业人员的比重为22.19%，前海2015年四大产业的大专学历人才占从业人员的总体比重以中关村2009年的比重为参照，即22.19%。根据各产业的不同，将其比重进行分解，金融、物流、信息和科技服务业的大专学历人才占从业人员的比重分别为：21%、32%、20%和20%；2020年各产业的人才比重调整为21.5%、36%、22%和22%。

按照来源划分人才：人才来源主要分为境内和境外人才，以表示一个区域人才的国际化程度。在香港的劳工统计数据中，没有涉及该类标准，于是参照中关村的人才来源标准，测算前海未来时期的人才国际化程度。

境内人才：根据中关村人才来源结构，2009年境内人才所占长期工作人员的比重高达99.205%。根据前海的实际情况，2015前海境内从业人员的比重应低于2009年的中关村，设金融业、物流业、信息业和科技服务业的境内人才比重分别为80%、90%、85%和85%；2020年的比重分别为75%、85%、80%和80%。

港澳台和外籍人才：根据境内人才的标准设置，2015年前海四大产业港澳台和外籍从业人员的比重分别为20%、10%、15%和15%；2020年比重分别为25%、15%、20%和20%。

境内人才中有国外留学经历人才：中关村有海外留学背景人才的比重为0.885%，前海此标准可以调整为2015年达到5%，2020年达到10%；从具体产业来看，2015年金融、物流、信息和科技服务的境内人才中有海外留学经历的比重分别为6%、2%、7%和7%；2020年各产业的比重分别为10.5%、4%、11%和11%。

（二）前海人才特区结构性指标

2015 年、2020 年人才结构性指标主要反映前海人才特区人才资源动态配置状况。我们使用五项指标来予以反映，分别是中高级管理人才占比、接受过本科及其以上教育人才占比、人才国际化程度、产业人才结构以及产业人才比率。

表专 11—3　前海人才结构性指标

单位：%

	2015 年				2020 年			
	创新金融	现代物流	信息服务	科技服务	创新金融	现代物流	信息服务	科技服务
中高级管理人才占比	14.96	11.18	11.75	11.32	15.06	11.17	11.79	11.22
接受本科及以上教育人才占比	72.51	60.25	74.10	74.53	72.40	60.26	73.73	73.66
人才国际化程度	32.48	14.66	27.41	27.36	43.12	22.86	37.61	37.07
人才队伍结构	36∶41∶17∶6				39∶39∶17∶5			
产业人才比率	78				78			

注：人才结构，即指金融、物流、信息、科技及其他专业服务产业人才比例。

指标解释和测算过程说明如下。

中高级人才比率：指各类产业的高级经理人才、中层管理人才、专业技术人才占各产业人才的比重。

接受过大学本科及以上教育人才比率：指各类产业的人才中接受过大学本科以上教育的人才比重。

人才国际化程度：指在各类产业人才中，港澳台人才、外国人才以及境内人才中有留学经历的人才占各类人才的比重。

产业人才结构：该指标主要反映前海创新金融、现代物流、信息服务、科技服务及其他专业服务人才2012年、2020年人才比例状况。通过两个不同时期的比较，可以大致反映前海四大产业的发展变化。

四大产业人才比率：使用四大产业2015年、2020年的人才总量与其从业人员的总量之比来进行反映。计算公式是 $r = \sum_{j=1}^{4} T_j / \sum_{i=1}^{4} L_i$（其中，$L_i$ 表示从业人员，$\sum_{j=1}^{4} T_j$ 表示各类产业的人才之和，$\sum_{i=1}^{4} L_i$ 表示各类产业的从业人员之和）。

（三）前海人才特区动态性指标

动态性指标主要反映未来时期前海人才的流动状况。人才流动一般分为流进和流出。在2012—2020年期间，前海主要处于人才流入阶段，而每一年人才流出历史数据没有，在此暂时不予考虑人才的退出状况。主要从四个方面来考虑前海的人才流入：从业人员、人才数量、境外人才流入量、境内人才流入量等。各年份的监测指标如表专11—4所示。

表专11—4　前海人才动态性指标

单位：人

指标	2012—2015年				2016—2020年			
	创新金融	现代物流	信息服务	科技服务	创新金融	现代物流	信息服务	科技服务
年从业人员流入量	16700	18000	7900	2500	43000	40000	18000	5600
年流入人才量	12700	14600	6000	1900	33000	32500	14000	4300
年境外人才流入量	4100	2100	1600	530	14000	7400	5300	1600
年境内人才流入量	12600	12500	4400	1370	19000	25100	8700	2700

注：由于取整数的原因，该表的计算结果同表专11—1不一定能对应。

指标测算过程如下。

年从业人员、人才流入量：以2012年为基期，2012—2015年期间从

业人员和人才以年均30%的速度增长，假定2012年的金融从业人员和人才数量分别为X人和Y人，则年均金融从业人员和人才增长的测算方程分别为

$$X \times (1 + 30\%)\hat{}3 = 28800$$
$$Y \times (1 + 30\%)\hat{}3 = 20000$$

可得出X=13113；Y=10000。则年均金融人才流入量分别约为4800人和3700人。金融业的境外人才、境内人才均以该种方法进行测算。

对于2016—2020年期间，其相应指标的增长速度比2012—2015年期间要快一些，因为这时的前海基础设施、环境以及事业平台已经比较成熟，年均人才流动量相应增大，在此假定年均增长速度为35%。

（四）人才效能指标

人才效能指标主要反映人才在经济发展过程中产生成果能力的高低。从国际标准来看，反映一个地区人才效能的指标主要有四类，即劳动者的生产效率、经济效能、专利申请量和专利授予量。由于同经济发展和科技进步直接相关的人才主要集中在产业领域，因此，这里所探讨的人才产出成果主要是指四大服务业人才的经济成果和科技成果，不讨论提供公共服务人才的效能问题。前海人才特区的人才效能状况测算如表专11—5所示。

表专11—5　前海人才效能性指标

指标	2015年				2020年			
	创新金融	现代物流	信息服务	科技服务	创新金融	现代物流	信息服务	科技服务
生产率（万港元/人）	96	36	55	40	118	28	58	39
年专利申请量（件）	330	230	176	54	688	440	358	108
年专利授权量（件）	182	128	99	32	326	208	170	52

指标解释与测算过程如下。

生产效率：该指标主要反映前海各类产业人才在创造经济方面的能力高低。使用各类产业 2015 年、2020 年的增加值与产业从业人员的比重来表示。

人才经济效能：该指标主要反映经济产出中人才投入成本，人才经济效能值越低，说明该类人才创造经济价值的能力就越强。

年专利申请量和授权量：这两个指标主要参照香港专业人才在 2005 年、2009 年期间申请和授权专利的标准来测算前海四大产业 2015 年和 2020 年的专利数据。

专题报告十二
前海现代服务业人才队伍建设研究报告

前海现代服务业人才队伍建设，要紧紧围绕前海合作区总体发展目标和战略定位，科学规划，重点突破，分步实施。以现代服务业人才为重点，以公共管理和公共服务业人才为补充，以国际一流现代服务业水平为标杆，到2020年基本建成国际一流、国内领先的人才特区，充分彰显先行先试、人才体制机制创新的示范效应。

一、人才发展总体目标

以创新金融、现代物流、信息服务、科技服务和其他专业服务业人才为核心，以香港现代服务业人才标准为参照，到2020年将前海打造成数量充足、结构合理、素质优良、效能显著的现代服务业人才集聚示范区。

（一）人才规模

到2015年年末，前海人力资源总量达到25万人，人才数量达到20万人，人才占人力资源比重为80%，人才规模效应基本形成。到2020年年末，前海人力资源总量达到50万人，人才数量达到40万人，人才占人力资源比重为80%左右，人才集聚效应基本彰显。

（二）人才结构

1. 产业人才结构

到2015年，前海创新金融、现代物流、信息服务和科技服务业人才结构大致为 36∶41∶17∶6，以创新金融和现代物流业人才为主体的服务产业格局基本形成。到 2020 年，前海四大产业的人才结构比例大致为 39∶39∶17∶5，产业人才结构进一步优化，前海创新金融人才领先格局基本形成。

2. 职业人才结构

以高级经理人才、中级管理人才、专业技术人才为前海的基本职业结构。2015 年三类职业人才结构为 12∶20∶68，2020 年职业人才结构演变为 13∶20∶67。

（三）人才素质

到 2015 年，前海从业人员中，受过本科及以上教育的人才比重接近 67.7%，人才国际化程度达到 24%；到 2020 年，受过本科及以上教育的从业人员比重将提升到 68%，人才国际化程度进一步提高，达到 34%。高智型人才、高国际化人才格局基本形成。

（四）人才效能

到 2015 年，前海从业人员人均增加值达到 63 万港元，年专利申请量、授权量分别达到 250 件和 140 件；到 2020 年，人均增加值为 58 万港元，年专利申请量、授权量分别提高到 800 件和 400 件。

二、现代服务业人才队伍

根据前海的基础条件和产业发展要求，必须坚持正确的人才培养方向，制定科学的人才队伍发展目标，为充分实现前海现代服务产业规划目标提供有效的智力支持。

（一）创新金融人才队伍

1. 人才培养方向

以培养高级金融管理人才为核心，重点培养熟悉跨境人民币经营业务、懂资本市场运作业务、具有保险业务创新意识的金融专业人才。

2. 人才队伍发展目标

到2015年，前海金融服务业人力资源总量达到9.2万人，金融业人才规模达到7万人。到2020年，人力资源总量达到20万人，人才规模达到15.4万人，受过本科及其以上教育的人才比重达到73%以上。从事金融行业创新创业型人才占2%，高级金融管理人才占6%，金融中级管理人才占9%，金融服务专业型人才占30%。

（二）现代物流服务业人才队伍

1. 人才培养方向

优先培养熟悉融资咨询、融资担保、结算、通关、信息管理及相关增值服务的供应链管理人才，重点培养为电子商务交易提供物流及相关增值业务的综合服务、汽车滚装物流服务、外包服务、国际采购、国际配送和全球集拼分拨管理、港口航运配套服务人才。

2. 人才队伍发展目标

到2015年，前海现代物流服务业人力资源总量达到10万人，人才规模达到8万人。到2020年，人力资源总量达到19.1万人，人才规模达到15.4万人，受过本科及其以上教育的人才比重达到60%以上。从事现代物流创业活动的人才占5%，现代物流高级经营管理人才占3.7%，从事中级管理活动的物流业人才占7.5%，从事物流专业服务的人才占28%。

（三）信息服务人才队伍

1. 人才培养方向

大力培养下一代电信网、广播电视网和互联网等新一代信息传输服务业人才，打造数字化人才城区。着力培养软件和信息技术服务、信息内容服务人才，努力培养物联网关键软件技术研发和产业化人才。

2. 人才队伍发展目标

到2015年，前海信息服务业人力资源总量达到4.34万人，人才规模达到3.3万人。到2020年，人力资源总量达到8.75万人，人才规模达到6.7万人，受过本科及其以上教育的人才比重达到74%以上。从事信息服务创业型人才占6%，从事信息服务高级经营管理活动的人才占5.2%，从事信息服务中级管理活动的人才占6.6%，从事信息专业服务活动的人才占37%。

（四）科技服务及其他专业服务业人才队伍

1. 人才培养方向

优先培养科技创新服务人才，重点引进和培养科技专项、检验检测服务、高技术服务人才，大力培养创意设计服务、专业服务人才。

2. 人才队伍发展目标

到2015年，前海科技服务和其他专业服务人力资源总量达到1.4万人，人才规模达到1.1万人。到2020年，人力资源总量达到2.7万人，人才规模达到2.1万人，受过本科及其以上教育的人才比重达到74%以上。从事科技服务、专业服务创业活动的人才占7.3%，科技服务、专业服务高级经营管理人才占4%，中级经营管理人才占7.3%，专业人才占59%。

三、高级人才队伍

到2020年，要在前海集聚一批具有世界影响力的现代服务业高级经营管理人才、高层次专业人才和高技术应用型人才，坚持高端引领、统筹推进“三高”人才队伍建设方针，将前海打造成亚太地区重要的生产性服务业高级人才集聚中心。

（一）高级经营管理人才队伍

1. 人才培养方向

以提高前海现代经营管理水平和企业国际竞争力为核心，以战略企业家和职业经理人为重点，加快推进前海企业经营管理人才职业化、市场化、专业化和国际化，培养造就一大批具有全球战略眼光、市场开拓精神、管理创新能力和社会责任感的优秀企业家和一支高水平的企业经营管理人才队伍。

2. 人才队伍发展目标

到2015年，高级经营管理人才总量达到9300人左右。到2020年，高级经营管理人才总量达到1.91万人左右。其中，金融服务领域高级经营管理人才占到一半左右，达到9100人，物流、信息和科技服务业高级经营管理人才总量分别达到5700人、3500人和800人。培养造就10名左右既熟悉国内金融运作又懂国际金融规范运作、在一定区域具有特别影响的金融家或银行家；在现代物流、信息服务和科技服务领域培养造就3—6名能够引领前海企业跻身中国500强的战略企业家。

（二）高层次专业人才队伍

1. 人才培养方向

以提高前海专业化水平和创新能力为核心，以中央"千人计划"为指引，制定吸纳海内外高层次专业人才的政策措施。加大创新金融、现代物流、信息传输、信息技术、电子商务、数据分析与咨询、创意设计、法律、咨询、会计、工业设计、知识产权等现代服务业人才的培养开发力度。优先引进和培养一批拥有国际发明专利、掌握核心技术、国际一流的领军人才和学科带头人。

2. 人才队伍发展目标

到2015年，专业技术人才总量达到5.23万人。到2020年，专业技术人才总量达到10.6万人，其中从事金融服务的专业人才达到4.6万人，占金融业从业人员比重为23%；物流、信息和科技服务专业人才分别为4.3万人、2.5万人和1.2万人。

（三）高技术应用型人才队伍

1. 人才培养方向

围绕创新金融、现代物流、信息服务和科技服务四大重点发展产业的需要，以提升从业人员职业素质和职业技能为核心，以高级技能人才为重点，建成一批国家级、省级和市级高技术应用型人才培训基地，大力提高高技术应用型人才的专业技术水平和创造性运用新技术、新设备、新工艺的能力，形成一支数量充足、层次合理、技艺精湛的高技术应用型人才队伍。

2. 人才队伍发展目标

到2020年，在各类现代服务产业人才中，高技术应用型人才比例保持在10%左右，通过各种国际职业资格认证的金融、物流、信息和科技服务人才分别达到3000人、2500人、1000人和300人左右。

四、公共管理与公共服务人才队伍

营造规范高效的公共管理与公共服务环境，以提高公共管理水平与公共服务能力为核心，以加强高级公共服务人才队伍建设为重点，建设一支理念清晰、高效廉洁、激情有为、勇于创新、具有国际视野、善于推动前海包容发展的高素质公共管理与公共服务人才队伍。

（一）人才培养方向

综合开发前海发展需要的基础教育、职业教育、高等教育人才资源，大力引进和培养公共卫生、医疗卫生等专业人才；依托深港合作，吸引集聚一批熟悉国际惯例、具有国际实践经验的战略决策研究、咨询、会计、律师、版权保护、企业形象设计、营销与品牌运作等公共服务领域需要的高端专业服务人才。

（二）人才队伍发展目标

到2015年，各类公共服务人才总量达到3500人。到2020年，公共服务人才总量增加到7500人。

专题报告十三
前海人才特区政策创新研究报告

一、加强政策创新是抓好人才特区建设的关键环节

人才是“第一资源”“战略资源”，人才竞争已成为激烈的国际和区域竞争的核心内容。人才竞争主要是人才政策和体制机制竞争，把“经济特区”的概念及经验延伸至人才要素领域，打造人才特区，就是要在特定区域或领域制定实施一些突破性的重大人才政策，以政策创新带动体制机制创新，形成人才竞争的比较优势。

当前，国内人才特区建设已渐次展开，政策创新在各个特区蓬勃开展，其中中关村、无锡、武汉等地人才特区的政策创新更是渐成规模、颇具特色，在吸引集聚高端人才、促进人才创业创新方面成效明显。从创新实践来看，目前各地的人才特区主要围绕人才培养开发、评价发现、选拔任用、流动配置、激励保障、创新创业中的重大政策瓶颈和难题，有针对性地开展改革试验，在海外高层次人才签证居留、技术移民，人才创新创业金融支持、财税优惠、股权激励，人才医疗、教育、社保待遇等领域，以超常规的力度研究制定一些重大突破性政策，为人才优先发展提供特别支持。美国硅谷、128 公路等世界著名高科技人才集聚区的成功经验也表明，要快速度、大规模集聚高层次创新创业人才，必须遵循国际化、市场化、社会化、特色化、系统化、应用化的原则导向进行人才政策创新。

因此，前海合作区要建设国际领先、国内一流的人才特区，形成“北有中关村、南有深圳前海”的发展格局，就必须突出抓好政策创新，

构建起与国际充分接轨、与产业充分结合、让市场作用充分发挥的人才政策网络体系，为营造条件类似、环境相仿、观念相通、文化相融的人才发展环境提供强有力的政策支撑。

二、前海人才特区政策创新的基本原则

（一）高定位

政策创新要体现“两高”：一是国内高水平。政策创新要超常规、大手笔，内容争取首创，力度争取第一。二是国际高接轨。政策创新要面向国际，以国际规则、国际惯例为标准。

（二）遵规律

政策创新要遵循两个规律：一是符合现代服务业人才开发规律，针对现代服务业人才高智力、高技术、高薪酬的特点创新政策。二是符合国际化人才开发规律，针对国际化人才的需求特点创新政策。

（三）有逻辑

政策创新遵循两个逻辑：一是按照“引得进、发展好、留得住”的国际人才开发逻辑创新政策。二是按照轻重缓急程度和政策行政层次的逻辑进行政策创新。

（四）合实际

政策创新符合两个实际：一是符合前海合作区的发展实际。二是符合深圳、广东乃至全国的人才改革发展实际。

三、前海人才特区政策创新的主要内容

按照上述基本原则，根据前海合作区的现实情况和未来发展需要，参照标杆城市香港及其他先发地区的经验和做法，着力进行以下几个方面的政策创新。

（一）实行个税优惠

现代服务业人才具有知识密集、薪酬高端的特点，普遍比较关心税制问题尤其个人所得税。在人才开放度越来越高的背景下，高层次的现代服务业人才普遍向“税收洼地”集聚。但我国现行税制对外籍人才税率偏高，激励调节作用没有得到发挥。针对这一现实情况，前海亟须围绕以下两个方面进行个人所得税政策创新试点。

1. 探索个税跨境征收

借鉴欧盟相关国家的经验做法，在前海试点个人所得税跨境征收政策，允许前海合作区内的港籍高层次人才和港资企业的外籍高层次人才在前海合作区工作、在香港取酬纳税，深港两地政府磋商签订特别税务条款，协定分配此类个税收入。

2. 探索个税降负机制

对于前海合作区内其他符合条件的高层次人才，借鉴发达国家的经验，适当增加税前列支项目，对其购房租房、子女教育、家属抚养等支出，允许按一定的比例税前列支；建立税收奖励制度，以香港为标杆，对于个人所得税税负超过 17% 部分“先征后奖”；对于技术转让、技术入股、期权激励所获得的收益，以及国际性组织和国内政府奖励、财政性创新创业资助等，暂不缴纳或暂缓缴纳个人所得税。通过探索实施个税降负机制，确保前海的个税税负与香港基本持平。

（二）创新签证居留

要吸引国际人才到前海创新创业、就业发展，不仅要放开产业、互认资格，让其进得来，而且要让其“便捷化”地进来。为此，需要围绕签证居留进行以下三个方面的政策创新。

1. 试点“海外公民证”和“海外华裔卡”

“海外公民证”主要适合原籍中国的人士，给予终身免签证便利；“海外华裔卡”主要适合海外华人的第二代、第三代，给予 15 年免签证便利。两类持证华裔人才都可以享受除选举或被选举等政治权利以外的国民待遇。

2. 优化“中国绿卡”

国家有关部门授权前海合作区设立“绿卡”服务窗口，降低永久居留申请标准、扩大永久居留适用范围、赋予持卡人才更多国民待遇，构建一站式的“绿卡”申请与服务体系。初期可以只办理在前海就职和创业的国（境）外人才，在形成比较成熟的制度框架和办法后，前海窗口可升级为深圳全市，以及广东省、珠三角，乃至泛珠三角地区的服务窗口。

3. 试点前海“居民卡”

借鉴港澳同胞“回乡卡”制度运作模式，前海合作区内从业人员凭“居民卡”可在深圳口岸快速通关。

（三）推动职业资格互认

目前，我国的职业资格体系尚未与国际完全接轨，多数服务业领域尚未出台境外人才获取我国职业资格的有关制度和规定，人力资源和社会保障部也只认可引进了少量的国际执业资格证书。即使在 CEPA 框架下，内地和香港有些专业资格进行互认，但也不是直接的互认而是相互简化程序的认证。前海可以围绕“三个先”先行先试，进一步深化职业资格互认。

1. 优先落实 CEPA 已互认项目

对于 CEPA 框架下内地与香港已互认的职业资格项目，需要省、市主管部门或行业协会对申请人进行初审推荐的，授权前海组织初审推荐，事后报相关部门或协会备案；需要经省、市转报国家部委或相关行业机构的互认项目，简化报批程序，授权前海直接上报，事后报相关部门备案。需要进行培训和补充性考试的互认项目，培训和考试场所优先布局前海；前期对互认人数有限制的职业资格项目，同等条件下，互认推荐名额优先向前海合作区申请者倾斜。

2. 先行先试新的互认项目

对于内地和香港均有但尚未互认、且属于前海重点发展产业领域内的职业资格项目，国家相关部委授权深港主管部门或行业机构商洽互认办法并在前海试点。允许香港相关行业机构和国际知名职业资质项目协会在前

海设立分支机构或在华分会，支持前海引进四大产业领域内国际知名、国内没有的职业资格培训项目，并组织开展具有国家标准性质的资格认证考试。

3. 率先推动国内职业资质“走出去”

允许在前海工作的国（境）外专业人员参加与职业相关的国内职业资格证书考试，试点开展在前海工作港籍居民专业技术职务任职资格评审。

（四）扩大服务业对外开放

前海开发开放目标定位于打造“粤港现代服务业创新合作示范区”，需要大量现代服务业人才作为支撑。要吸引集聚大批服务业人才关键是要有载体特别是产业载体，要让现代服务业人才能执业，或是有可以就业的企业。因此，产业开放是“引得进”现代服务业人才的关键环节。但目前我国的金融、物流、科技服务等产业开放不够，对境外人才工作就业和投资创业限制较多，即使少量领域允许进入，但执业区域和服务范围也有严格的限制。为此，前海应围绕落实“三个化”先行先试，推进服务业对外开放。

1. 细化落实 CEPA 协议

在粤港合作框架协议和国务院批复的《前海发展规划》下，粤港两地政府研究制定在前海地区深化 CEPA 有关现代服务业发展的补充协议或可明确的条款，由前海管理机构按照授权负责具体落实。

2. 优化服务业服务半径

为注册在前海合作区的外资服务业企业在珠三角地区开展业务提供便利条件，适时在现有基础上允许在前海合作区注册的外资服务业企业服务半径覆盖整个泛珠三角区域。

3. 简化服务业投资审批程序

由省相关部门审批的服务业项目和部分前置审批权，授权前海管理机构直接审批，事后报相关部门备案；需要经省转报国家部委审批的项目，简化审批程序，授权前海管理机构直接上报国家相关部委。

（五）加大创业扶持

国际人才站在管理高端和产业前沿，是推进创业创新的重要力量，要想真正成为国际人才向往的事业高地，前海需要实施更加开放的人才使用政策，加大创业扶持力度，使国际人才来有所获、来有所值。为此，前海应着力围绕以下几个方面进行政策创新。

1. 建立创业“快速通道”

设立前海创业服务窗口，实行“一章通关”，为创业企业注册、场地租赁、人事关系办理等提供全程首办、零成本服务，打造“无障碍创业”环境。

2. 设置创业“低门槛”

经认定的高层次人才可以知识产权、科技成果、研发技能等人力资本作价出资、入股，最高可达企业注册资本的80%。改革以营业执照为中心的商事登记制度，试行商事主体资格和经营资格相分离、注册资本认缴登记、自然人经营豁免登记等制度。

3. 设立创业扶持基金

以深圳市财政出资2亿元为引导，募集设立“前海海帮基金”（规模10亿元左右），以创业资助、直接投资、出资入股等方式，定向支持国（境）外高层次人才在前海合作区创新创业。由深圳市和前海合作区财政共同出资设立“前海创业融资风险补偿基金”，对创投机构投资、担保机构融资担保、金融机构贷款、保险机构保险，给予奖励性补贴和损失性补偿，奖励和补偿额度国内领先。

4. 建设“风投广场”

通过给予场地租金优惠、税收减免、投资奖励等措施，大力引进和聚集天使投资者、股权投资机构和股权投资管理公司等各类投资机构，构建形成“前海风投广场”，着力加强对各类社会资本、国际资本的开发利用。

5. 加强创业服务平台建设

建立市级知识产权交易所，开展相关交易业务，促进知识产权的商品化、资本化和股份化，为创业投资提供便捷的进入和退出渠道。整合深圳

市属国有金融投资资源，在前海组建设立现代服务业金融服务集团，构建集创业投资、投资管理、融资担保和小额贷款等多种功能于一体的服务平台。

6. 给予财税扶持

除《规划》中已明确的财税优惠外，对创业企业首租经营场地，给予两年“零租金”的待遇；对孵化毕业转入加速器的企业，其经营场地租金，给予两年减半的待遇。对入驻前海和为前海合作区内创业企业提供技术转移、技术服务、技术培训、市场营销、专利服务、财会管理、法律顾问等各类专业性、综合性中介服务的机构，按其相应服务收入缴纳营业税的额度，由市和前海两级予以奖励。

（六）增强薪酬激励

激励机制是解决动力和活力的关键问题，而激励机制的核心是薪酬问题，因为薪酬既具有物质意义、决定人的生活水平，也有精神意义、反映人的地位。因此，前海要吸引集聚大批国际人才，必须要提供国际水准的薪酬水平。为此，要进行以下三个方面的政策创新。

1. 试点股权激励

借鉴发达国家经验，允许前海合作区内的国有及国有控股的金融机构、高新技术企业、技术先进型服务企业进行股权与分红权激励改革试点。

2. 试点薪酬补贴和税收扶持

前海合作区财政出资设立现代服务业高端人才薪酬扶持资金，对区内企业聘用国（境）外高层次人才给予薪酬补贴，探索建立市场自主定价、政府适当补贴、企业为主支付、具有引才竞争力的薪酬体系。支持企业采取薪酬激励措施，对企业针对高层次管理人员、专业技术人员、技能人才等进行的高福利配套，如商业性医疗保险、人寿保险、企业年金等允许列入企业成本。

（七）加强人才使用

1. 支持港籍高层次人才参与前海开发管理

吸收香港专家、学者和优秀人才进入深港前海专家咨询委员会，为前海的开发建设提供专家咨询意见。邀请香港政府有关部门、社会知名人士和企业家代表作为前海管理局董事会成员，参与前海开发管理。在前海管理局招商、外贸等专业性岗位开展选聘香港专业人才试点，制定实施两地相关行政职能部门、公益服务机构、行业协会工作人员交流任职方案，探索港籍高层次人才参与前海开发管理的多种有效形式和途径。

2. 支持港籍高校毕业生在前海就业创业

制定实施取得我国内地高校学历的香港地区学生在前海就业创业办法，以及港籍知名高校毕业生在前海地区就业创业办法，吸引港籍高校毕业生到前海创业就业。

3. 实施更加开放的人才使用政策

建议对作出突出贡献、有参政议政能力的外籍非华裔高层次人才，可作为特约代表列席、旁听深圳市党委、人大、政府、政协会议，以及前海管理局工作会议。对符合国家有关规定的海外留学人才，允许到人大、政协、政府咨询部门以及科技、人才、教育职能部门、人民团体、社会团体、直属事业单位和国有企业兼职或任职。允许前海合作区内相关企业、机构的国（境）外高级管理人员、专业技术人员到深圳市的高校、科研机构兼职，从事专业教学或开展课题研究。

（八）优化医疗服务

优质的医疗服务是吸引、集聚国际人才的重要因素。目前我国的国际化人才开发过程中还存在着外籍人士就医难的瓶颈，不仅表现在就医语言沟通不畅、医疗服务水平滞后、医疗制度存在差异等问题，而且还存在着国内医疗保险产品额度、范围无法满足国际人才需求，以及境外购买医疗保险无法在国内医院直接就医等问题。为此，前海应着力围绕“三个开”进行政策创新。

1. 开设特殊医疗服务

在深圳市人民医院设立国际医疗部，营造适宜外籍人士就医的医疗服务环境。给予经认定的国（境）外高层次人才市二级医疗保健待遇，入选者及配偶、子女在指定医院就医享受“绿色通道”服务。

2. 开发高端医保产品

组建深圳市医疗行业与保险行业理事会，开发适宜国（境）外人才需求的高端医保产品，为国际人才提供国内投保、全球就医服务。推动深圳市医疗机构与国外知名保险公司合作，为国际人才提供国（境）外投保、深圳直接就医服务。

3. 开放医疗服务产业

国（境）外高水平医疗服务提供者可以在前海合作区设置独资医疗机构，取消在前海合作区注册的合资医疗机构的股权比例限制，在前海合作区开展粤港澳医疗机构相互转诊试点。支持国内高水平医护人员到前海合作区内医疗机构兼职从业，授权前海管理机构直接管理境外医护人员在前海合作区从业事宜，允许前海合作区内的外资、民营医疗机构从业人员参加专业技术职称评审。

（九）优化教育服务

为国际人才提供继续教育机会，满足国际人才子女基础教育需求，是前海增强国际人才吸引力、建设“国际人才特区”的一个重要举措。为此，前海应着力进行以下几个方面的政策创新。

1. 进一步开放教育服务产业

允许国（境）外知名教育服务提供者在前海设置独资教育培训机构，取消在前海合作区注册的教育培训机构的股权比例限制。对于国际知名教育机构独资、合资、合作办学给予场地提供、税收减免、政府采购等方面支持。

2. 创建一所高水平的商学院

借鉴中欧国际工商学院办学模式和经验，围绕四大产业发展需求，创建一所国内顶尖、国际一流的商学院，构建高水平的人才培养交流平台，培育一大批国际化的 MBA（工商管理硕士）、EMBA（高级管理人员工商管理硕士）人才。商学院的运行管理，要按照国际规则和惯例进行，并给予土地租赁、基础设施和教育设施投资等方面的政策优惠。

3. 鼓励和支持跨国企业内训机构向社会开放

充分发挥跨国企业熟知产业发展需要、掌握先进技术、拥有国际内训师资资源的优势，鼓励和支持跨国企业内训机构同步迁入前海并向社会开放，对其提供必要的场地和教育设施，给予营利性收入税收减免，或通过政府购买培训服务的方式给予支持。

4. 提供优质基础教育服务

在南山区、宝安区等地有条件的公立中小学开设国际班，抓紧在前海合作区建设涵盖学前教育到高中教育的“一站式”、公益性国际学校。接受学前教育的，在公办幼儿园就近优先安排。接受义务教育，就读国际学校或国际班的，按公办教育生均经费标准给予补贴；就读公办学校的，免试免费就近安排公办学校（确需跨学区的，由市教育主管部门妥善安排，免收相关费用）。接受高中教育的，由市教育主管部门妥善安排，并减免相关费用。

（十）优化社会保障服务

1. 对国（境）外人才参加深圳社会保险分类管理

根据国（境）外人才在华工作年限、工作性质以及是否有意愿留在中国养老等指标，将国（境）外人才进一步细分，形成分类管理的有效办法。

2. 明确国（境）外人才参加深圳社会保险的实施细则

明确在前海工作的国（境）外人才个人按规定缴纳的社会保险费允许在个人应缴纳所得税额中扣除。明确在前海工作的国（境）外人才个人实际领（支）取原提存的基本养老保险金、基本医疗保险金、失业保险金、工伤保险、生育保险和住房公积金时，免征个人所得税。同时，对于国（境）外人才的养老金计发标准、基本养老保险个人账户余额继承方式等作出明确规定。

3. 给予国（境）外人才配偶子女参加深圳社会保险待遇

在前海工作的国（境）外人才的配偶（男不满60周岁、女不满55周岁）可以按照深圳市灵活就业人员办法参加社会保险，也可单独参加

职工基本医疗保险和补充医疗保险；其子女在深圳各类全日制学校就学的，可按规定参加居民医疗保险。

（十一）优化人才中介服务

人才中介服务业既是高端的现代服务业，也是促进人力资源优化配置的基础性要素。前海要建成国际化的人才特区，就必须大力发展人才中介服务业，打造人力资源服务业产业高地。

1. 开放人力资源服务业

国（境）外知名教育服务提供者可以在前海合作区设置独资人力资源服务机构，取消在前海合作区注册的人力资源服务机构的股权比例限制，以及前海合作区内独资、合资的人才服务机构准入要求（注册资本、专业人员），比照广东省的内地企业执行。

2. 打造国家级人力资源服务业产业园区

筹建金融、物流、信息、科技服务四类专业人才市场，打造国家级的金融人才专业市场。引进一批高级职业技能培训机构、高端人才中介机构、国际考试服务机构，给予前海重点发展的四大产业政策优惠，打造人力资源服务业产业高地。

3. 提高公共部门的人才开发专业服务能力

支持前海开展引进国（境）外专家智力改革试点，由国家、省、市外国专家局审批的项目和部分前置审批权，授权前海管理机构直接审批，事后报相关部门备案；在前海设立类似于“移民局”的机构，统揽国（境）外人才引进和服务工作。与国际知名服务机构合作，按照市场化机制，采购国（境）外引才、教育培训等人力资源专业服务；设立前海国际合作研究专项经费，鼓励民间设立各类留学奖学金和合作研究基金，支持前海本土企业的海外分支机构吸纳当地人才，积极参与国际人才合作与竞争。

（十二）优化生活配套服务

1. 给予驾照、车牌办理便利

在前海工作的国（境）外高层次人才凭有效期内的本人国（境）外

机动车驾驶证件，可直接申领国内机动车驾驶证；在前海工作的港籍高层次人才可凭相关有效证件办理赴港车牌。

2. 给予外币汇兑、进口税征收方面优惠

开辟外币汇兑携带绿色通道，国（境）外高层次人才在前海取得的薪酬收入和奖励性收入，实行人民币自由兑换、汇出或带出，不设限额管制。国（境）外高层次人才符合有关政策规定进境的部分科研设备和合理数量的生活自用物品，免征进口税收，或给予全额补贴。

（十三）建设国际社区

1. 建设人才公寓

按照产业社区模式规划建设前海合作区功能区块，打造一批集产业、居住、休闲等功能于一体的城市综合体，布局建设一批（5000 套）人才公寓。针对人才公寓租赁使用、过渡居住、单身为主的特点，研究制定有别于普通商品住宅的管理办法，对人才公寓的日照要求、车位配套等实行差异化标准，对于人才公寓租金收入纳税标准，以及水、电、煤等公用事业收费标准，参照普通居民住宅标准收取。

2. 鼓励国际人才发展社团组织

借鉴发达国家的经验，鼓励和支持以国际人才为对象主体的社团组织发展，使其成为政府与国际人才之间的联系桥梁，成为政府贯彻落实人才政策的重要载体，成为人才交流的重要渠道，成为提升人才创新创业能力的重要平台。既要简化登记手续，减少政策限制，又要在活动场所、活动资金方面给予必要支持，在支持中实施服务和管理。

表专 13—1　建设“深圳前海人才特区”政策创新突破要点及层面

政策主题	政策内容	政策突破点	政策层面
实行个税优惠	跨境征收	跨境征收	国家层面
	个税降负	税前列支、股权激励（技术转让收入）缓免税	国家层面
		先征后奖	深圳市

续表

政策主题	政策内容	政策突破点	政策层面
创新签证居留	试点海外公民证和海外华裔卡	长期免签证便利	国家层面
		落实国民待遇	深圳市
	优化中国绿卡	设置绿卡服务窗口、降低绿卡标准、扩大绿卡范围	国家层面
		落实持卡人才国民待遇	深圳市
	试点前海居民卡	凭“居民卡”在深圳口岸快速通关	国家层面
推动职业资格互认	优先落实 CEPA 已互认项目	自行审核推荐、直接上报授权,互认推荐名额倾斜	国家层面
	先行先试新的互认项目	与香港先行开展新的互认项目;开展具有国家标准性质的资格认证考试	国家层面
	率先推动国内职业资质“走出去”	开展国(境)外人才职业资格考试,台港澳人才专业技术职务评审	国家层面
扩大服务业对外开放	细化落实 CEPA 协议	粤港深化 CEPA 有关现代服务业发展的补充协议或可明确的条款	广东省
	优化服务业服务半径	前海注册的外商投资服务业企业在珠三角开展业务	国家层面
	简化服务业投资审批程序	落实前海在非金融领域内计划单列市管理权限	广东省
		审批权下放	广东省
加大创业扶持	建立创业“快速通道”	“一章通关”“无障碍创业”环境	深圳市 前海
	设置创业“低门槛”	知识产权入股、商事登记制度改革	深圳市
	设立创业扶持基金	“前海海帮基金”“前海创业融资风险补偿基金”	深圳市 前海
	建设“风投广场”	引进各类投资机构	前海

续表

政策主题	政策内容	政策突破点	政策层面
加大创业扶持	加强创业服务平台建设	建立市知识产权交易所、设立现代服务业金融服务集团	深圳市 前海
	给予财税扶持	创业企业场地租金补贴、中介机构营业税减免	深圳市 前海
增强薪酬激励	试点股权激励	国有金融、高新技术、先进服务型企业股权激励	国家层面
	试点薪酬补贴和税收扶持	企业聘请国际人才薪酬补贴、允许国际人才高福利列入企业成本	深圳市
加强人才使用	支持港籍高层次人才参与前海开发管理	参加专家咨询委员会、理事会,聘任专业性公共岗位,任职交流	深圳市
	支持港籍高校毕业生在前海就业创业	支持港籍高校毕业生在前海就业创业	国家层面
	实施更加开放的外籍人才使用政策	在国有企业、高校等兼职	深圳市
优化医疗服务	开设特殊医疗服务	设立国际医疗部、给予绿色通道待遇	深圳市
	开发高端医保产品	组建深圳市医疗行业与保险行业理事会,推动深圳市医院与国际知名保险公司合作	深圳市
	开放医疗服务产业	允许外资医疗机构在前海独资发展;医护人员多点执业、允许非公医院医护人员参加职称评审;授权前海直接管理境外医护人员从业	国家层面
优化教育服务	进一步开放教育服务产业	允许外资在前海独资办学,降低合作办学门槛	国家层面
	创建一所高水平的商学院	围绕四大产业培育MBA、EMBA	国家层面

续表

政策主题	政策内容	政策突破点	政策层面
优化教育服务	鼓励和支持跨国企业内训机构向社会开放	给予场地等优惠、授予资质一视同仁	深圳市
	提供优质基础教育	开办国际学校;统筹安排适龄子女基础教育	深圳市
优化社会保障	对国(境)外人才参与深圳社会保险分类管理	分类管理	深圳市
	明确国(境)外人才参与深圳社会保险的实施细则	税收减免、计发标准、继承方式	深圳市
	给予国(境)外人才配偶子女参与深圳社会保险待遇	配偶子女按灵活就业方式参加社保	深圳市
优化人才中介服务	开放人力资源服务业	允许外资人才服务机构在前海独资发展;降低准入要求	国家层面
		对外资背景的人才服务机构,在授予相关资质上一视同仁	深圳市
	打造国家级人力资源服务业产业园区	创建国家级的人力资源服务业产业园区、国家级金融人才专业市场	国家层面
	提高公共部门的人才开发专业服务能力	引进国外专家智力改革试点	国家层面
		设立“移民局”	深圳市
		引才服务采购、设立奖学金和基金	前海
优化生活配套服务	给予驾照、车牌办理便利	直接申领国内机动车驾驶证;便捷办理赴港车牌	深圳市
	给予外币汇兑、进口税征收方面优惠	前海从业的外籍人员从业收入可自由兑换、汇出或带出;给予部分进口科研、生活用品减免税	国家

续表

政策主题	政策内容	政策突破点	政策层面
建设国际社区	建设人才公寓	5000套人才公寓;有别于普通商品住宅的人才公寓建设管理办法	深圳市 前海
	鼓励国际人才发展社团组织	简化手续、给予场地等支持	前海

专题报告十四

前海人才特区体制机制研究报告

在前海实行什么样的人才发展体制机制，决定着前海能否建成人才特区、建成什么样的人才特区。稳定的政策推动、形成一定的体制机制，成熟的体制机制决定着政策能否贯彻执行。因此，前海人才特区的体制机制建设必须围绕着建设什么样的人才特区来设计。

前海人才特区建设服务于前海深港现代服务业合作示范区建设，前海深港现代服务业合作示范区建设承载着建成现代服务业体制机制创新区、现代服务业集聚区、香港与内地紧密合作先导区、珠三角地区产业升级引领区的重要任务，集中体现了高起点、国际化、深港合作、市场化等重要特点。因此，从体制机制方面，前海人才特区建设必须充分考虑这些特点，达成以深港合作为核心，推动跨区域合作，推动人才国际化发展，推动人才市场化服务体系建设，从而最终建成人才智力高度密集、体制机制全面创新、科技创新高度活跃、新兴产业高速发展的“人才特区”。

鉴于前海人才特区体制机制建设要考虑深港合作因素，吸引国际人才，所以必须要首先研究、借鉴国际国内人才发达地区的体制机制。

一、各地经验借鉴

（一）伦敦金融城

伦敦金融城的人才资源是由市场供给的，企业和组织在市场上是一个买方，人才完全由供求关系驱动。其人才资源市场相当健全，主要标志如下。

（1）市场主体完全到位，企业和个人都有充分的用人权和择业权。

（2）市场载体很发达，人才资源市场得到了充分培育。

（3）市场机制（包括供求机制、竞争机制、价格机制）已经形成，市场配置已在人才资源中发挥基础性作用。

（4）市场的支撑体系已经完全建立起来，已经形成了用工主体与劳动者平等和谐、与国际经济市场接轨的劳动力市场、人才市场。

（二）印度班加罗尔

根据相关文献资料，班加罗尔的发展经验可以归结为以下几点。

（1）班加罗尔的人才集聚是国家意志的结果，它直接得益于政府的大力扶持。

（2）依托雄厚的科研力量。

（3）完备的基础配套设施。

（4）成熟的、服务优良的中介机构。

（5）注重与其他国家和城市的交流与合作。

（三）中国香港

中国香港人才机制可以归结为以下几个方面。

（1）重视在职职工能力的提升。职业训练局、人力资源管理学会等机构和组织定期调研各个行业的人力需求，编写训练方案，指导训练实施和制定技能测验标准。从2002年起，政府以购买服务的形式，每年投入50亿元资金建立支柱产业资助资金，对接受商务、金融、物流、创意工业、人际沟通等7个专业培训的人员进行资助。

（2）重视发展人力资源服务业，并同时注重对人才服务中介机构的监管。

（3）充分发挥各类行业协会的作用。

（四）北京中关村科技园区

中关村科技园区管理委员会是负责对中关村科技园区发展建设进行综

合指导的市政府派出机构。中关村管委会下设人才资源处。人才资源处的主要职责：研究拟订园区人才资源发展战略规划；研究拟定园区培养、吸引、使用人才等方面的有关政策，并协调组织实施；建立健全人才资源的服务体系，优化园区人才发展环境。为了加强中关村人才特区的建设，在中央人才工作协调小组的指导下，由中央组织部牵头，国家发展改革委、教育部、科技部、工业和信息化部、公安部、财政部、人力资源和社会保障部、商务部、中国人民银行、海关总署、国家税务总局、中国证监会、国家外国专家局、国家外汇管理局等参加，共同组成人才特区建设指导委员会，负责人才特区建设的组织领导和统筹协调。

（五）上海陆家嘴金融贸易区

上海陆家嘴金融城人才发展中心是一家非政府组织（NGO），负责实施开发一系列陆家嘴功能区域管理委员会对陆家嘴国际金融人才的项目。比如，“陆家嘴人才金港”提供给符合入住条件的金融高端人才最长不超过6个月的住宿期，并每月提供一定金额的生活补贴。入住专家或高管人员可以酌情商定入住期限。此外，该计划还设立陆家嘴人才培训基金，引进国际领先的金融人才培训课程，为陆家嘴金融城企业提供高端培训课程，促进在职人员的提升，逐步缩小陆家嘴金融城与国际金融中心的差距。同时，还设立陆家嘴研究生联合培养基金。整合高校资源和金融企业资源，联合培养适合金融企业需求的研究生，为联合培养的研究生提供一定数量的科研、学习资助。

以上人才特区，中关村、班加罗尔具有共同的特点，即都采用的是一种政府主导型的人才机制。这种机制多见于后发展国家和地区，起点相对较低，单靠市场机制的作用很难在短期内创造足够的条件实现特定人才集聚目标。因此，政府往往较深程度地参与经济与产业发展，适当与市场机制相配合，形成了政府指导型的人才机制。而其他几个地方则表现出了较强的市场主导型的人才机制，人才法规体系完备，人才市场体系比较健全，人才中介组织多，人才服务业比较发达，体现出市场配置人才的特点，人才的价格、使用激励完全由市场决定，人才流动由供需关系决定。

二、体制机制创新总体设计

借鉴国际国内人才特区发展市场主导型人才机制的经验，利用前海管理机构新成立的契机和计划单列市的权限，创新人才工作体制机制，研究建议是，“一个坚持，四个发挥，一个完善”。即坚持党对人才工作的总体领导，充分发挥政府宏观指导、市场自主运作、港深合作参与、企业用人主体的职能，完善人才法制建设，打造国际人才宜聚宜居宜发展的人才特区。

（一）坚持党对人才工作的总体领导

全面贯彻落实党管人才原则。由于前海管理局是深圳市委、市政府的派出工作机构，兼具党委、政府职能，所以前海管理局对前海人才工作具有总体领导职责。通过建立管理局党组定期听取人才工作专项报告制度，形成前海管理局统一领导，人力资源部贯彻落实，有关部门各司其职、密切配合，社会力量广泛参与的人才工作新格局。建立健全人力资源部门规划制定、政策落实、健全服务、优化环境，各种人才中介组织健全，人才市场发达，人才服务全面，（形成）政府和人才中介组织职责明确、统分结合、上下联动，市场自主配置的人才工作运行机制。

（二）发挥政府人才工作指导、服务职能

前海管理局同时还具有制定政策、发布信息、打造平台等对人才工作进行宏观指导和服务的职能，这种功能的具体执行机构为人力资源部。人力资源部负责研究拟订园区人才资源发展战略规划和培养、吸引、使用人才等方面的有关政策。建立前海深港现代服务业合作区人才引进、培养、培训发包平台，明确引进、培养、培训人才的种类、时间、质量标准、佣金，吸引国内外著名猎头公司、人才代理中介、高等院校以及职业学校积极参与竞标，活跃前海人才特区市场，提升人才引进、培养、培训质量。建立前海深港现代服务业合作区人才需求信息发布平台，及时公布企业人才需求状况、前海人才市场人才流动状况。联合其他部门建立前海人才特

区人才综合服务平台，为各种人才提供落户、签证、档案结转代理、保险、子女入学等服务。联合其他部门建立前海人才特区人才创业服务平台，为创业人才提供创业前期辅导、创业手续代理、创业融资联系等服务。前海人才特区人才综合服务平台和人才创业服务平台可以由政府外包给专业的人力资源公司搭建运作，建设、营造和国际文化接轨、符合国际人才集聚特点的园区人才发展环境。

（三）发挥深港合作平台作用

为了充分发挥香港在前海人才特区建设中作用，需要考虑搭建深圳和香港进行人才合作的平台，发挥深港合作平台在吸引现代服务业、公共服务业人才到前海发展、创业和在制定人才培养培训标准、人才中介组织市场准入以及人才社会保险与医疗保险接驳、人才通关、子女教育等方面服务香港人才的作用。

（四）发挥市场自主配置功能

通过建立统一规范、更加开放的人才市场和发展专业性、行业性人才市场，发挥市场的人才定价机制、供需调整机制、人才培养开发机制、人才评价发现机制、人才流动配置机制、人才激励保障机制等作用；发挥市场人才交换功能、平衡功能、协调功能、价值实现功能、信息功能和全程综合服务功能，在前海人才特区建立功能齐全、市场繁荣、符合深港现代服务业合作区发展需要的国际化人才市场。大力发展包括人才猎头、人事代理、人才培训、人才规划、人才评估、人才绩效、薪酬体系、创业指导等在内的人才服务产业，健全市场主体，完善市场功能。积极培育专业化人才服务机构，注重发挥人才服务行业协会作用。

（五）发挥企业用人主体的作用

引导企业根据产权性质、特点建立与现代企业制度相符的企业人事制度：自主确定用人需求；制定技术、知识、管理、技能等生产要素按贡献参与分配的办法和绩效工资制；建立科学的绩效评价制度以及与之相适应的员工培训、人力资源优化配置、职业生涯规划、人事晋升等制度；建立职工医疗、工伤、生育等保险由社会保障部门统一负责制度。鼓励企业外包人力资源管理职能。

（六）完善人才法制建设

围绕促进人才发展、繁荣人才市场、服务特区发展的目标，建立健全前海人才特区人才培训、人才代理、人才中介组织准入及执业、人才使用、人才保障、外籍人才管理与服务等规范人才市场主体、人才市场建设、人才权益保护等方面的制度，为前海人才特区建设提供制度保障。

三、构建基于深港合作的“国际人才社区”

根据对前海人才特区体制机制的总体设计，借鉴社区建设理念，提出创新前海人才特区体制机制——打造国际人才社区的具体举措：“一盟一会三制三环境”，即通过创新深港人才工作联盟，建设前海人才发展协会，建立健全人才配套法制、人才公共服务机制、人才投融资体制，打造国际人才宜聚宜居宜发展环境，从而形成以企业为主体、以市场为导向、以人才服务业为依托、以深港合作为途径，政府推动、多方参与的人才工作运行格局。

（一）国际人才社区

1. 社区含义

社区作为人类生活的共同体，作为中国城市最基层管理单元，关于它的定义目前有上百种，但它的基本要素却是不变的。首先，共同性是社区存在的文化基础，是决定社区是否形成的关键因素。其次，居民之间频繁的社会互动是社区存在的主体性特征和具体表现。这种社会互动一方面展现了社区这种“共同体”的形成和存在，另一方面也发挥了社区对社区成员的各种功能，包括社区成员的社会化过程，对社区成员的社会控制，培养了社区成员之间的感情，为社区成员提供了心理或精神支持，甚至居

民之间频繁的社会互动也是一种社区参与，丰富了社区参与的形式和内容。再者，非正式组织性是社区存在的组织特征。

2. 国际人才社区释义

借鉴社区的概念和特征，前海人才特区作为国际人才集聚区，首先具备了社区概念的第一要素，共同性。这种共同性首先表现为这些国际人才有着共同的载体——现代服务业，而现代服务业的全球性、知识性和知识更新快的特征也折射在这些国际人才的身上，从而使这些国际人才具有共同的特征。从这一点来讲，前海人才特区是一个国际人才集聚的社区。当然，仅有这一点还不能成为严格意义上的社区，因为它还没有实现社区所应具有的社会功能。所以，这里借用“社区”概念，还希冀通过有目的的打造、构建，使得国际人才集聚区实现社区的社会互动功能，在社会互动中实现前海对人才创新创业的渴求，打造各种人才宜聚宜居宜发展的环境。

据此，我们认为，前海国际人才社区就是指来自世界各地不同国籍的人们在前海聚居或工作（包括交往、休闲）所组成的社会生活共同体，其基本特征表现为：建筑设计的国际性、功能集聚性、时空的开放性、配套设施超前性、公共和服务系统管理的先进性、文化多元性。

其本质特征表现为：

一是国际性。根据经济全球化和现代服务业国际流动性特点，建立深港现代服务业合作区必须依托国际化的人才，所以必须制定符合国际人才发展的政策和体制机制，营造国际人才宜居宜发展的环境。

二是根植性。所谓根植性，是指前海人才特区运行机理要深深地嵌入到深港区域的社会、文化和政治等关系中。事实上，一个区域内各种传统、宗教、历史习惯，及在此基础上形成的价值观和人与人之间的关系，本身就是一种社会资本。这种社会资本既是联系各种人才的纽带，也是人才发展过程中降低交易费用的重要途径。

三是有市场化运作的支撑机构。建设人才特区，必须改变政府主导的特点，依靠市场主体和市场需求进行调节。市场主体包括企业、金融机构、行业协会、培训机构、贸易协会、创新中心、政府部门、商业服务组织，等等。这些主体之间建立了有机的网络，并存在密切的联系，是一个利益共同体，它们都有强烈的提高本区域人才创造力的集体意识，共同投入到提高区域竞争力的行动中去。

四是创新性。现代服务业集群的发展和其知识更新快的特点必然会诱导与产业发展相关的研究开发活动和专门人才培养的扩大，从而为产业集群的进一步发展提供了外部知识资源，可以为技术创新、提高劳动生产率提供良好的环境。打造人才特区，就是适应现代服务业产业集群发展的需要，通过各种人才交流合作激发创新的火花，通过大学和科研机构与企业的广泛合作，使得技术创新步伐明显加快。

3. 国际人才社区功能

社区服务和社区政治功能是传统意义上的两个社区功能。社区服务分为三类，一类是政府以公共产品的形式为居民提供的社区服务，另一类是为社区居民提供微利性的便民利民服务，还有一类社区服务是社区成员之间提供的服务。社区的政治功能主要表现在三个方面：政治稳定功能、政治传导功能、政治参与和政治表达功能。

在深圳前海人才特区建设中，通过构建国际人才社区，希冀实现以下目的：一是便于政府部门为各类国际人才提供公共服务，便于政府信息传导，便于政府治理；二是便于国际人才对前海建设发展的社会参与，培养对前海、深圳的认同感、归属感以及志愿精神；三是营造国际人才宜聚宜居宜发展的环境，吸引、留住、用好国际人才；四是实现政府、市场共同控制；五是便于实现深港合作。

4. 国际人才社区运作机制

社区管理运作存在两种推行方式，一种是以命令行事、自上而下的直接推行方式；另一种是由下而上的启发，通过居民共同讨论、共同思考而解决社区问题，从而促进社区发展的间接推行方式。一般而言，在社区的实际管理中，这两种方式是相互结合使用的，只是两者的应用程度和范围有所侧重和区别。

国际人才社区作为连接政府和人才的基础单元，具有不同于一般社区的特质，即人才流动性更大，因而，实行什么样的运行机制，直接关系着

社区建设的成败。从前海人才特区是国际人才集聚区的本质出发，构建前海国际人才社区运行机制，应首先成立一个社区治理组织，吸纳各种人才代表参与，具有广泛代表性。在运行机制上，实行自下而上为主、自上而下为辅的运行方式，发挥社区治理组织的协调政策、整合资源、优化环境、反映诉求、公共服务作用，政府通过活动资金支持、场地提供、政策指引、活动建议等方式发挥作用。这种治理方式是鼓励社区居民进行自我管理、互助合作的有效方法，不仅有利于节省管理成本，也是政府治理方式与理念的一种转变。

（二）建立深港人才工作联盟

以《粤港合作框架协议》为基础，以前海为基地，签署、建立“前海深港人才工作联盟”（以下简称“深港联盟”），健全推动两地人才发展工作平台。联盟一方由深圳市委、市政府及相关职能部门和前海管理局组成，体现党对人才工作的领导，另一方则由香港特区政府、人力资源管理协会、香港职业训练局等组成，在前海人才特区形成深圳市委领导、联盟共商，深圳市委组织部牵头抓总，前海管理局和深圳市有关职能部门共同落实的人才工作领导体制。在“深港联盟”框架下，围绕现代服务业人才培养、培训、人才中介组织市场准入、人才社会保险、医疗保险接驳、人才通关、子女教育等方面进行磋商、合作。通过“深港联盟”，积极发展各类行业协会、社会中介，推进人才服务业主体多元化发展；充分发挥行业协会和中介组织在人才引进、培训、评价、协调交流方面的主导作用；努力吸引一批国际知名人才机构落户前海，培育分行业、专业化的人才中介机构，扩大提高人才服务业的能级、水平和规模。以人才服务业发展为基础，通过“深港联盟”建设，加强与香港商界、学界及社会机构等的合作互动，深化香港人才对前海的了解认知，推动双方执业资格互认。充分借用香港国际化优势，引进香港高素质专业人才，提升本土人才国际化水平，带动深圳及珠三角产业人才素质结构的整体提升。引进香港职业训练局人才培训体系，由前海管理局、香港职业训练局、人力资源公司共同参股建立人力资源培训公司。

（三）建立“前海人才发展协会（国际人才社区工作委员会）”

坚持市场化、社会化、合作化的人才工作理念，建立前海人才发展议事及管理机构“前海人才发展协会（国际人才社区工作委员会）”（以下简称协会）。协会在政府监管和法律保障框架下，以市场为主导，以企业为主体，是具有社区自治性质的独立法人机构，是国际人才社区的治理单位，由前海管理局进行业务指导。协会由前海管理局主要领导担任协会理事长职务，吸纳区内企业、机构作为理事单位广泛参与。

协会是前海政府组织、商业机构及社会各界协调政策、整合资源、优化环境、反映诉求的人才问题议事平台，同时也是深港联盟框架下深圳一方与香港人力资源管理协会和各种行业协会沟通联系、互通需求、合作互助的人才发展问题会商平台。协会对前海人才发展规划、政策调整、监督评估、体系优化等进行相关决策，负责前海人才服务业及各行业协会人力资源分会组织间的统筹协调、行业规范和监管自律，同时为社会各机构提供具体的人力资源管理指导。协会应积极拓展人才联系网络，宣传政策优势，推介环境品牌，争取发展资源，提升前海人才特区国际影响力。

（四）创新人才配套法制

以打造社会主义法治建设示范区为引领，在全国人大授予的经济特区立法权限范围内，制定促进前海现代服务业规范发展的相关人才法规，支撑企业主体、协会自治为核心的港深联盟人才发展协会运行体制。根据国家相关法律规定和前海实际需要，充分利用全国人大授予的经济特区立法权，广泛借鉴发达国家尤其是香港民事、商事的立法经验和运作惯例，设置相应的法治机构，引进民间商事调解机构，加强深港司法合作，推出一系列有利于现代服务业人才集聚的政策法规，为前海现代服务业的发展创造优良的法律环境。争取到 2020 年左右建立健全基本覆盖国际人才培养、评价、流动、使用、激励、保障等各环节门类齐全、协调配套、结构严谨的地方性法律法规体系。

（五）创新人才公共服务机制

利用政府采购等市场化手段，强化宏观管理职能，弱化微观管理职能，变“管理人才”为“服务人才”，从人才服务供给型向需求导向型转变。推动“国际人才社区”国际化人力资源配置平台、国际化产业合作对接平台、国际化产业要素集聚平台、跨国合作人才开发平台四大战略平台建设。同时，正确认识国际性非政府组织在集聚国际人才方面的重要作用，既把它作为联系国际国内的桥梁，又把它作为引进国际人才的重要平台。通过引进和发展国际性非政府组织，充分发挥国际性非政府组织在信息服务、人才交流、档案管理、信用服务、资质认证、评价服务等人才工作中的服务职能。

（六）创新人才投融资体制

创新国家、地方、社会企业共同参与的投融资体制。积极争取中央财政人才资金投入和国家支持政策体系。优先将前海四大行业所需现代服务业人才列入国家人才计划并获得资金支持。同时，通过探索金融财政、税收优惠等政策创新，建立健全人才奖励运作体系，完善地方政府配套扶持和全面对接措施，从而推动政府直接投融资和政策性投融资双轨并行。鼓励、引导社会力量参与人才投融资，营造社会资金整合的深厚氛围，凝聚社会资金整合的强大合力，加强市场投融资，使前海人才投融资的主角由政府转为社会和企业，确立企业在投融资领域的主体地位，建立起人才投融资领域的市场机构，最终使投资和融资都通过市场进行。

（七）打造“国际人才社区”宜聚宜居宜发展环境

吸引国际化人才将前海作为事业和生活中心，建设优质、优雅、优良的“国际人才社区”宜聚宜居宜发展环境。

1. 优质的生活环境

通过国际招标的方式开展综合规划，有序合理部署城市发展、城市布局和城市运行，充分融入滨海和水系自然因素，遵循可持续原则，营造良好的城市生态环境，促进人与环境高度和谐。同时，注重城市优质化公共服务建设，建立符合国际标准、拥有比较优势的公共管理和公共服务体系，构建可安居乐业的“生活品质之城”。

2. 优雅的人文环境

尊重不同国家、种族、民族的生活方式及文化习俗，在增强本土文化发展活力的同时，引进国际文化以及国际文化机构，建设国际化语言环境、媒体环境和宗教环境。营造前海丰富多彩的文化生活和百花齐放的文化氛围，逐步建立起多元化，环境友好型，具有国际风格、国际水准和国际影响力的国际人才社区，使前海成为中国文化和国际文化的交融中心。

3. 优良的营商环境

建立国企、私企、外企公平公正的营商待遇。完善劳动法规，在依法保护劳动者合法权益的同时，杜绝出现企业存在解雇困难和解雇成本高的问题。依法保护投资者利益，杜绝出现企业交易不透明和企业代理问题。创新企业融资环境，积极开展企业借贷信息的交流，杜绝出现企业贷款困难问题。整理企业税收环境，简化税务手续，减低税赋水平。简化企业开办手续，降低开办成本。简化执照申领，降低执照工本费。优化工商环境，加强商业合约执行检查，提高商业合约履行速度。

构建深港联盟的人才工作体制和以前海人才发展协会为社区治理单位的社区运行机制，建立健全人才配套法制、人才公共服务机制、人才投融资体制，建设国际人才宜聚宜居宜发展环境，打造深圳前海国际人才社区，是借鉴国内外人才特区建设经验，参照社区运行机理和功能，创新深圳前海人才特区体制机制的重要探索。社区是家的集成，家是每一个人的依靠。打造国际人才社区，就是希望通过塑造合格的治理主体，建设科学合理的运行机制和运行规则，发挥社区居民主体性和参与性，实现社区居民自治主体资格，使每一个居民都能深切感受到“社区是我家”，从而达到社区治理目的，为建设深港现代服务业合作区提供充足的知识支持和智力保障。

专题报告十五
前海人才特区建设问卷调研分析报告

为了收集关于深圳前海人才体制机制创新相关建议，提出、完善深圳前海人才特区建设的相关政策，由深圳市委组织部、深圳市前海深港现代服务业合作区管理局、中国人事科学研究院共同编制并实施了《前海人才特区建设调研问卷》的调查。问卷调查采用随机抽样方法，于 2011 年 7 月在深圳市企事业单位发放，共发放问卷 1000 份，回收问卷 878 份，其中有效问卷 810 份。

问卷分为四个部分：第一部分是关于调查对象及其单位基本情况；第二部分是关于调查对象对深圳市人才环境的判断评价与主观感受；第三部分是了解调查对象对深圳及前海人才工作相关问题的看法；第四部分是有关深圳或前海人才发展建议的开放式问题。

一、调查对象及其单位基本情况

（一）调查对象基本情况

调查对象的基本情况如表专 15—1 所示。

从调查对象的最高学历看，拥有本科学历的为 346 人，拥有硕士学历的为 290 人，拥有博士学历的为 82 人，分别占调查对象总数的 43%、36%和 10%，三者相加共占调查对象总数的 89%，说明本次调查的对象受教育程度和整体素质较高，如图专 15—1 所示。

表专 15—1　调查对象基本情况表

项目	选项	人数	比例(%)
最高学历	高中	10	1
	大专	82	10
	本科	346	43
	硕士	290	36
	博士	82	10
	合计	810	100
在深圳工作年限	1—2 年	206	25
	3—5 年	222	28
	6—10 年	186	23
	10 年以上	196	24
	合计	810	100
年龄	25 岁以下	102	13
	25—35 岁	446	55
	35—45 岁	206	25
	45—60 岁	56	7
	合计	810	100
在公司的级别	高层	44	5
	中层	231	29
	基层	535	66
	合计	810	100
年收入	1 万—5 万元	122	15
	5 万—10 万元	315	40
	10 万—20 万元	214	26
	20 万—50 万元	122	15
	50 万—100 万元	17	2
	100 万元以上	20	2
	合计	810	100

从调查对象在深圳工作年限看，既有刚来深圳工作 1—2 年的“新深圳人”，也有在深圳工作生活 10 年以上的“老深圳人”。各个时间段的人数分布较为均匀，如图专 15—2 所示。

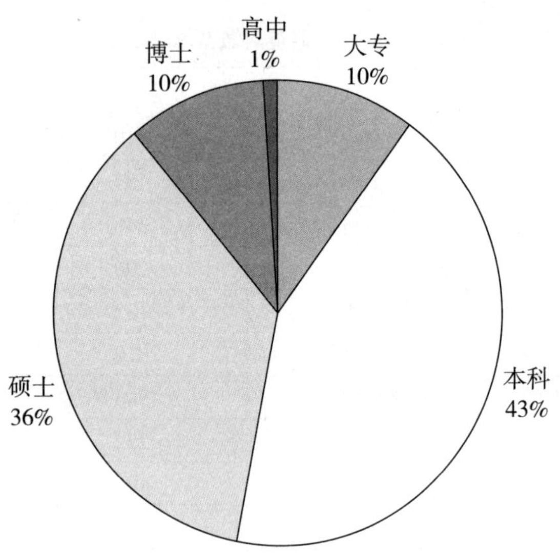

图专 15—1　调查对象的最高学历分布情况

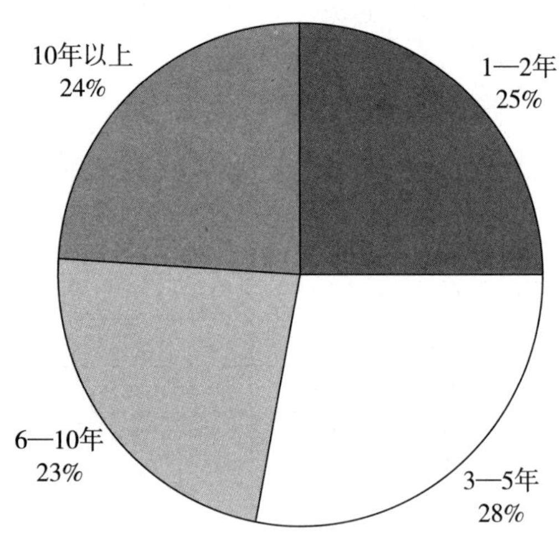

图专 15—2　调查对象在深圳工作年限分布情况

从调查对象年龄看，25—35 岁为 446 人，占 55%，35—45 岁为 206 人，占 25%，两者相加共占调查对象总数的 80%，说明本次调查的对象以青年人员为主，如图专 15—3 所示。

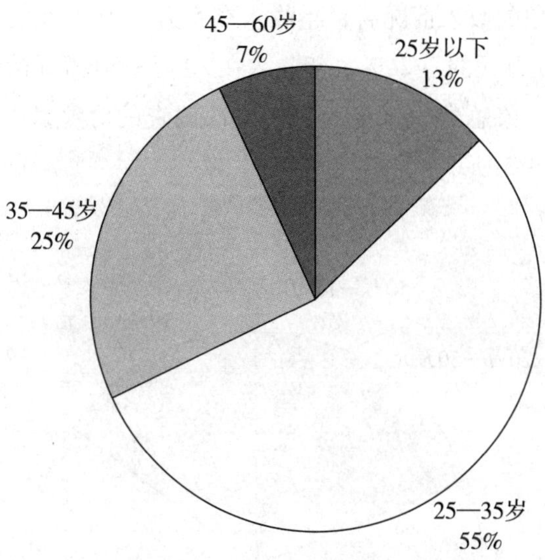

图专 15—3　调查对象年龄分布情况

从调查对象在公司的级别看，高层、中层和基层分别占调查对象总数的 5%、29% 和 66%，说明本次调查的对象以公司中的中低层人员为主，如图专 15—4 所示。

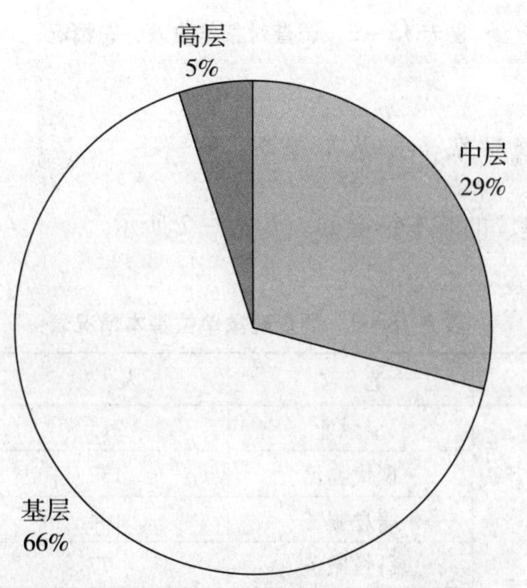

图专 15—4　调查对象在公司的级别分布情况

从调查对象的收入情况看，年收入在 5 万—10 万元的占 40%，年收入在 10 万—20 万元的占 26%，年收入在 20 万—50 万元的占 15%，三者相加共占调查对象总数的 81%，说明本次调查的对象以中等收入人员为主，如图专 15—5 所示。

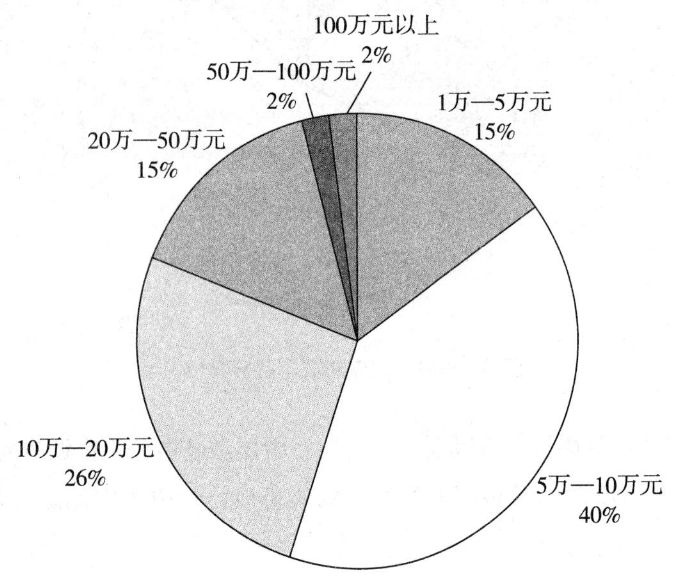

图专 15—5　调查对象年收入分布情况

（二）调查对象单位基本情况

调查对象单位的基本情况如表专 15—2 所示。

表专 15—2　调查对象单位基本情况表

项　目	选　项	人　数	比例(%)
所属行业	金融业	215	26
	现代物流	132	16
	信息服务	104	13
	科技服务	77	10
	软件服务	20	2

续表

项　目	选　项	人　数	比例(%)
所属行业	党政机关	33	4
	事业单位	159	20
	其他	70	9
	合计	810	100
公司性质	国有企业	294	36
	民营企业	224	28
	三资企业	129	16
	其他	163	20
	合计	810	100

从调查对象单位的所属行业情况看，金融业、现代物流、信息服务和科技服务分别占调查总数的26%、16%、13%和10%，四大服务业共占调查总数的65%，另外，党政机关和事业单位合计占调查总数的24%，如图专15—6所示。

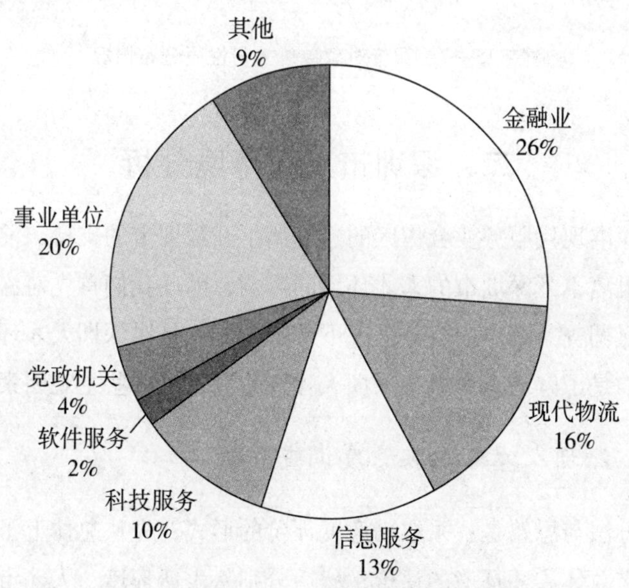

图专15—6　调查对象单位的所属行业分布情况

从调查对象单位的公司性质看，国有企业、民营企业和三资企业分别占调查总数的36%、28%和16%，其他性质的占20%，如图专15—7所示。

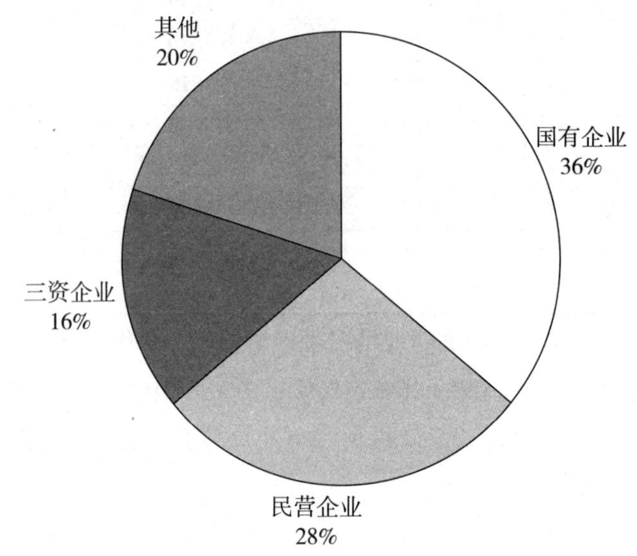

图专15—7　调查对象单位公司性质分布情况

二、深圳市人才环境分析

前海深港现代服务业合作区的建设离不开深圳市的支持，前海人才特区的建设也离不开深圳市的人才环境的影响，因此我们首先对深圳市的人才环境进行调查。调查内容分为以下两部分：一是对深圳人才环境的满意度调查，二是了解调查对象与深圳人才环境有关的一些主观因素。

（一）深圳人才环境满意度调查分析

调查方法与思路是：采取满意度评价的形式，先从总体上了解调查对象对深圳市总体人才环境的评价，然后分别从生活环境、人才市场环境和人才政策环境三个维度进行调查。其中，生活环境调查的内容主要包括收入水平、住房条件、交通状况、医疗服务、子女上学、文体娱乐活动和消费环境，人才市场环境调查的内容主要包括事业发展空间、创新环境、人才机构效率等方面，人才政策环境主要从政府效率的角度进行调查。具体调查结果如表专 15—3 所示。

表专 15—3　深圳市人才环境满意度情况表

	不满意（比例）	一般（比例）	满意（比例）	非常满意（比例）	不清楚（比例）
总体人才环境评价	75（9%）	371（46%）	284（35%）	32（4%）	48（6%）
收入水平	199（25%）	417（52%）	166（20%）	19（2%）	9（1%）
住房条件	281（35%）	325（40%）	175（22%）	26（3%）	3（0%）
交通状况	200（25%）	414（50%）	176（22%）	15（2%）	5（1%）
医疗服务	262（32%）	376（46%）	118（15%）	9（1%）	45（6%）
子女上学	201（25%）	314（39%）	96（12%）	11（1%）	188（23%）
文体、娱乐活动	95（12%）	318（38%）	314（39%）	37（5%）	46（6%）
消费环境	153（19%）	309（38%）	290（36%）	41（5%）	17（2%）
生活环境总体评价	63（8%）	340（41%）	341（41%）	46（6%）	30（4%）
事业发展空间	69（9%）	315（39%）	341（42%）	52（6%）	33（4%）
创新环境	50（6%）	248（31%）	376（46%）	81（10%）	55（7%）
政府效率	111（14%）	362（45%）	244（31%）	48（6%）	35（4%）
人才机构效率	89（13%）	347（48%）	225（32%）	23（3%）	26（4%）
人才市场环境总体评价	69（9%）	363（44%）	249（31%）	27（3%）	102（13%）
人才政策环境总体评价	80（10%）	357（45%）	262（32%）	26（3%）	85（10%）

调查结果具体分析如下。

（1）从深圳市总体人才环境调查结果看，选择“不满意”的占 9%，选择“一般”的占 46%，选择“满意”的占 35%，选择“非常满意”的仅占 4%，如图专 15—8 所示。由此可见，深圳市总体人才环境不容乐观。

（2）从生活环境、人才市场环境和人才政策环境三个维度看，生活环境的满意度为 41%，人才市场环境的满意度为 31%，人才政策环境的满意度为 32%，生活环境满意度高于人才市场环境满意度和人才政策环境满意度，如图专 15—9 所示。由此可见，深圳市在人才市场环境建设和人才政策创新力度上还有待于进一步加强。

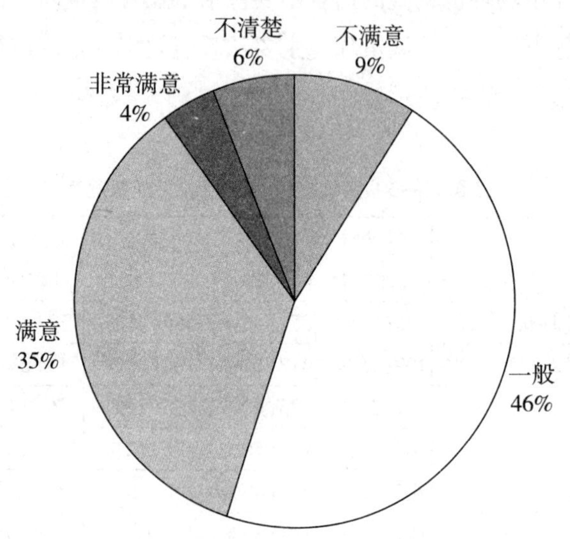

图专 15—8　深圳市总体人才环境评价情况

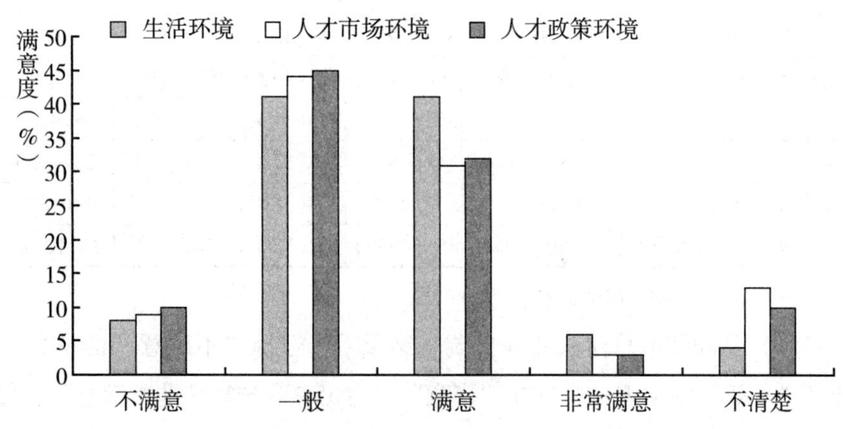

图专 15—9　深圳市生活环境、人才市场环境和人才政策环境满意度比较

（3）具体从生活环境的满意度看，满意度最高的是文体娱乐活动，为 39%；其次是消费环境，其满意度为 36%。而收入水平、住房条件、交通状况、医疗服务、子女上学等方面满意度较低，其中子女上学方面满意度最低，为 12%，如图专 15—10 所示。再从生活环境的不满意度看，

不满意度最高的是住房条件，为 35%；其次是医疗服务，其不满意度为 32%。最后是子女上学，其不满意度为 25%，如图专 15—11 所示。因此，在深圳人才的生活环境中，住房条件、医疗服务和子女上学成了三个最为突出的问题，政府应该在这三方面加大投入，改善人才生活环境。

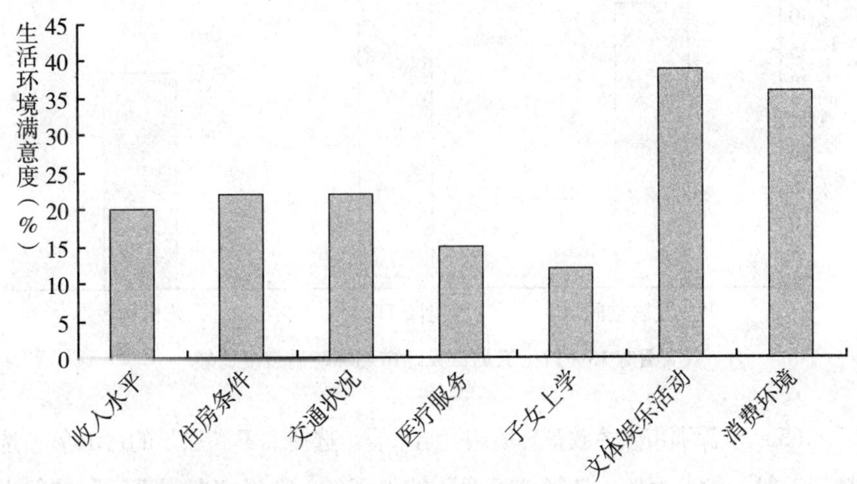

图专 15—10　深圳市生活环境满意度比较

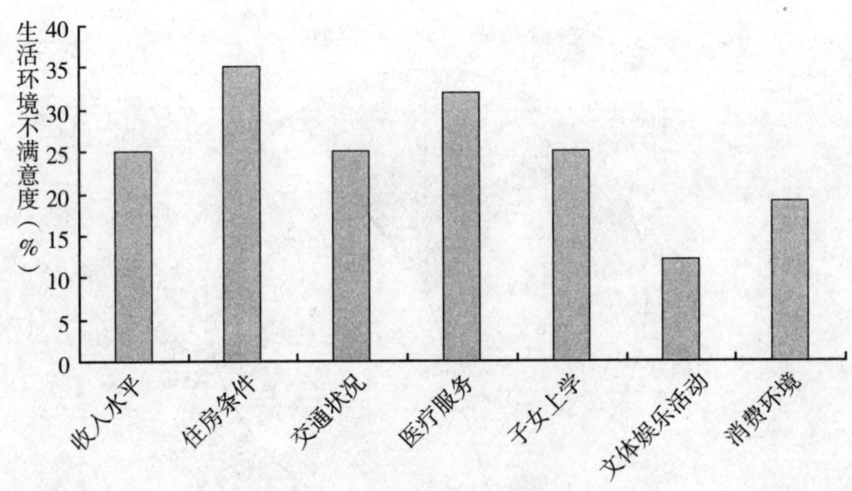

图专 15—11　深圳市生活环境不满意度比较

（4）具体从人才市场环境的满意度看，满意度最高的是创新环境，为46%；其次是事业发展空间，其满意度为42%。人才机构效率的满意度较低，为32%，如图专15—12所示。

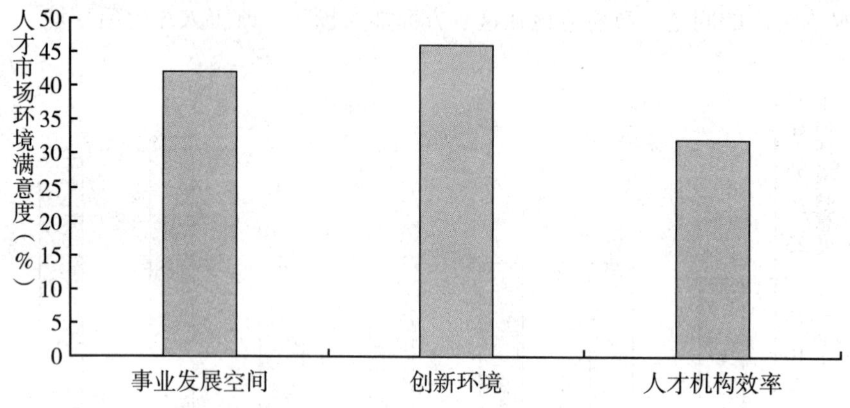

图专15—12　深圳市人才市场环境满意度比较

（5）从深圳市人才政策环境调查结果看，选择“不满意”的占10%，选择“一般”的占45%，选择“满意”的占32%，选择“非常满意”的仅占3%，如图专15—13所示。调查结果还显示，深圳市人才政策环境满意度与深圳市人才总体环境满意度评价具有高度的一致性，如图专15—14所示。

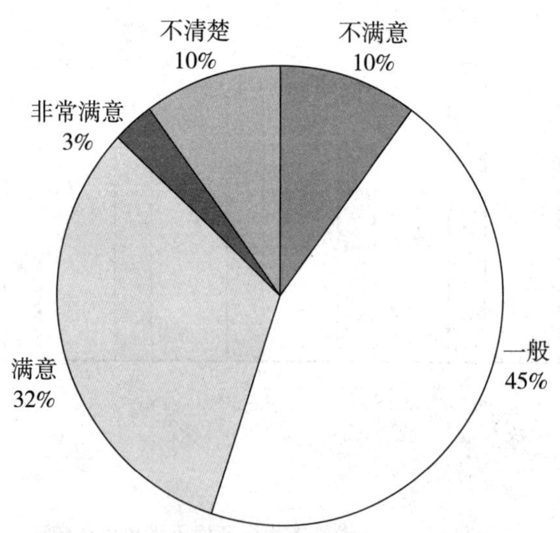

图专15—13　深圳市人才政策环境满意度比较

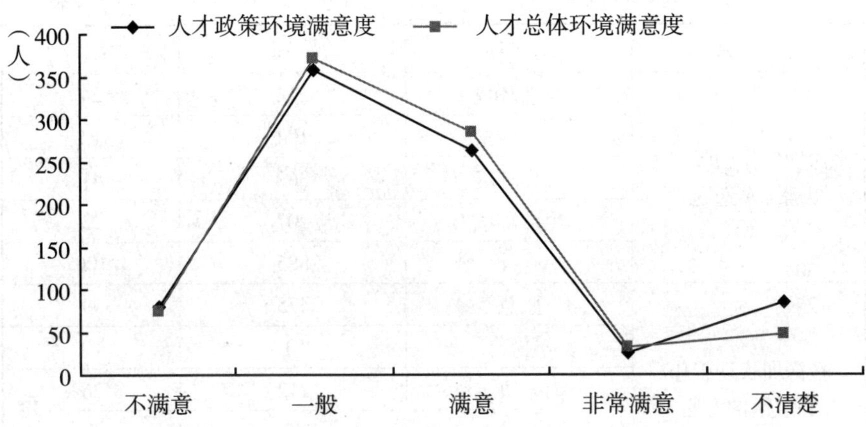

图专 15—14　深圳市人才政策环境与人才总体环境满意度比较

（二）与深圳人才环境有关的一些主观因素调查分析

这一部分调查内容主要包括深圳对外来人员有无包容性、调查对象在平时的工作和生活中有无动力、调查对象来深圳工作的吸引力因素以及调查对象在深圳长期工作和生活的意愿等四个方面。具体调查结果如表专 15—4 所示。

表专 15—4　与深圳人才环境有关的一些主观因素

项　目	选　项	人　数	比例（%）
深圳对外来人员的包容性	有很强的包容性	447	55
	包容性一般	322	40
	没有包容性	41	5
	合计	810	100
工作和生活中的动力	动力很大	336	41
	动力不大	407	51
	缺乏动力	67	8
	合计	810	100

续表

项　目	选　项	人　数	比例(%)
来深圳工作的吸引力因素(多选题)	自然环境	212	24
	人才政策	104	12
	工作环境	362	41
	生活环境	207	23
	合计	885	100
在深圳长期工作和生活的意愿	愿意	475	59
	不愿意	81	10
	尚未决定	212	26
	其他	42	5
	合计	810	100

调查结果具体分析如下。

（1）关于深圳对外来人员的包容性问题，选择“有很强的包容性”的占55%，选择“包容性一般”的占40%，选择“没有包容性”的占5%，如图专15—15所示。说明调查对象对深圳对外来人员的开放与包容上基本持肯定态度。

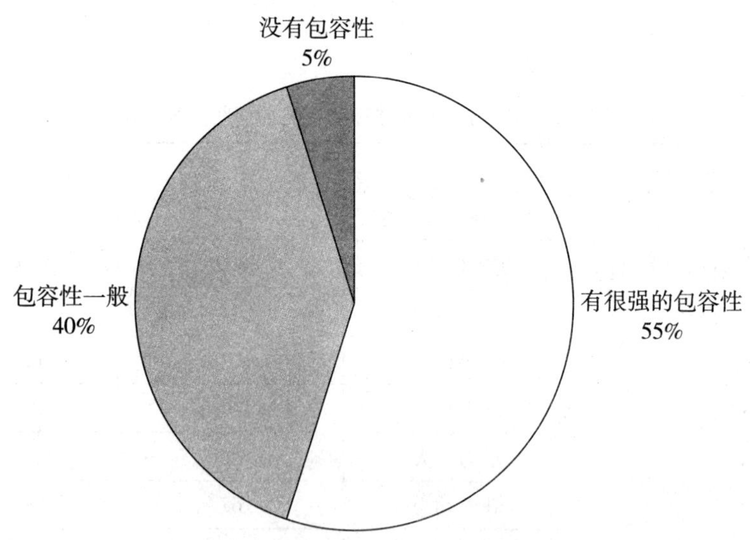

图专15—15　深圳对外来人员包容性评价

（2）关于调查对象来深圳工作的吸引力因素问题，选择“动力很大”的占41%，选择“动力不大”的占51%，选择“缺乏动力”的占8%，如图专15—16所示。一半以上的调查对象选择“动力不大”，说明深圳对人才的激励机制尚待加强。

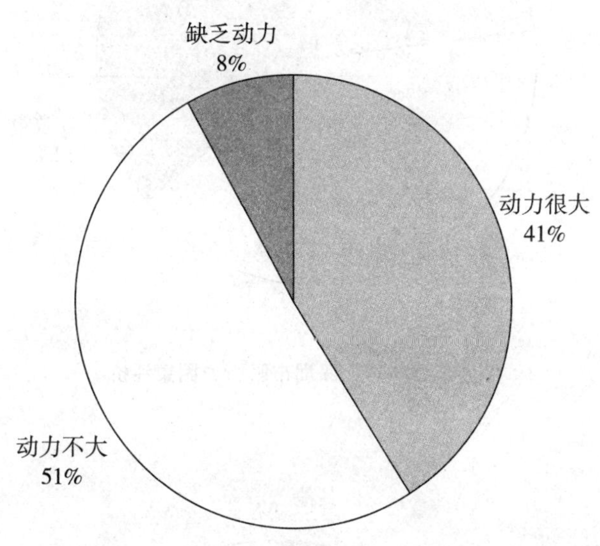

图专15—16　调查对象工作和生活动力评价

（3）关于调查对象在工作和生活中的动力问题，选择“自然环境”的占24%，选择“人才政策”的占12%，选择“工作环境”的占41%，选择“生活环境”的占23%，如图专15—17所示。41%的调查对象选择“工作环境”，说明深圳对人才的吸引力主要体现在工作氛围和创新环境。

（4）关于调查对象在深圳长期工作和生活的意愿问题，选择“愿意”的占59%，选择“不愿意”的占10%，选择“尚未决定”的占26%，选择“其他”的占5%，如图专15—18所示。59%的调查对象选择“愿意”，说明调查对象对深圳的人才环境基本持肯定态度。

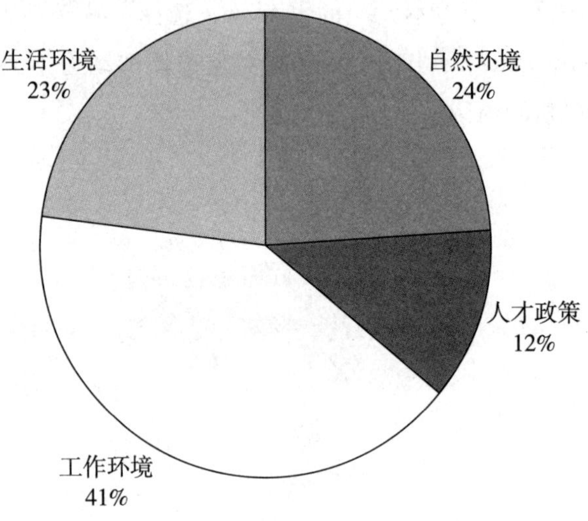

图专 15—17 深圳市吸引力因素评价

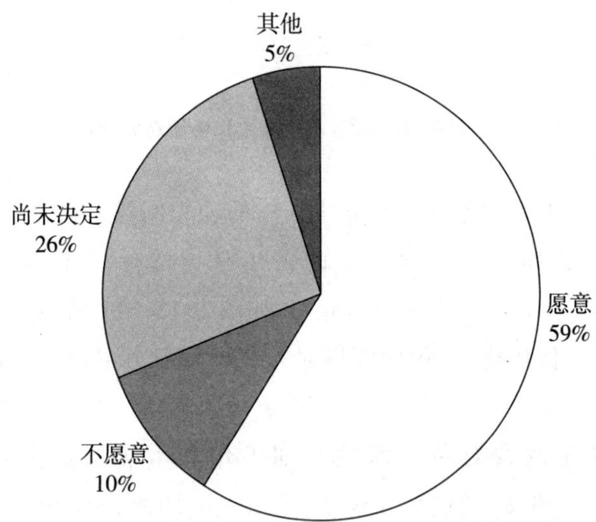

图 15—18 在深圳市长期工作和生活的意愿评价

三、深圳及前海人才工作分析

本部分就深圳市及前海的人才工作相关问题进行调查。调查内容包含12个相关题目。具体调查结果及其分析如下。

（一）对深圳市在人才工作方面亟须改进的看法

在问到“您认为深圳市在哪些方面亟须改进?”这一问题时（多选题，限选3项），选择“思想观念变革”的占9%，选择“人才机制体制”的占17%，选择“政府职能转变”的占14%，选择“扩大开放”的占3%，选择“人才载体建设”的占9%，选择“项目上马”的占2%，选择“产业结构调整”的占10%，选择“重要紧缺人才的培养和使用”的占11%，选择“领导干部素质水平提升”的占11%，选择“人才工作环境”的占14%。调查结果显示，排在前三位的是“人才机制体制”、“政府职能转变”和“人才工作环境”，如表专15—5和图专15—19所示。

表专15—5　对深圳市在人才工作方面亟须改进的看法

题目	选项	数值	比例(%)
您认为深圳市在哪些方面亟须改进?	思想观念变革	175	9
	人才机制体制	342	17
	政府职能转变	279	14
	扩大开放	64	3
	人才载体建设	174	9
	项目上马	36	2
	产业结构调整	193	10
	重要紧缺人才的培养和使用	218	11
	领导干部素质水平提升	216	11
	人才工作环境	282	14
	合计	1979	100

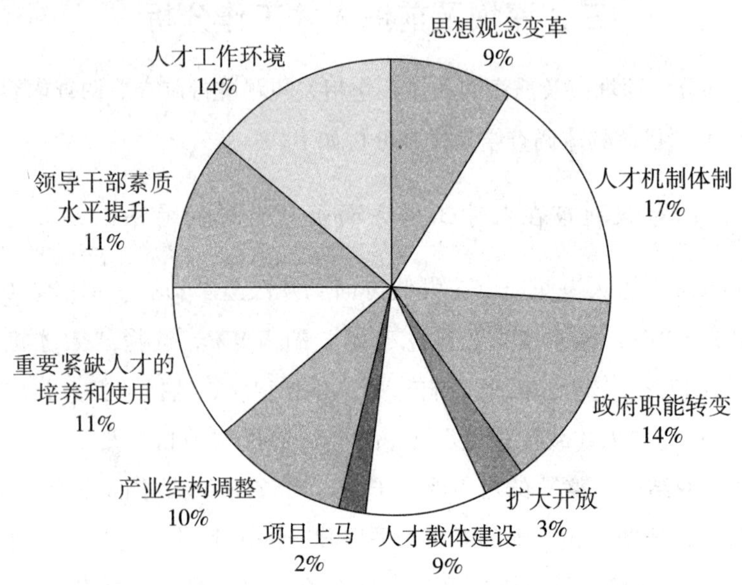

图专 15—19　对深圳市在人才工作方面亟须改进的看法

（二）对目前深圳人才工作存在主要问题的看法

在问到“您认为目前深圳人才工作存在的主要问题是什么?”这一问题时（多选题，限选 3 项），选择“缺乏战略规划”的占 14%，选择“人才政策滞后”的占 16%，选择“缺乏人才发展的良好环境”的占 18%，选择“领导对人才重视不够”的占 9%，选择“缺少统一协调，形不成合力”的占 18%，选择“缺少人才投入”的占 15%，选择“缺乏行业、产业环境”的占 10%。调查结果显示，排在前三位的是“缺乏人才发展的良好环境”、“缺少统一协调，形不成合力”和“人才政策滞后”，如表专 15—6 和图专 15—20 所示。

（三）对近几年深圳人才工作重点的看法

在问到“您认为近几年深圳的人才工作重点应该是什么?”这一问题时（多选题，限选 3 项），选择“培养本土人才”的占 15%，选择“引进

表专 15—6　对目前深圳人才工作存在主要问题的看法

题目	选项	数值	比例(%)
您认为目前深圳人才工作存在的主要问题是什么?	缺乏战略规划	239	14
	人才政策滞后	278	16
	缺乏人才发展的良好环境	337	18
	领导对人才重视不够	162	9
	缺少统一协调,形不成合力	315	18
	缺少人才投入	258	15
	缺乏行业、产业环境	171	10
	合计	1760	100

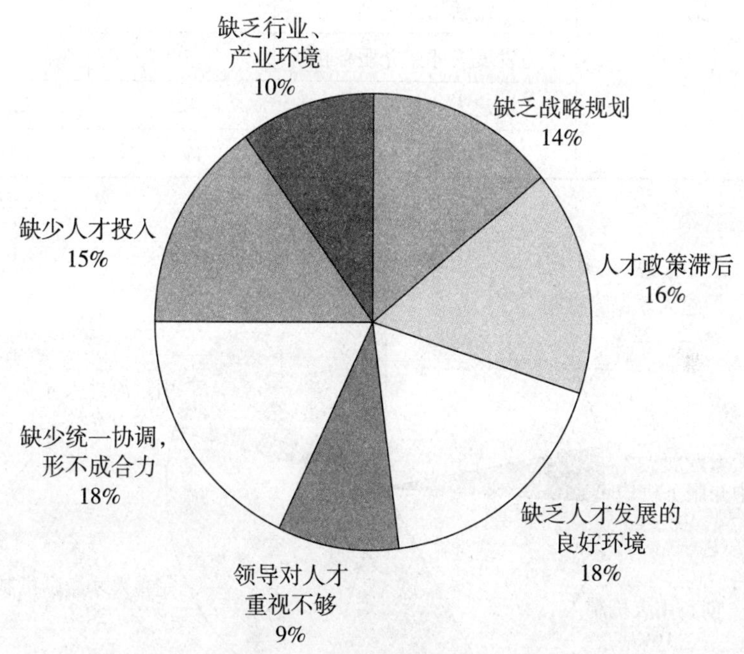

图专 15—20　对目前深圳人才工作存在主要问题的看法

海外人才”的占 6%，选择“完善人才激励机制”的占 24%，选择“健全政府人才工作制度”的占 13%，选择“创新用人机制”的占 16%，选择“大力发展人才中介服务机构”的占 4%，选择“构建人

才保障机制”的占22%。调查结果显示，排在前三位的是“完善人才激励机制”、“构建人才保障机制”和“创新用人机制”，如表专15—7和图专15—21所示。

表专15—7　对近几年深圳人才工作重点的看法

题目	选项	数值	比例(%)
您认为近几年深圳的人才工作重点应该是什么?	培养本土人才	289	15
	引进海外人才	121	6
	完善人才激励机制	458	24
	健全政府人才工作制度	245	13
	创新用人机制	297	16
	大力发展人才中介服务机构	76	4
	构建人才保障机制	428	22
	合计	1914	100

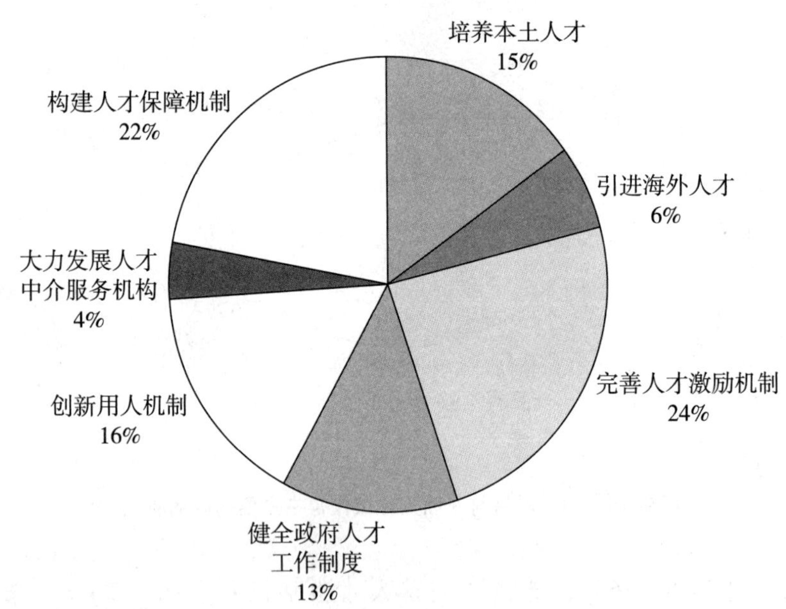

图专15—21　对近几年深圳人才工作重点的看法

（四）对目前深圳人才队伍方面存在主要问题的看法

在问到“您认为目前深圳人才队伍方面存在的主要问题是什么？”这一问题时（多选题，限选3项），选择“总量不足”的占8%，选择“质量不高”的占11%，选择“年龄、专业结构不合理”的占10%，选择“人才分布不均衡”的占16%，选择“高层次人才匮乏”的占13%，选择“人才闲置和浪费”的占12%，选择“人才政策缺乏竞争力”的占16%，选择“技能人才开发不够”的占7%，选择“整体状况不适应新形势要求”的占7%。调查结果显示，排在前三位的是“人才分布不均衡”、“人才政策缺乏竞争力”和“高层次人才匮乏”，如表专15—8和图专15—22所示。

表专15—8　对目前深圳人才队伍方面存在主要问题的看法

题　目	选　项	数　值	比例(%)
您认为目前深圳人才队伍方面存在的主要问题是什么？	总量不足	137	8
	质量不高	190	11
	年龄、专业结构不合理	171	10
	人才分布不均衡	286	16
	高层次人才匮乏	240	13
	人才闲置和浪费	212	12
	人才政策缺乏竞争力	303	16
	技能人才开发不够	134	7
	整体状况不适应新形势要求	124	7
	合计	1797	100

（五）对深圳目前最紧缺的人才的看法

在问到“您认为深圳目前最紧缺的人才是哪些？”这一问题时（多选题，限选2项），选择“高素质党政领导人才”的占15%，选择“企业高层经营管理人才”的占22%，选择“民营企业家”的占8%，选择“专业技术领军人才”的占31%，选择“高技能型人才”的占24%。调查结

果显示，排在前三位的是“专业技术领军人才”、“高技能型人才”和“企业高层经营管理人才”，如表专15—9和图专15—23所示。

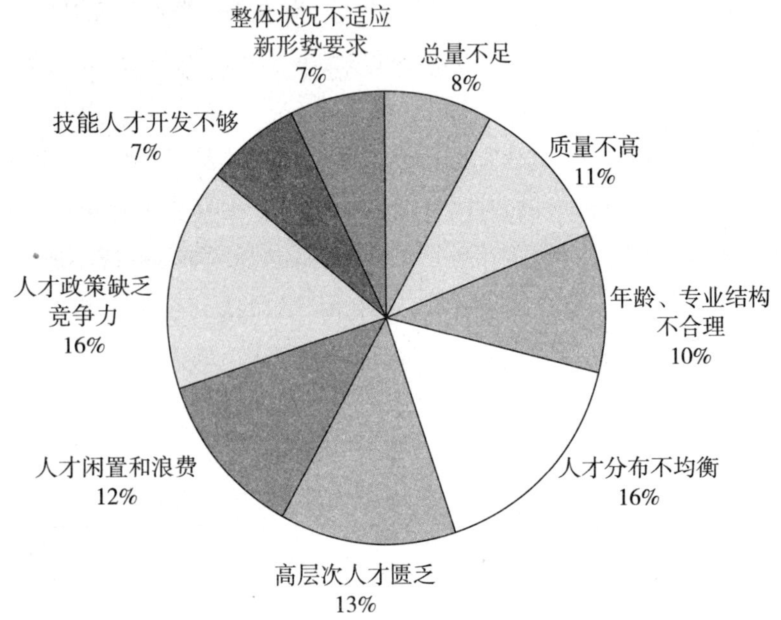

图专15—22　对目前深圳人才队伍方面存在主要问题的看法

表专15—9　对深圳目前最紧缺的人才的看法

题　目	选　项	数　值	比例(%)
您认为深圳目前最紧缺的人才是哪些?	高素质党政领导人才	240	15
	企业高层经营管理人才	354	22
	民营企业家	125	8
	专业技术领军人才	484	31
	高技能型人才	385	24
	合计	1588	100

(六) 对影响深圳人才稳定主要原因的看法

在问到“您认为影响深圳人才稳定的主要原因是什么?”这一问题时(多选题，限选3项)，选择“缺少舞台”的占8%，选择“缺少公平竞

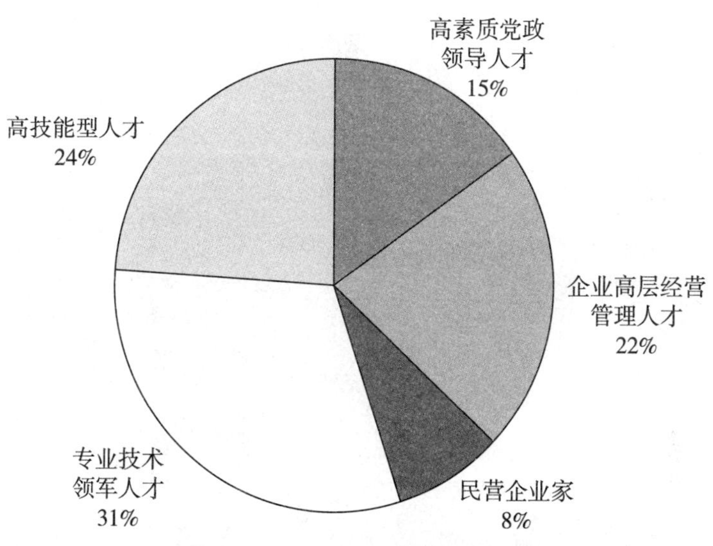

图专 15—23　对深圳目前最紧缺的人才的看法

争环境”的占 14%，选择“工资待遇低”的占 22%，选择“分配制度不合理”的占 22%，选择“人际环境不够好”的占 7%，选择“单位领导不重视”的占 4%，选择“社会保障体系不完善”的占 23%。调查结果显示，排在前三位的是“社会保障体系不完善”、“工资待遇低”和“分配制度不合理”，如表专 15—10 和图专 15—24 所示。

表专 15—10　对影响深圳人才稳定主要原因的看法

题　目	选　项	数　值	比例（%）
您认为影响深圳人才稳定的主要原因是什么？	缺少舞台	132	8
	缺少公平竞争环境	238	14
	工资待遇低	369	22
	分配制度不合理	370	22
	人际环境不够好	125	7
	单位领导不重视	61	4
	社会保障体系不完善	417	23
	合计	1712	100

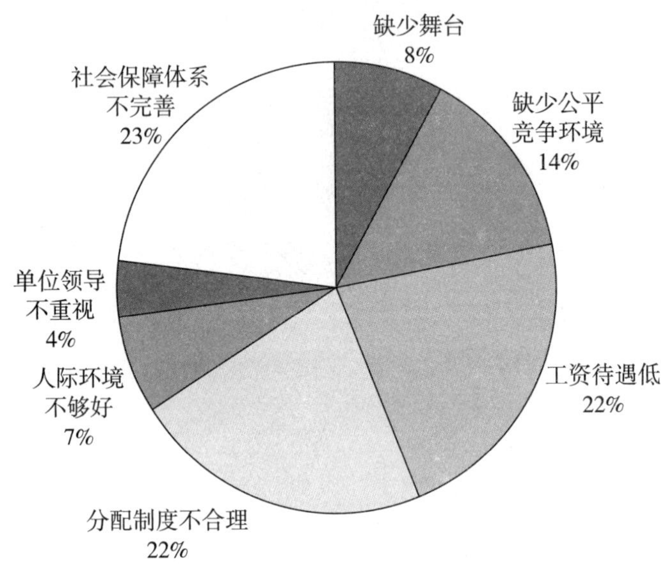

图专 15—24　对影响深圳人才稳定主要原因的看法

（七）对制约市场对人才基础性配置作用发挥主要因素的看法

在问到"您认为制约市场对人才基础性配置作用发挥的主要因素有哪些?"这一问题时（多选题，限选 2 项），选择"人才市场体系建设不完善"的占 30%，选择"人才供需信息不对称"的占 27%，选择"人才中介机构作用发挥不足"的占 10%，选择"社会保障体系不完善"的占 33%。调查结果显示，排在前三位的是"社会保障体系不完善"、"人才市场体系建设不完善"和"人才供需信息不对称"，如表专 15—11 和图专 15—25 所示。

表专 15—11　对制约市场对人才基础性配置作用发挥主要因素的看法

题　目	选　项	数　值	比例(%)
您认为制约市场对人才基础性配置作用发挥的主要因素有哪些?	人才市场体系建设不完善	374	30
	人才供需信息不对称	337	27
	人才中介机构作用发挥不足	127	10
	社会保障体系不完善	424	33
	合计	1262	100

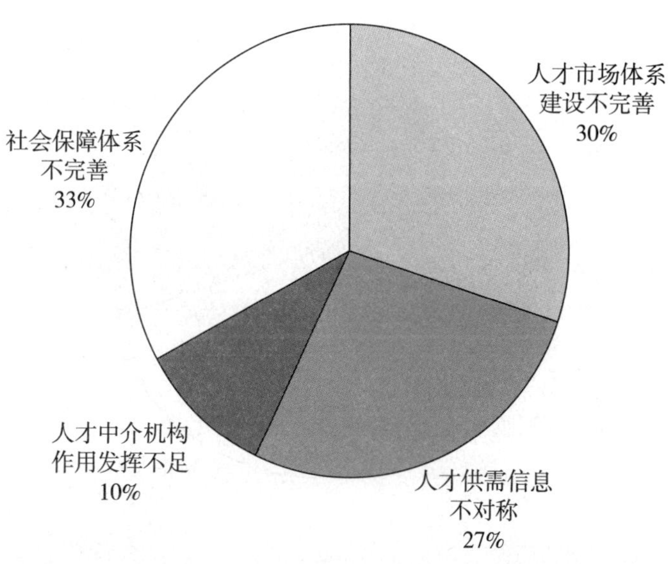

专 15—25　对制约市场对人才基础性配置作用发挥主要因素的看法

（八）对改善深圳人才环境的看法

在问到“改善深圳人才环境，您觉得什么最为重要?”这一问题时（多选题，限选 2 项），选择“制定优惠政策”的占 30%，选择“培育人才发展的平台”的占 26%，选择“营造尊重人才的氛围”的占 17%，选择“制定选拔人才的有效机制”的占 27%。调查结果显示，排在前三位的是“制定优惠政策”、“制定选拔人才的有效机制”和“培育人才发展的平台”，如表专 15—12 和图专 15—26 所示。

表专 15—12　对改善深圳人才环境的看法

题　目	选　项	数　值	比例(%)
改善深圳人才环境，您觉得什么最为重要?	制定优惠政策	389	30
	培育人才发展的平台	342	26
	营造尊重人才的氛围	229	17
	制定选拔人才的有效机制	355	27
	合计	1315	100

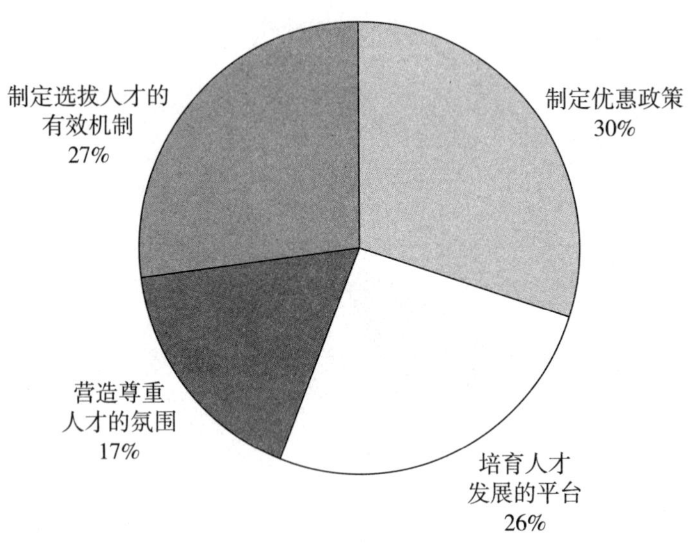

图专 15—26　对改善深圳人才环境的看法

（九）对当前做好前海人才工作重点的看法

在问到“您认为当前做好深圳前海人才工作的重点是什么？”这一问题时（多选题，限选 3 项），回答“更新思想观念”的占 10%，“加大引才引智力度”的占 9%，“创新分配激励机制”的占 21%，“加大科研机构建设力度”的占 8%，“加强高层次人才队伍建设”的占 10%，“强化人才市场机制”的占 8%，“建立国际化人才社区”的占 12%，“政府加强人才工作指导”的占 8%，“盘活用好现有人才”的占 14%。调查结果显示，排在前三位的是“创新分配激励机制”、“盘活用好现有人才”和“建立国际化人才社区”，如表专 15—13 和图专 15—27 所示。

（十）对前海引进人才的类型的看法

在问到“您认为建设前海合作区，最需要引进人才的类型是什么？”这一问题时（多选题，限选 2 项），选择“高级经营管理人才”的占 30%，

表专 15—13　对当前做好前海人才工作重点的看法

题　目	选　项	数　值	比例（%）
您认为当前做好深圳前海人才工作的重点是什么?	更新思想观念	218	10
	加大引才引智力度	197	9
	创新分配激励机制	418	21
	加大科研机构建设力度	170	8
	加强高层次人才队伍建设	200	10
	强化人才市场机制	178	8
	建立国际化人才社区	253	12
	政府加强人才工作指导	163	8
	盘活用好现有人才	298	14
	合计	2095	100

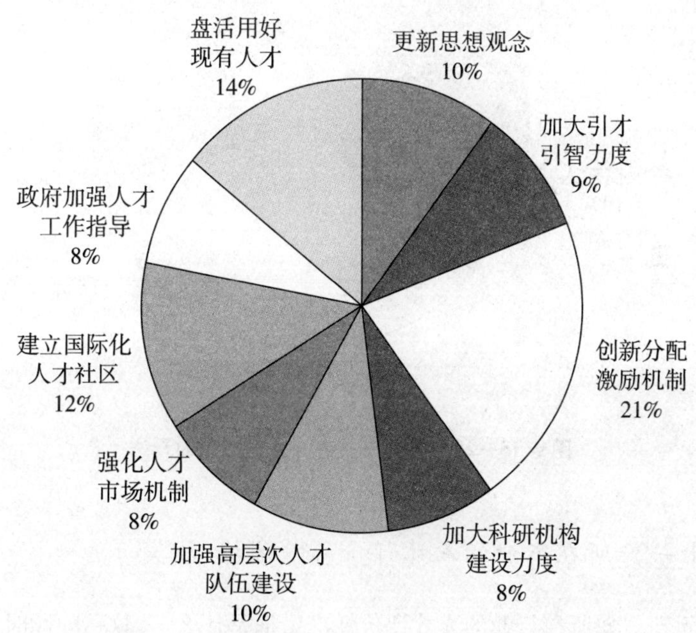

图专 15—27　对当前做好前海人才工作重点的看法

选择“高级专业化人才”的占 32%，选择“高级技能人才”的占 19%，选择“各行业拔尖人才”的占 19%。调查结果显示，排在前两位的是

"高级专业化人才"和"高级经营管理人才","高级技能人才"和"各行业拔尖人才"并列排在第三,结果如表专15—14和图专15—28所示。

表专15—14 对前海引进人才的类型的看法

题 目	选 项	数 值	比例(%)
您认为建设前海合作区,最需要引进人才的类型是什么?	高级经营管理人才	422	30
	高级专业化人才	460	32
	高级技能人才	268	19
	各行业拔尖人才	262	19
	合计	1412	100

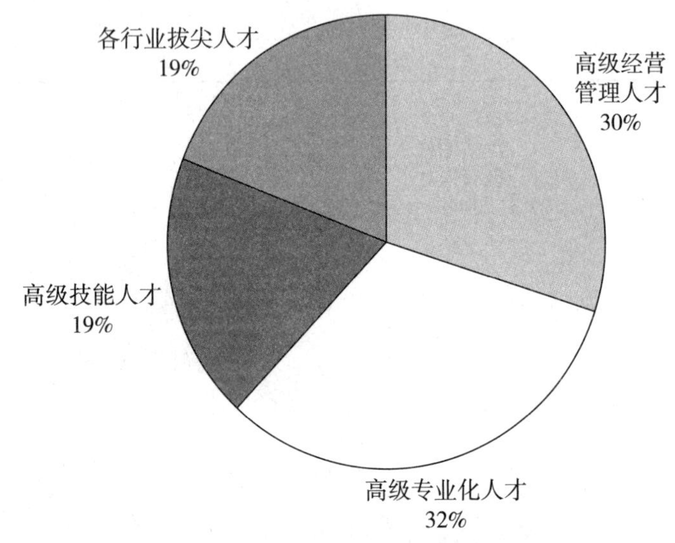

图专15—28 对前海引进人才的类型的看法

(十一)所在行业的人才评价标准依据

在问到"您所在行业的人才评价标准依据是什么?"这一问题时(多选题,限选2项),选择"学历"的占29%,选择"职称"的占23%,选择"国家职业(执业)资格"的占19%,选择"国际行业认证"的占15%,选择"国内行业认证"的占14%。调查结果显示,排在前三位的是"学历"、"职称"和"国家职业(执业)资格",如表专15—15和图专15—29所示。

表专 15—15　所在行业的人才评价标准依据

题　目	选　项	数　值	比例(%)
您所在行业的人才评价标准依据是什么?	学历	394	29
	职称	298	23
	国家职业(执业)资格	249	19
	国际行业认证	192	15
	国内行业认证	187	14
	合计	1320	100

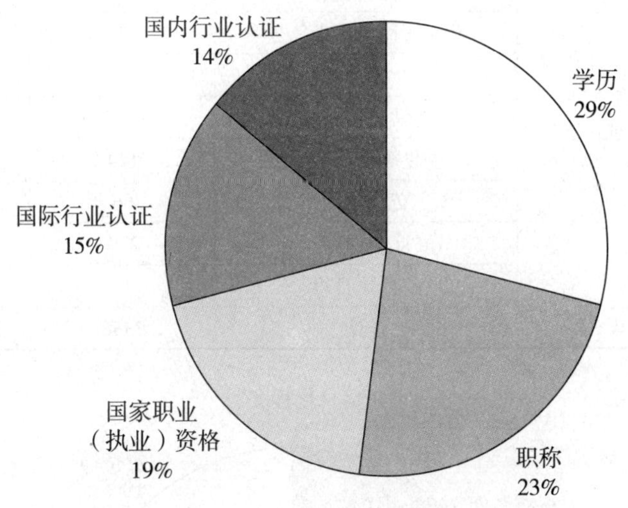

图专 15—29　所在行业的人才评价标准依据

(十二) 对前海引进和留住高层次人才关键因素的看法

在问到“您认为前海引进和留住高层次人才的关键因素是什么?”这一问题时(多选题，限选 2 项)，选择“工资待遇”的占 19%，选择“住房待遇”的占 17%，选择“工作环境”的占 10%，选择“发展机会”的占 17%，选择“子女随迁与就业入学”的占 7%，选择“社区环境”的占 3%，选择“贡献奖励措施”的占 6%，选择“税收等优惠政策”的占 6%，选择“交通条件”的占 3%，选择“社会保障”的占 10%，选择

"信息化程度"的占2%，。调查结果显示，排在前三位的是"工资待遇"、"住房待遇"和"发展机会"，如表专15—16和图专15—30所示。

表专15—16　对前海引进和留住高层次人才关键因素的看法

题　目	选　项	数　值	比例(%)
您认为前海引进和留住高层次人才的关键因素是什么?	工资待遇	476	19
	住房待遇	417	17
	工作环境	250	10
	发展机会	431	17
	子女随迁与就业入学	173	7
	社区环境	64	3
	贡献奖励措施	137	6
	税收等优惠政策	144	6
	交通条件	66	3
	社会保障	239	10
	信息化程度	41	2
	合计	2348	100

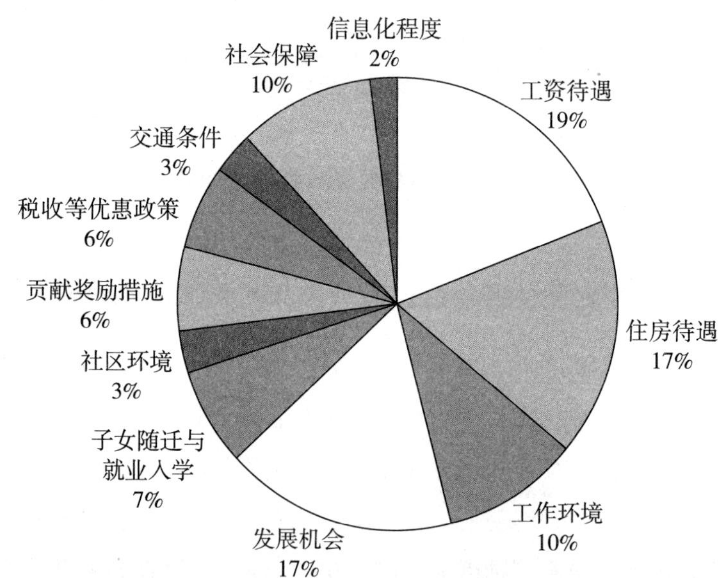

图专15—30　对前海引进和留住高层次人才关键因素的看法

四、深圳或前海人才发展建议分析

本部分为开放式问题，调查对象可以就所提的问题畅所欲言。具体调查结果及其分析如下。

（一）人才综合发展环境的不足与建议

许多调查对象谈到，目前深圳没有明显产业或者行业优势，待遇与福利也没有明显优势，在人才吸引、人才挽留和人才持续发展方面，深圳现在的优势已不如以前，和上海、北京，甚至一些内地发展中城市比，优势也在逐年减弱。究其原因，许多调查对象谈到深圳市人才综合发展环境的不足之处。

1. 不足之处

（1）生活环境方面的不足。主要认为深圳生活成本太高，待遇跟不上，住房没有保障。医疗条件差、子女入学困难。青年人才社会保障低，生活压力大。

（2）政策环境方面的不足。认为政府缺少公信力，对人才的安居乐业没有保障，对政策的执行和延续性有很多不确定性，没有家的感觉，从上到下没有实质性的有利政策吸引人才。认为政府在人才评价方面也没有推出强有力的措施。对人才认定也缺乏必要的权威依据。还有调查对象谈到政府投入重视不够，在引进人才的政策上缺乏手段，灵活性不够，比起上海、香港来，特别明显。

（3）文化环境方面的不足。主要认为深圳著名的高校和科研机构不足，人文环境偏弱，人才培养力度不到位。

2. 建设性意见

（1）高度重视，着力营造良好的社会生活环境。尝试建立各类人才的社会保障制度，完善人才保障机制。

（2）创新举措，着力营造良好的政策环境。切实落实相关激励制度，增强政府公信力；创造一个公平的环境至关重要。另外，政府领导服务意识亟须提高，在服务效率上以及服务方式上能够让人感觉到重视人才。简

化人才引入审批程序，鼓励企业引入高端人才。根据产业战略规划，制定并定期更新优惠政策。完善法律法规，使人才有安全感及归宿感。

（3）以人为本，着力营造良好的人文环境。加大城市建设中文化的含量，提炼深圳精神，以系列的文化建设方式逐步改变文化沙漠的宿命。尽快将南科大建立成为国际国内一流的教育机构。加快建设港校在深圳建设分校项目，培养人才、吸引人才。

（二）搭建国际人才、高端人才交流合作平台的欠缺与建议

1. 欠缺之处

深圳不缺乏人才，但是缺乏好的人才评价、认定和选拔机制。对人才的国际交流重视不够，证券业的很多人才都缺乏国际视野。人才交流合作的社会信息不畅通，高端的人才市场等社会性交流平台较少，人才交流主要还是通过自主招聘等传统渠道。平台不够开放，信息不通畅。缺乏国际化生活氛围等。

也有部分调查对象认为，深圳搭建国际人才、高端人才交流合作平台具有其他城市不具备的地利的优势，如在其他配套措施上做出实际行动（如税收优惠、子女入学、贡献激励等），相信会很成功。

2. 建设性意见

提供有利的创业、就业、安居乐业的环境。由政府牵头跟国外相应人才进行沟通交流并建立人才信息库，为企业提供咨询服务。做好深港人才交流合作，坚持开放包容的态度。平台不是搭建起来的，各方面到了一定档次，高端人才自然就到这里来。平台首先得有一大批的高端企业，国际型企业，这样对人才才有吸引力。政府的平台不仅仅是对企业有税收优惠等政策，在服务效率上也得有创新。另外，对高端人才的安家立业能有一系列的政策优惠，如提供公共配套资源（子女教育、医疗）、税收优惠等。引入国际化教育平台，发展深圳特色教育，吸引海外高端人才。

建立企业共享的、国际化人才平台。市政府要主动“走出去”和积极“请进来”，通过各种不同的方式和途径（如媒体宣传、举办国际性展

览及利用各种传播媒介)，大力宣传深圳的人才发展优势、深圳优惠政策和优美环境，以吸引更多的国际人才、高端人才来深圳发展。不能只喊口号，应把工作做到实处。多向北京上海成熟城市学习经验。加大资金支持力度，完善交流合作平台。

(三) 人才政策法规和服务保障机制的不足之处与建议

1. 不足之处

普通市民很难感受到政府的人才政策和服务所发挥的作用，说明这些政策很少面向本土人才，政府长期过于强调人才引进，缺乏对本土人才的培育，造成大量人才不能沉淀下来为本市长期发展服务。目前很多人才政策都设有年龄限制，对处于线外的人才很不公平。住房保障机制不够，房价太高，远远高于收入可以接受的水平，生活没有基本保障。有关政策法规宣传不够，已有的政策需要整合、成体系。人才优惠政策及人才发展环境相关政策及保障机制还不足，如北京有优越的教育资源，上海有优越的国际化背景，教育资源亦丰富，而深圳与前两者相比，还差较远，而且深圳的文化底蕴不足。政策条款多，但比较虚，这也是有些政策没有太大效果的主要原因。

2. 建设性意见

建议人才主管部门更加偏向于服务，不要以管理者的姿态管理人才。人才中介服务主要集中在低端人才，中高端人才中介服务相对北京、上海较欠缺。人才中介服务欠缺、社会保障机制不够健全合理。缺乏服务意识，政府机构官僚主义严重，办理入户、档案转移环节众多。政府服务好所有民众即可，不要对所谓人才开小灶。用人单位觉得谁是人才，自然会予以好的福利保障。完善人才柔性引进机制，对引进的人才在创业投资、社会保障、购房置业、子女就学等方面给予适当合理的关照，享受同等的市民待遇。

(四) 前海建设人才特区应着重吸引的人才

调查对象对该问题的回答五花八门，但总体上离不开“四高”人才

和“四业”人才。“四高”人才即高素质党政领导人才、高层次经营管理人才、高级技术领军人才和高技能型人才；“四业”人才即金融业人才、现代物流业人才、信息服务业人才和科技服务业人才。

（五）人才引进政策的具体建议

1. 引进人才的具体建议

一是创新人才工作机制，培养、吸引和用好各类人才。二是以党政人才、企业经营管理人才和专业技术人才为主体，建设规模宏大、结构合理、素质较高的人才队伍。三是多层次、多渠道、大规模地开展人才培训，重点培养一批高层次和高技能人才。四是建立和完善人才市场体系，进一步促进人才流动。五是积极引进现代化建设急需的各类人才。

2. 引进政策的具体建议

一是鼓励探索具有引才竞争力的薪酬定价机制，进一步形成有利于人才创新创业的分配制度和激励机制。二是鼓励和支持著名国际猎头公司、国际人才中介服务机构在深圳设立合资或分支机构。三是深化与港澳台人才发展合作，加大教育、培训等方面的交流力度，共同打造专门人才培训基地。四是以“深港创新圈”为载体，鼓励开展前沿技术研究合作，探索共建共享的有利于区域人才合理流动的体制机制。五是加强与国内其他区域的人才合作。

3. 其他有价值的建议

敞开怀抱，多走出国门吸引全球优秀人才，同时建立相应的保障机制。

结合深圳的实际需求引进相应的高端人才，切勿盲目引进；为了保证深圳对引进人才具有长久性的吸引力，需要为其提供良好的发展平台、发展空间。

搭好舞台才能吸引人才，或者先构建搭舞台的团队，一步一步考虑全面了再做。

在选用国际性人才时，只选对的，不选贵的；人才引进时应当贴近市场需要。

在租房补贴政策上，不要设置那么多限制。在高层次人才的住房补贴上，要考虑房价因素，要能解决实际问题。

在深圳地方领军人才的认定上，政策不要朝令夕改。

简化海外人才引进手续，建立外籍人才口岸通行制度、永久居留权制度，建立海外引才长效机制。建立良好的人居环境和信息交流环境吸引海外高端金融人才。

提高办事效率，在人才引进的过程中，加强相关部门之间的沟通和合作，而不是相互推诿，使得待引进人才四处奔波办不成事。

完善投诉机制，切实转变服务态度，建设服务型政府。

充分借鉴成熟国家的先进经验，比如新加坡。

个人所得税征收比例建议统一标准，不搞累进制；或者最高比例大幅降低。

给予更多实际的优惠政策，让真正的人才无后顾之忧，愿意长期扎根于前海。

（六）人才国际化发展的具体建议

1. 国际化途径与举措的具体建议

一是进一步加大本土人才国际化力度。二是规范发展出国留学中介市场。三是设立国际合作研究专项经费等。四是利用召开国际人才交流大会这个机遇，进一步畅通深圳的海外引智渠道，提高深圳对外国专家和海外留学人才的吸引力，为深圳吸收和借鉴国外先进技术和管理经验，提升自主创新能力，建设国家创新型城市提供人才和智力支持。

2. 其他有价值的建议

国际化不代表“符合深圳发展模式”，首先看国际化的定位是什么，是国际化的人文环境，还是国际化基础设施建设，或者是国际化的区域管理模式？

人才既要面向国际化，也要面向本土，要平衡促进。

提供国际化的人才薪酬福利，人才优惠政策。

人才国际化首先要人才环境国际化。

借力地理位置毗邻香港之优势。加强深港两地金融业高端专业人才的培训、业务交流和创新合作，借鉴香港开放、成熟的人才发展机制。

建立深圳人才海外培养机制，定期输送优秀金融人才到海外高端机构进行长期培训。可与海外顶尖金融机构建立人才交流机制，外派员工到各自机构相互学习。

充分借鉴成熟国家的先进经验，比如新加坡。

前海特区管理政府人员先得有国际化的意识和变革思想。

引进大型跨国企业，大力支持本土企业积极开展国际业务，吸纳国际化人才，并开展人才交流活动，促进人才融合。

国际化和本土化相结合，取得平衡，不过度依赖国际化人才，但同时又要大胆引进。有针对性地加大对金融业、咨询业、IT 行业及其他新兴高端行业的人才吸引。

吸引国际化人才，就要先打造具有国际化的城市。

既要重视引进和保留前海产业发展的国际一流人才，更重要的是培养好国内的潜力人才，这是人才的可持续发展之路。

（七）人才开发机制和工作机制的建议

1. 提高认识的建议

一是充分认识科技教育发展和人才开发的重要性和紧迫性。二是坚持优先发展教育，推动教育事业科学发展。三是加强科技创新体系建设，着力提升科技创新能力。四是加强人才队伍建设，强力推进人才资源开发。

2. 其他有价值的建议

希望能优先制定科学的人才评价和认定标准。

召开一些开放式的研讨会或者讨论会议，可以让更多人参与进来。工作思路打开的前提是解放思想。

人才选拔标准水涨船高并不意味着社会就不需要应用型、实用型的人才，相反，产业的发展会带来大量的服务型岗位，对低层的一线人员需求量会更大。深圳需要哪些人，是市场决定的，政府应花大力气做好人才的服务工作。不要一味追求学历和高端。

建立具有引才竞争力的薪酬定价机制。

与国际知名度高的海外高等院校（如哈佛、伯克利、牛津等）建立长效合作机制，简化优秀人才引进手续。

加强对各类人才的后续教育和再培训。

可多角度多方面选择。加强社会保障，解决后顾之忧，使得人尽其才，多作贡献。

有一套科学成熟的工作流程和体系，来保证人才开发工作系统化，保证需求方能找到合适的人才。

加大人才吸引的同时，创造（与其他一线城市相比）有吸引力的工作环境。

营造良好的文化及人才发展的环境，重视人才的成长及各方面保障。

（八）人才激励政策的建议

1. 薪资分配的具体建议

一是对于在国际、国内某一学科领域的带头人，用人单位可以实行协商工资制或年薪制。二是对公有制企业的主要经营者，依据企业的生产经营状况，将工资收入与年度工作目标和企业的经营业绩挂钩，有条件的单位可以实行年薪制，以及对有突出贡献人员奖励股权等分配方式。三是对关键岗位的骨干，可实行技术入股。四是承担重点工程和科研项目的带头人，可实行项目工资制。

2. 其他有价值的建议

提高减税和退税的标准，保持政策的持续、长期和有效性。

物质和精神激励并存，让人才在深圳有家可归，有事业可发挥，有文化活动可丰富生活等。

对切实具有实际贡献的人才给予丰富的物质奖励，提供舒适的住房环境、工作环境；给予高端培训的精神激励。

待遇和各福利不一定位居前列，但一定要有竞争性，经得住时间和社会的考验。

深圳不应当只对前海人才激励进行调整，而应当全面改善整个深圳人才激励机制。

在子女教育、住房补贴、医疗服务等方面提供一些优惠政策。

物质激励方面，现有制度得以切实落实即可，保证公平，减少寻租行为；精神激励方面，可以尝试着手建立一个声誉激励市场。

激励由企业来做，政府做好大环境服务、政策制定即可。

做好对雇员的录用、职位安排、培训、业绩考核、晋升、福利计划等工作。以人为本，解决养老、医疗等实际问题，就是最大的激励。

物质和精神激励都很重要，结合使用；对于非常高级的人才，精神激励比物质激励更为重要。

深圳消费水平较高，影响了各类人才的生活质量。应注重对人才基本生活的保障。

将人才激励与个人和企业贡献挂钩，物质和精神激励并用，应可达到最好的效果。

（九）对前海人才特区建设的水平、效果和重点的期望?

1. 具体期望

一是期望人才规模扩大、人才素质优良、人才结构优化、人才分布合理。二是期望深圳前海人才特区建设达到国际化水平，把前海建设为粤港现代服务业创新合作示范区、全国现代服务业的重要基地和具有强大辐射能力的生产性服务业中心，引领带动我国现代服务业发展升级。

2. 其他有价值的看法

提高“减税退税”标准，在区域小的局限性下，起一个示范区的标杆作用。

人才规划重点是能有留人或者吸引人的特殊亮点。

成为全国乃至全世界优秀人才心向往之的人才齐集地。

专业、高端、精准。

希望能把前海人才特区建设成亚洲金融人才中心，最大限度地吸引世界各地高端金融人才。

将前海特区建成国际物流和金融中心。可以与北京、上海等成熟城市相比拟。

引入好的企业、行业或孵化一些企业、行业，就自然有人才。

落实各项机制，包括人才引进机制、培养机制、使用机制、配置机制。

前海的人才特区建设应该超越深圳所有区的水平，赶超世界上领先地区的水平。要高起点，找到合适的人才，对周边区域起到示范和辐射作用。人才规划的重点要搞清楚需求是什么，建设系统科学的机制和平台。

建成合理、稳定的人才结构，创造较好的工作、生活环境。

能够吸引更多的人才来深圳发展，提升深圳的文化内涵。

期望和香港接轨。

（十）打造国际化人才集聚区的具体建议

（1）凡是国际化人才需要的硬件、软件环境，就是打造国际化人才基地的方向。除了给好的政策，好的待遇外，更重要的是让这个地区成为创业的乐园，让这个地区更具市场化，人才自然会被吸引而来。

（2）一是完善人才柔性引进机制。二是大力引进国内优秀人才。三是努力吸引优秀海外留学人员，积极引进港澳台和国外人才智力。四是实施“候鸟”政策，引进国内外高精尖人才。五是建立以技术创新为核心的专业技术人员继续教育体系。

（3）加强与香港的交流学习，以开放的态度融合不同文化的人才，组成多元化人才团队。加强深港两地学习交流，人才互换、人才培养及激励方式互补。

（4）政府应花大力气创造和维护好的环境，将精力放在“留住人”，改善人才的民生福利和社会保障。制定合理和富有激励性的人才引进政策。

（5）简化海外人才引进手续，建立海外引才长效机制；建立深圳人才海外培养机制，定期输送优秀金融人才到海外高端机构进行长期培训。

（6）在建立人才集聚区之前，完善教育、医疗等配套环境，引进行

业内领先的企业，并提供发展空间很大的岗位。

（7）加强深港两地金融业高端专业人才的培训、业务交流和创新合作，借鉴香港开放、成熟的人才发展机制、简化海外人才引进手续，建立海外引才长效机制。

（8）不要仅仅成为重点企业的聚集地，给予更多发展中的企业以共同参与的机会，也给更多人才予更多发展机会。不仅仅要重视高端人才，也应重视广大的中低端人才，给所有人才一个公平发展环境。

（9）解决好国际人才的生活、保障、子女教育等基础又重要的问题，解除他们的后顾之忧。

附件一

参照其他城市标准测算前海人才指标

标准一：以纽约为参照

（一）基本方法

以纽约2002年、2008年的现代金融、物流、信息和专业服务业的经济总量和从业人员为基础，计算出纽约四大服务业的人才经济密度，并以此为标准来测算前海2015年和2020年的人才分布。

（二）纽约人才密度测算

1. 纽约州2002年、2008年从业人员经济密度测算过程

表附1—1　纽约州从业人员经济密度测算（2002年）

行业	金融	物流	信息	科技	小计	备注
GDP(亿美元)	1316.10	149.71	598.32	666.21	2730.34	
GDP(亿元人民币)	10893.62	1239.18	4952.41	5514.35	22599.57	以汇率来换算
GDP(亿元人民币)	2698.01	306.91	1226.56	1365.73	5597.20	以购买力平价换算
从业人员(万人)	78.18	19.98	30.78	56.31	185.25	

续表

行业	金融	物流	信息	科技	小计	备注
从业人员经济密度（人/万美元）	0.0594	0.1335	0.0514	0.0845	0.0678	
从业人员经济密度（人/万元人民币）	0.0072	0.0161	0.0062	0.0102	0.0082	以汇率来换算
从业人员经济密度（人/万元人民币）	0.0290	0.0651	0.0251	0.0412	0.0331	以购买力平价换算

注：1. 2002 年年底（第 12 月）美元对人民币汇率的中间价是 8.2772。

2. 2002 年的购买力平价系数是根据世界银行公布的该年份中国按购买力平价的 GDP 规模为 58608.52 亿美元、本币计算的 GDP 规模为 120332.7 亿元换算而来的，美元对人民币的购买力系数为 2.05。

3. 数据来源：美国经济分析局（BEA），网址 http//www.bea.gov/。

表附 1—2　纽约州从业人员经济密度测算（2008 年）

行业	金融	物流	信息	科技	小计	备注
GDP（亿美元）	1822.18	201.78	794.44	1023.29	3841.69	
GDP（亿美元）	12468.27	1380.68	5435.96	7001.86	26286.76	汇率换算
GDP（亿美元）	7234.05	801.07	3153.93	4062.46	15251.51	购买力换算
从业人员（万人）	72.24	27.51	26.33	61.74	187.82	
从业人员经济密度（万元/人）	0.0058	0.0199	0.0048	0.0088	0.0071	平均密度，汇率换算
从业人员经济密度（万元/人）	0.0100	0.0343	0.0083	0.0152	0.0123	平均密度，购买力换算

说明：1. 2008 年年底（第 12 月）美元对人民币汇率的中间价是 6.8425。

2. 2008 年的购买力平价系数是根据世界银行公布的该年份中国按购买力平价的 GDP 规模为 79032.35 亿美元、本币计算的 GDP 规模为 314045.4 亿元换算而来的，美元对人民币的购买力系数为 3.97。

3. 数据来源：美国经济分析局（BEA），网址 http：//www.bea.gov/。

2. 纽约州人才经济密度标准

表附 1—3 纽约从业人员经济密度

行业	金融	物流	信息	科技	小计	备注
2002 年（人/万元）	0. 0072	0. 0161	0. 0062	0. 0102	0. 0082	汇率换算
	0. 0290	0. 0651	0. 0251	0. 0412	0. 0331	购买力换算
2008 年（人/万元）	0. 0058	0. 0199	0. 0048	0. 0088	0. 0071	汇率换算
	0. 0100	0. 0343	0. 0083	0. 0152	0. 0123	购买力换算

说明：本表中的数据由表附 1—1 和表附 1—2 中的数据计算得出。

（三）前海人才特区相关指标测算

1. 纽约四大现代服务产业结构

表附 1—4 纽约现代服务业结构

年份	产 业	金融	物流	信息	科技	小计
2002 年	GDP(亿美元)	1316. 10	149. 71	598. 32	666. 21	2730. 34
	服务产业结构(%)	48. 20	5. 48	21. 91	24. 40	100. 00
2008 年	GDP(亿美元)	1822. 18	201. 78	794. 44	1023. 29	3841. 69
	服务产业结构(%)	47. 43	5. 25	20. 68	26. 64	100. 00

2. 前海四大现代服务产业结构

表附 1—5 前海现代服务产业结构

年份	产 业	金融	物流	信息	科技	小计
2015 年	GDP(亿元)	241. 00	27. 40	109. 55	122. 00	500. 00
	服务产业结构(%)	48. 20	5. 48	21. 91	24. 40	100. 00
2020 年	GDP(亿元)	711. 45	78. 75	310. 20	399. 60	1500. 00
	服务产业结构(%)	47. 43	5. 25	20. 68	26. 64	100. 00

3. 前海从业人员测算

表附 1—6 前海从业人员基本情况

单位：人

人数 年份 \ 产业	创新金融	现代物流	信息服务	科技服务	小计	备注
2015 年	17300	4400	6800	12500	41000	汇率换算
	69800	17800	27500	50300	165500	购买力换算
2020 年	41200	15700	15000	35200	107200	汇率换算
	71000	27000	25900	60700	184700	购买力换算

标准二：以深圳市 GDP 预测为依据

以深圳市三个年份（2008—2010 年）不变价 GDP 的增长率（11.32%）为标准来预测 2020 年前该市的 GDP 规模。具体数据如表附 1—7 所示。

表附 1—7　深圳市 GDP 预测数据

单位：亿元

年份	2011 年	2012 年	2013 年	2014 年	2015 年
GDP	10588	11786	13120	14605	16259
年份	2016 年	2017 年	2018 年	2019 年	2020 年
GDP	18099	20148	22429	24968	27794

按照纽约 2005—2009 年期间现代服务业（金融、物流、信息和科技）占 GDP 的比重为 35% 来作为标准，2015 年和 2020 年深圳的现代服务业分别为 5691 亿元和 9728 亿元。如果以前海 2015 年和 2020 年 GDP 分别为 500 亿元和 1500 亿元来计算，那时占深圳现代服务业的比重分别为 8.8% 和 15.4%。该比重无疑偏低，不足以支撑深圳现代服务业的发展。若以香港 2005 年、2009 年现代服务业占 GDP 的比重（2005 年为 28%，2009 年比重为 29%）来作为前海的标准，则 2015 年和 2020 年的 GDP 应当分别为 1600 亿元和 3000 亿元。这时，人才预测分别如表附 1—8 和表附 1—9 所示。

表附 1—8　前海人才特区规模性指标（香港人才密度标准）

划分标准	指　标	2015 年					2020 年				
		创新金融	现代物流	信息服务	科技服务	小计	创新金融	现代物流	信息服务	科技服务	小计
总量人才	从业人员总量	92200	100300	43100	13300	248900	202300	191000	87600	26200	507100
	人才数量	70300	80800	33000	10200	194200	154200	153800	67000	20100	395100
按从业者身份划分	创业者人数	900	3500	1700	600	6800	3000	7600	3900	1400	16100
	雇员人数	91300	96800	41400	12700	242100	199300	183400	83600	24700	491000
按从业者职业划分	高级经理人才	4100	3000	1700	400	9300	9100	5700	3500	800	19100
	中层管理人才	6500	6000	2200	700	15400	14200	11500	4400	1400	31400
	专业人才	6500	4500	3400	1100	15500	13500	8600	7000	2100	31200
	专业人员助理	17100	18100	8200	2500	45800	39700	36300	18400	5500	99800
按照学历划分	博士学位人才	1100	500	600	300	2500	2400	1000	1300	500	5200
	硕士学位人才	9700	8000	4700	1500	23900	21200	15300	9600	2900	49000
	学士学位人才	40100	40100	19000	5800	105000	88000	76400	38500	11500	214500
	大专学历人才	19400	32100	8600	2700	62700	42500	61100	17500	5200	126400
按照来源划分	境内人才	73800	90300	36600	11300	212000	151700	162400	70100	20900	405100
	港澳台和外籍人才	18400	10000	6500	2000	36900	50600	28700	17500	5200	102000
	国内人才留学人员	4400	1800	2600	800	9600	15900	6500	7700	2300	32400
公共服务人才		1300	1400	600	200	3500	3000	2800	1300	400	7500
从业人员合计		252400					514500				
人才合计		197700					402500				

表附 1—9　前海人才特区规模性指标（纽约人才密度标准）

划分标准	指　标	2015 年					2020 年				
		创新金融	现代物流	信息服务	科技服务	小计	创新金融	现代物流	信息服务	科技服务	小计
总量人才	从业人员总量	55119	12900	21875	40845	130738	81695	29888	30516	71424	213523
	人才数量	42001	10384	16734	31450	100570	62252	24060	23344	54997	164653
按从业者身份划分	创业者人数	551	451	875	1838	3716	1225	1196	1373	3928	7722
	雇员人数	54568	12448	21000	39007	127023	80470	28692	29142	67496	205800
按从业者职业划分	高级经理人才	2480	387	875	1225	4968	3676	897	1221	2143	7936
	中层管理人才	3858	774	1094	2246	7973	5719	1793	1526	3928	12966
	专业人才	3858	580	1750	3268	9456	5441	1345	2441	5714	14941
	专业人员助理	10197	2322	4156	7761	24436	16012	5679	6408	14999	43098
按照学历划分	博士学位人才	661	64	328	817	1871	980	149	458	1428	3016
	硕士学位人才	5788	1032	2406	4493	13719	8578	2391	3357	7857	22182
	学士学位人才	23977	5160	9625	17972	56733	35537	11955	13427	31427	92346
	大专学历人才	11575	4128	4375	8169	28247	17156	9564	6103	14285	47108
按照来源划分	境内人才	44095	11610	18593	34718	109017	61271	25405	24412	57139	168228
	港澳台和外籍人才	11024	1290	3281	6127	21722	20424	4483	6103	14285	45295
	国内人才留学人员	2646	232	1302	2430	6610	6434	1016	2685	6285	16420
公共服务人才		777	182	308	576	1843	1201	439	449	1050	3139
从业人员合计		132581					216662				
人才合计		102413					167792				

附件二

现代服务产业的国际比较

——纽约、伦敦、东京、中国香港和深圳

一、宏观范畴指标

表附2—1　五大地区服务业占GDP比重

单位：%

地区	2005年	2006年	2007年	2008年	2009年
纽约	88.5	88.6	88.9	89.2	89.1
伦敦	89.3	89.5	89.8	90.2	
东京	89.5	90.5	90.1	90.1	
中国香港	87.4	87.9	88.6	86.1	86.6
深圳	46.4	47.2	49.7	50.3	53.3

二、产业发展指标

表附2—2　五大地区现代服务业比较

地区	行业	单位	2005年	2006年	2007年	2008年	2009年
纽约	GDP	百万美元	961941	1032880	1085230	1109080	1094100
	服务业	百万美元	851795	915120	964482	989082	975072
	金融业	百万美元	149019	182643	183608	182218	176057
	物流业	百万美元	17834	19104	19659	20178	19199
	信息业	百万美元	71267	70964	75995	79444	79191

续表

地区	行业	单位	2005 年	2006 年	2007 年	2008 年	2009 年
纽约	科技服务	百万美元	84115	90245	97724	102329	98360
	四大服务业	百万美元	322235	362956	376986	384169	372807
	服务业/GDP	%	89	89	89	89	89
	四大服务业/服务业	%	38	40	39	39	38
	四大服务业/GDP	%	33	35	35	35	34
伦敦	GDP	百万英镑	222702	238815	256744	269156	265171
	服务业	百万英镑	198966	213798	230457	242883	
	金融业	百万英镑	34632	40081	46270	52500	
	物流业	百万英镑	19198	19693	20766	21537	
	信息业	百万英镑					
	科技服务	百万英镑					
	四大服务业	百万英镑					
	服务业/GDP	%	89	90	90	90	
	四大服务业/服务业	%					
	四大服务业/GDP	%					
东京	GDP	百万日元	91420400	91661400	93954000	89714900	
	服务业	百万日元	81808200	82919800	84655100	80867400	
	金融业	百万日元	13121200	13193500	14066500	11564200	
	物流业	百万日元	6055500	6127000	5926000	5662100	
	信息业	百万日元					
	科技服务	百万日元					
	四大服务业	百万日元					
	服务业/GDP	%	89	90	90	90	

续表

地区	行业	单位	2005 年	2006 年	2007 年	2008 年	2009 年
东京	四大服务业/服务业	%					
	四大服务业/GDP	%					
中国香港	GDP	百万港元	1382590	1475357	1615455	1675315	1632284
	服务业	百万港元	1207873	1297545	1431815	1441908	1413594
	金融业	百万港元	172100	228200	304800	255600	235600
	物流业	百万港元	70300	72200	71900	62900	54700
	信息业	百万港元	45626				48666
	科技服务	百万港元	46800	50300	57400	59700	64800
	四大服务业	百万港元	334826				403766
	服务业/GDP	%	87	88	89	86	87
	四大服务业/服务业	%	28				29
	四大服务业/GDP	%	24				25
深圳	GDP	百万元	495091	581356	680157	778679	820132
	服务业	百万元	229864	274651	337806	391803	436755
	金融业	百万元	30568	46266	76570	96936	111062
	物流业	百万元	21569	25073	29094	29850	30918
	信息业	百万元	16686	18755	23324	32045	35430
	科技服务	百万元	5740	6920	6468	11050	11858
	四大服务业	百万元	74563	97014	135457	169881	189268
	服务业/GDP	%	46	47	50	50	53
	四大服务业/服务业	%	32	35	40	43	43
	四大服务业/GDP	%	15	17	20	22	23

后　　记

回想2011年，当课题组成员们首次踏上深圳前海的土地时，看到的只是大片的荒土海滩；现如今的前海，城市骨架和城市基本面貌清晰可见，优良的营商环境和招商引资条件已初步形成，大批人才摩拳擦掌，已经涌入或伺机进入。可以肯定，40万海内外人才争下前海的宏伟景象已为时不远。当那时，课题组成员的心，该多么激动、多么自豪：这里也有我们的贡献！

2010年8月，国务院正式批复《前海深港现代服务业合作区总体发展规划》，概念中的前海一下成为特区中的特区。翌年4月，深圳市在中长期人才发展规划中明确地将前海深港现代服务业合作区探索建立“人才特区”战略摆在深圳未来10年人才发展“五大战略”之首。其时，“人才特区”建设虽然在全国呼声不断，但真正摆开架势真刀实枪干起来的却为数不多。因此，开展前海人才特区建设研究，不仅对深圳市实现人才工作创新发展、实现深港现代服务业合作区发展战略目标具有重大的现实意义，而且事实也证明对后来全国各地逐渐兴起的至今方兴未艾的建立与国际人才管理体系接轨的人才管理改革试验区在理论和实践上也都具有重大的启示作用。

“深圳前海人才特区建设研究”课题由深圳市委市政府委托、中国人事科学研究院与深圳市人才工作领导小组办公室共同承担，中国人事科学研究院原院长、中国人才研究会常务副会长吴江研究员担任课题组总负责人。课题于2011年5月启动，课题组在深圳进行多次调研之后，又多次在北京、南京、镇江等地进行研究讨论。同年9月形成研究报告之后，又在深圳广泛征求意见，前后易稿有16次之多。课题2012年1月在北京通过验收。课题成果喜获中央组织部 2011 年度重大调研课题一等奖。

课题紧紧围绕《前海深港现代服务业合作区总体发展规划》提出的发展目标，借鉴世界先进经验，结合前海深港现代服务业合作区建设的实际，在系统分析前海深港现代服务业合作区建立人才特区重要性、必要性、可行性和比较借鉴国际与国内标杆经验的基础上开展研究。一方面对深圳前海人才队伍建设和深港人才合作社区进行定量与定性分析，另一方面吸取借鉴国内外现代服务业发达地区和城市的人才经验，对中国香港、上海浦东、深圳与新加坡和国际大都市（纽约、伦敦、东京）现代服务业及其就业人员的资料进行收集和统计分析，并对国内若干人才特区的人才政策、体制机制进行梳理分析，在形成若干专题研究报告的基础上，最终形成了研究总报告和建设方案。因此，“深圳前海人才特区建设研究”课题的特点可以归纳为三：一是国际标准，二是深圳实际，三是深港合作框架。

课题组的主要成员在别人看起来，好像只是一批年轻的崭露头角的博士后和博士们，其实他们已经是经历多次实战的人才专家了。要感谢这些博士后和博士们，他们视角宽阔、思维敏锐、基础扎实、方法先进，再加上勤学肯干、踏实团结，为课题的顺利圆满完工付出了大量心血，作出了卓越奉献。在书稿即将付梓时刻，我们还要感谢中国人事科学研究院办公室副主任杨莲湘和河海大学科技处副处长徐军海，是他们的辛勤劳动，最后将课题研究成果整理成书稿。在本书的出版过程中，得到了党建读物出版社的同志和中国人事科学研究院副院长柳学智研究员、中国人才研究会秘书处梁晓梅主任以及中国人事科学研究院办公室高原同志的指导和帮助，在此深表谢意。最后还要感谢河海大学商学院博士研究生刘忠艳在书稿校对过程中所进行的认真而细致的工作。

课题组

2015 年 12 月

图书在版编目(CIP)数据

深圳前海人才特区建设研究 / 吴江主编 ; 中国人事科学研究院编. —北京 : 党建读物出版社, 2016. 3
(人才强国研究出版工程. 人才体制机制改革丛书)
ISBN 978－7－5099－0689－7

Ⅰ. ①深… Ⅱ. ①吴… ②中… Ⅲ. ①人才—工作—研究—深圳市 Ⅳ. ①C964. 2

中国版本图书馆 CIP 数据核字(2015)第 288622 号

深圳前海人才特区建设研究
SHENZHEN QIANHAI RENCAI TEQU JIANSHE YANJIU
中国人事科学研究院　编
吴江　主编

责任编辑: 王舒婷
责任校对: 钱玲娣
封面设计: 创造力
出版发行: 党建读物出版社
地　　址: 北京市西城区南横东街 6 号（邮编:100052）
网　　址: http://www. djcb71. com
电　　话: 010－58587632/7681
经　　销: 新华书店
印　　刷: 北京中科印刷有限公司
2016 年 3 月第 1 版　2016 年 3 月第 1 次印刷
710 毫米×1000 毫米　16 开本　21 印张　308 千字
ISBN 978－7－5099－0689－7　定价: 48. 00 元
